일과 은혜
Grace at Work

Grace at Work: Redeeming the Grind and the Glory of Your Job
by Bryan Chapell

Copyright ⓒ 2022 by Bryan Chapell
Published by Crossway, a publishing ministry of Good News Publishers
Wheaton, Illinois 60187, U.S.A.

This edition published by arrangement with Crossway through rMaeng2, Seoul, Republic of Korea.
All rights reserved.

This Korean edition copyright ⓒ 2023 by Word of Life Press, Seoul, Republic of Korea.

이 한국어판의 저작권은 알맹2를 통하여 Crossway와 독점 계약한 생명의말씀사에 있습니다.
신저작권법에 의하여 한국 내에서 보호받는 저작물이므로 무단 전재와 무단 복제를 금합니다.

일과 은혜

ⓒ 생명의말씀사 2023

2023년 6월 30일 1판 1쇄 발행
2023년 9월 4일 2쇄 발행

펴낸이 | 김창영
펴낸곳 | 생명의말씀사

등록 | 1962. 1. 10. No.300-1962-1
주소 | 서울시 종로구 경희궁1길 6 (03176)
전화 | 02)738-6555(본사) · 02)3159-7979(영업)
팩스 | 02)739-3824(본사) · 080-022-8585(영업)

기획편집 | 정설아
디자인 | 조현진
인쇄 | 영진문원
제본 | 다온바인텍

ISBN 978-89-04-16838-5 (03230)

저작권자의 허락 없이 이 책의 일부 또는 전체를
무단 복제, 전재, 발췌하면 저작권법에 의해 처벌을 받습니다.

일과 은혜

Grace at Work

브라이언 채플 지음
이지혜 옮김

생명의말씀사

추천의 글

신앙과 일을 통합하는 책이 우리에게 더 많이 필요하지만, 이 주제에 대한 모든 가르침이 똑같이 가치 있는 것은 아니다. 특히, 지난 몇 년 동안 그런 종류의 책들이 지나치게 지적인 성향으로 흐르는 것을 보았다. 직장에서 하나님께 영광을 돌리는 데 필요한 변화된 마음은 무시한 채 무조건 '성경적 원리를 적용하는' 식으로 말이다. 사랑을 재정립한 변화된 마음은 은혜의 복음을 적용하는 데서 나온다. 늘 그렇듯 저자는 이 주제의 전문가다. 신앙과 일이라는 기독교 운동에, 이 중요한 저술이 추가되어 감사하게 생각한다.

팀 켈러(Tim Keller) 리디머교회 원로목사

우리는 하나님의 부르심을 목회나 선교 같은 거룩한 소명의 관점에서만 생각할 때가 너무 많다. 하지만 이 책에서 저자는 우리가 하나님이 우리를 인도하시고 은사를 허락하신 어떤 역할에서든 존엄과 은혜를 이해하도록 돕는 일을 훌륭하게 해낸다. 성경적인 소명 개념은 모든 신자가 이해해야 할 개념으로, 어떤 직업이나 일에서든 신실함과 하나님 나라 섬김으로 향하는 문을 열어 준다. 이 책에서 저자는 우리에게 그런 이해를 심어 주고, 우리가 자신이 하는 일과 관계없이 어떻게 하면 하나님의 크신 소명에 참여할 수 있는지 볼 수 있게 돕는다.

마이클 더두잇(Michael Duduit)
「프리칭」(Preaching) 편집자, 앤더슨대학교 클램프신학교 학과장

브라이언 채플은 우리가 그에게서 기대할 수 있는 명쾌한 필체와 목회자의 심정으로, 사람들이 도외시한 주제, 곧 우리가 날마다 하는 일을 다룬다. 나 역시 다른 사람들을 훈련할 때 바로잡아야 할 부분을 알게되었다. 목회자들은 일요일에 하는 일에만 몰두한 채 교인들이 나머지 일주일 내내 하는 일을 무시하기 쉽다. 채플 박사는 성경의 분명한 가르침을 따라 모든 일을 존엄하게 여기면서도, 복음으로 우리 일의 실패를 다정하게 고찰한다. 나는 이 책을 사용하여 우리 성도들이 또 다른 일주일을 시작하면서 받아 마땅한 격려와 존중을 받도록 도울 것이다.

데인 오틀런드(Dane Ortlund)
네이퍼빌장로교회 담임목사, 『온유하고 겸손하니』, 『Deeper』 저자

저자와 알고 지낸 지 30년이 넘었다. 지혜와 명철, 신뢰, 겸손, 리더십, 조언을 본으로 보여 주는 사람들을 한 손으로 꼽을 수 있는데, 저자도 그중 한 사람이다. 나는 그의 친구로서, 그가 책과 팟캐스트를 통해 수많은 사람에게 가르친 생생한 교훈을 추천할 수 있어 영광이다. 그의 생각이 사업을 비롯한 삶의 모든 영역에서 내게 도전을 주었던 것처럼 당신에게도 도전이 될 테니, 안전벨트를 꽉 붙들어 매라.

벤저민 에드워즈 4세(Benjamin F. Edwards IV)
벤저민 F. 에드워즈 & Co. 회장 겸 CEO

요즘처럼 힘든 시기에 격려를 찾는 모든 직장인에게 이 책을 적극 추천한다. 이 책을 통해 매일의 일상과 업무에서 우리 안에 있는, 우리를 통한 하나님의 은혜를 더 잘 이해할 수 있다.

AJ 라시(AJ Rassi) 캐터필러(Caterpillar Inc.) 은퇴 임원

저자는 특유의 명료함과 솔직함으로, 직장에서 신실함과 생산성을 추구하는 그리스도인들을 위해 현실적이고 성경적이며 은혜가 이끄는 가이드를 썼다. 생생한 실례를 곁들인 이 책은 직장에서 하나님 사랑과 이웃 사랑을 실천하고픈 제자들의 소망을 키워 준다.

댄 도리아니(Dan Doriani) 커버넌트신학교 성경신학 및 조직신학 교수,
세인트루이스 신앙과 일 센터(Center for Faith & Work) 설립자 겸 대표

에베소서 2장 14절에 따르면, 직장에서 사역하도록 부름 받은 99퍼센트를 훈련하도록 과제를 부여받은 1퍼센트에 속한 나는 이 책을 보고 무척 기뻤다. 하나님이 그분의 영광을 위해 허락하신 재능을 직장에서 활용할 때 진정한 존엄과 목적과 은혜가 있다. 하나님은 당신이 교회 사역자들은 절대 할 수 없는 방식으로 일터에서 사역하도록 부르신다. 이 고귀한 부르심을 천상의 기쁨으로 받으라! 이 위대한 사명에서 당신의 소중한 몫을 다하라!

마이클 오(Michael Oh) 로잔 운동 CEO

자신이 하는 일이 중요하다고 예수님이 확인해 주시기를 원하는 그리스도인들에게 선물 같은 책이다. 하나님은 평범한 노동자이자 시급 직원으로서 저자의 직장 경험, 농부와 CEO들을 회중으로 둔 목회 경험, 언론인이자 설교학 교수로서 커뮤니케이션 경험을 한데 엮어서 목회자와 평신도 모두에게 힘을 주는 책을 세상에 내놓게 하셨다. 교회를 위한 진정한 걸작이다!

조지 로버트슨(George Robertson) 테네시주 멤피스 제2장로교회 담임목사

설교자든 교사든, 손으로 일하든 온종일 화면 앞에 앉아 있든, 당신이 하는 일은 중요하다. 예수님을 믿는 신자에게는 소명, 곧 하나님께 영광을 돌리고 다른 사람들에게 유익을 가져다줄 부르심이 있다. 이 책에서 내 친구 브라이언 채플은 신자들에게 (지역이나 직업과 상관없이) 일과 관련하여 실제적이고 격려가 되는 지혜를 제공한다.

에드 스테처(Ed Stetzer) 휘튼대학 빌리그레이엄센터 센터장

일리노이주 피오리아 그레이스장로교회의
사랑하는 성도들에게

여러분이 진리의 말씀 가운데서
여러분의 일을 향한 하나님의 뜻을 찾는 동안,
이 메시지를 처음 여러분께 전했습니다.
주님을 사랑하고 이 목회자를 사랑한 여러분 덕분에
이 책이 나올 수 있었습니다.
우리 부부가 여러분과 함께 보낸 세월이 얼마나 복되었는지,
사도의 말씀을 빌려 표현하고 싶습니다.

"내가 너희를 생각할 때마다 나의 하나님께 감사하며
간구할 때마다 너희 무리를 위하여
기쁨으로 항상 간구함은
너희가 첫날부터 이제까지 복음을 위한 일에
참여하고 있기 때문이라"(빌 1:3-5).

차례

추천의 글 4
들어가는 글 우리는 주님을 위해 일한다 14

1. 일은 존엄하다   21

일의 존엄성 | 일보다 존재가 먼저 | 우리의 가치는 우리가 하는 일에 달려 있지 않다 | 어떻게 자신과 타인을 대할 것인가 | 다른 사람들 가운데서 하나님의 형상을 보지 못할 때 | 타락 이전에 일이 먼저 | 무책임한 생활 방식 | 하나님의 안식을 따르는 우리의 노동 | 하나님 나라의 전파 | 일의 영향력 | 다양한 존엄성 | 일의 정신 담아내기

2. 일의 목적   49

일과 고백 | 우리 일에서 그리스도를 드러내기 | 우리가 만드는 것에서 그리스도를 드러내기 | 일의 의미 | 더 좋은 세상 만들기 | 그리스도 안에서 성취감 찾기 | 직장에서 최고 우선순위 | 우리 고백의 핵심 | 감사가 이끄는 삶

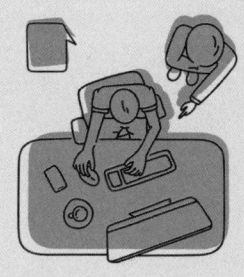

3. 진실함으로 일하라 75

진실함의 영향력 | 진실함에 따르는 위험 | 하나님을 더 알기 | 진실함의 결과 | 불확실성에서 우리를 건져 주는 진실함 | 하나님 말씀을 붙잡고 씨름하기 | 하나님을 기다리기 | 구세주를 위한 고난 | 은혜가 필요한 우리 | 구원자께 감사하기

4. 돈에 대한 태도 103

돈과 자비 | 돈과 가정 | 돈과 사역 | 돈과 특권 | 돈과 만족 | 돈과 헌금

5. 진정한 성공 127

우리의 재능으로 하나님을 공경하기 | 재능을 최대한 활용하기 | 순종을 통한 자유 | 기대감의 노예 | 하나님의 조건 없는 사랑

6. 겸손하라   143

선지자 예수 | 제사장 예수 | 왕 예수 | 겸손과 용기 | 겸손과 결단력 | 겸손과 사랑

7. 하나님께 영광을 돌리라   161

영광을 위해 태어나다 | 영광을 위해 창조되다 | 영광을 만들다 | 영광을 사랑하다 | 영광의 다양성을 인정하다 | 영광의 제사장 | 영광을 널리 알리다 | 영광의 선교 | 영광을 위한 관점

8. 악을 알아차리라   191

타락의 악 | 예견된 악 | 용인된 악 | 타인의 악 | 악의 시험 | 변형된 악 | 선한 사람들의 악 | 악의 종말 | 내 안의 악 | 악의 해독제 | 악의 부정 | 악의 고백 | 악의 용서

9. 성경적 리더십 225

지도자의 자질 | 지도자에 대한 우리의 의무 | 리더십의 요건 | 사람들의 번영을 돕기

10. 균형 잡힌 삶 249

무의미한 주제 | 만물의 주 예수 | 여정을 위한 노래 | 경이로운 잠 | 두 부류의 사람들 | 두려움으로부터의 해방 | 쉬는 법 배우기 | 삶의 다양한 주기 | 여호와의 기업 | 죄책감으로부터의 해방

11. 하나님을 증거하라 271

하나님의 약속이 우리의 문제보다 크다 | 예수님의 세 가지 약속 | 빛과 소금으로 살아가기 | 일은 말 못지않게 중요하다

주 286

들어가는 글

우리는 주님을 위해 일한다

많은 그리스도인이 하나님이 그분의 우선순위를 위해 그들의 수고를 사용하여 주시기를 기대하면서 일한다. 그들은 자신이 단조로운 일과나 열정을 품고 추구하는 화려한 일로 여기는 것들을 하나님이 어떻게 사용하실 수 있는지 보지 못할지도 모른다. 그럼에도, 그들은 하나님의 백성이기에 하나님이 그들의 일과 세상을 위한 그분의 사명에 연결 고리를 주시기를 기도한다.

누구나 다 그런 기도 제목을 갖고 있지 않은가? 우리는 이런 질문을 품고서 그 연결 고리를 위해 기도한다. 월급 말고 내가 하는 일에 다른 어떤 목적이 있을까? 돈을 버는 것 이외에 내가 감당해야 할 사명이 있는가? 하나님 앞에서 내 책임은 은행 계좌를 채우고, 대출을 갚고, 가족을 먹여 살리고, 헌금 액수에 죄책감을 느끼지 않으려고 일하는 것이 고작인가? 다른 사람들에게 보이는 모습이나 나 자신에 관한 생각을 넘어서서, 내 수고에 존엄성을 부여하는 더 큰 목적이 있을까?

  하나님의 백성이 주일 예배에서만이 아니라 날마다 일터에서 그분의 사명으로 부르심을 받고 있다는 사실을 깨닫기 전까지, 이런 끈질기고 흔한 질문들이 진지한 그리스도인들을 짓누른다. 날마다 하나님이 주시는 은혜의 핵심은 그분이 그분의 성품을 드러내고, 그분의 돌보심을 나타내며, 그분의 목적을 이루어 드릴 수단과 기회를 우리에게 주신다는 것이다.

하나님은 우리가 그분이 주신 기술과 재능, 자원을 사용하여 하나님 나라의 영향력을 우리 삶과 세상의 모든 차원으로 확장하라고 요청하신다. 이런 부르심을 이해하면, 우리 직업에 전에는 이해하지 못했던 존엄성이 있음을 볼 수 있다.

두어 해 전에, 기독교 대학 학생들을 위한 직업 훈련 세미나에서 강연한 적이 있다. 언론에서 일한 경험 때문에 기독교 언론의 소명이라는 주제로 강연했다. 어떻게 하면 기독교 언론인이 사회에 강력한 영향을 미칠 수 있는지를 학생들에게 설명하려고 애썼다. 기독교적 주제에 대해 글을 쓸 수도 있지만, 인간관계나 세계 동향을 기독교적 관점에서 제시할 수도 있을 것이다.

강연 후에 한 여학생이 찾아와서 말했다. "강연을 들으면서 죄책감이 들었어요. 저는 패션 잡지에 기사를 쓰고 싶거든요. 패션을 좋아하지만, 그 세계는 공허하고 허영심이 가득하며 하나님을 공경하는 일과는 거리가 멀잖아요."

"자, 학생이 하고 싶은 일이 공허하고 허영심이 가득하다고 생각한다면, 그 일에 인생을 투자하지 마세요. 하지만 패션 기자로서 하나님의 창조성과 아름다움을 표현할 수 있다면, 저속하지 않게 아름다움을 이야기해야 할 패션 산업에 그리스도인으로서 놀라운 영향을 미칠 수 있을 겁니다."

설교자나 선교사, CEO나 의사만이 아니라 모든 종류의 일에 거룩한 사명이라는 특징이 있음을 깨닫기 시작할 때 우리 삶의 목적의식이 극적으로 변한다.

하나님은 경찰과 목수와 콘크리트 작업자가 자기 일의 존엄성을 경험하도록 부르고 계신다. 그분은 그들의 일을 사용하셔서 다른 사람들을 돕고, 삶을 개선하고, 세상에 하나님 나라의 영향력을 확장하게 하신다. 우리가 표현하는 기술, 우리가 만드는 제품, 우리가 일하는 방식, 우리 노동이 사회와 관계에 미치는 영향을 통해 우리는 망가진 세상에서 하나님의 구속 사역의 도구가 된다. 하나님은 우리를 통해 그분의 은혜를 드러내기를 원하신다.

우리는 이 진리를 주장함으로써 이런 말로 자신의 소명을 과소평가하거나 폄하하지 않도록 해야 한다. "그냥 텐트 만드는 사람이에요." 뭐라고? 바울처럼 말인가? "그냥 고기 잡는 사람입니다." 뭐라고? 베드로처럼 말인가? "그냥 목수라고요." 뭐라고? 예수님처럼 말인가? 어떤 직업이든, 우리에게는 하나님의 형상을 우리가 하는 일에 반영할 수 있는 능력이 있다. 그렇게 함으로써 사람들이 하나님의 선하심과 돌보심, 하나님이 그분의 세상과 사람들을 돌보기 위해 만드신 다양한 직업을 이해하도록 도울 수 있다.

우리가 하나님과 그분을 사랑하는 모든 사람을 섬기기 위해 하는 다양한 직업 가운데서 개인의 존엄성과 하나님의 목적을 이해하고 더 온전히 경험하도록 돕는 것이 이 책의 의도다. 주중에 하는 일이 주일 예배와 얼마나 동떨어져 있든 간에, 하나님은 우리 일의 영광과 수고를 위해 은혜를 내려 주신다.

모든 정직한 일이 하나님의 부르심이라는 거룩한 땅 위에 있다는 사실을 깨달을 때 우리는 자신이 직장에서 가진 사명을 기뻐할 것이다. 그런 기쁨 덕분에 우리는 크든 사소하든 어떤 업무를 통해서든 우리를 섬기게 하시려고 그 아들을 보내신 분께 영광 돌릴 수 있다는 사실을 알고 모든 업무에서 힘을 낼 수 있다.

궁극적으로, 우리는 회사나 상사, 심지어 가족의 필요를 섬기는 것이 아니라, 우리 주님을 위해 일한다. 그분은 우리 노동에 미소 지으시고, 우리 땀을 소중히 여기시며, 그분을 공경하는 모든 노력을 아시는 은혜로 우리 눈물을 닦아 주신다. 우리가 그분을 공경하지 못할 때조차도 그분의 일이 이루어지지 않는 것은 아니다. 오히려 주님은 우리가 그분을 위한 우리의 노동이 헛되지 않다고 확신하면서 다시 시도할 수 있는 용서와 은혜를 허락하신다.

숨은 조항이 없는 새 계약, 뒷담화가 없는 점심시간 대화, 절차를 지킨 청소 작업, 정직한 지출 보고서, 혐오 발언 배제, 입 밖으로 꺼내지 않은 분노, 아름답게 관리한 건축, 정당한 복리 후생 계획, 공정한 정부 정책, 자비로운 징계 절차 등은 그 백성을 통해 그분의 성품과 돌보심을 보여 주신 분께 영광을 돌린다.

이 모든 일을 이루고 악을 피할 수 있는 능력은 하나님의 마음에서 흘러나온다. 하나님은 일터에서 그분의 은혜를 알고 드러낼 수 있도록 우리에게 말씀으로 그 은혜를 보여 주신다.

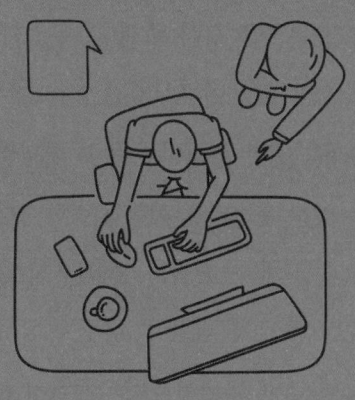

1.

일은 존엄하다

스티브 가버(Steve Garber)는 대다수 그리스도인이 "세상에서 자신이 하는 일과 하나님이 하시는 일이 어느 정도 연관되기를 바라면서 세상의 시장에서 살아간다. 그들은 자신의 직업이 하나님의 선교(*missio Dei*)에 부차적이지 않고 필수적이기를 간절히 바란다."라고 말한다.

누구나 때로 궁금해하지 않는가? 하나님이 내가 하는 일에 사명을 주시는가? 내가 하는 일에 어떤 목적을 가지고 계시는가? 나는 통장을 채우려고 꾸역꾸역 시간을 보내고 있는가? 아니면 내 일에는 그보다 더 큰 목적이 있는가? 나는 직장에서 하나님의 사명을 이루어 드릴 수 있는가?

가버는 계속해서 말한다. "슬프게도, 교회는 정반대로 가르치는 경우가 대부분이다. … 직업은 부차적이어서 하나님이 정말로 관심을 가지시는 것과는 거리가 멀다고 가르친다."[1] 우리는 설교와 전도, 선교, 예배에 중점을 둔 영적 우선순위들이 하나님의 주요 관심사라고 가정한다. 나머지는 모두 부차적이거나 이 모든 '정말로 거룩한' 목적을 이루기 위한 수단에 불과하다.

나를 포함하여 목회자들 사이에 이런 성향이 있는 것 같다. 성경 말씀은 주로 교회 생활에 적용된다고 보고, 나머지 일주일 동안 사람들에게 어떻게 살라고 요청하고 있는지는 세심하게 생각하지 않는 것이다. 일요일은 월요일을 위해 존재한다는 것을 계속해서 기억할 필요가 있다. 하나님은 우리가 예배 시간만이 아니라 직장에서도 그분의 일을 하도록 부르고 계신다.

'소명'이라는 오래된 단어가 도움이 될 것 같다.

요즘에는 '소명'(vocation)과 '직업'(occupation)이라는 단어를 거의 같은 의미로 사용하는 경우가 많다. 하지만 교회사에서는 두 단어가 상당히 다르다. '소명'은 '부르심'을 의미하는데, 하나님이 우리 삶에서 그분의 사명을 이루도록 우리를 부르고 계신 데서 유래했다. 이는 우리의 필요와 욕구를 채우기 위해 생계를 꾸리는 직업과는 초점이 다르다.

그리스도인들은 사실 우리 직업에 소명이 포함되어 있음을 이해해야 한다. 우리는 하나님 나라를 확장하는 일에 은사와 재능과 자원을 사용하도록 부르심을 받는다. 그제야 비로소 우리가 하는 일에 우리가 이해하지 못했던 존엄성이 있다는 사실을 보기 시작할 것이다. 하나님은 우리가 주일에 드리는 예배와 주중에 하는 일을 통해 그분의 선하심과 영광을 다른 사람들에게 보여 주길 원하신다.

가버는 계속해서 이런 글로 우리에게 도전한다. "당신이 다니는 교회에서 가장 최근에 건축가와 건축업자, 교사와 도서관 사서, 의사와 간호사, 예술가와 기자, 변호사와 판사를 위해 기도한 적은 언제인가? 우리는 '영라이프'(Young Life) 사역자들과 '위클리프 성경 번역 선교회'(Wycliffe Bible Translators)의 성경 번역가들을 위해서도 계속 기도하지만, 온갖 직업군의 사람들을 위해서도 기도해야 한다."[2] 나는 그들을 위해서 기도할 뿐 아니라, 하나님이 그분의 목적과 우선순위를 드러내도록 명령하신 전 세계 구석구석에서 그들이 자신의 사명을 감당할 수 있도록 준비시켜야 한다고 덧붙이고 싶다.

일의 존엄성

당신이 하는 일이 당신의 선교 현장이다. 그래서 당신이 하는 일에는 하나님이 주신 존엄성이 있다. 당신이 하는 일이 존엄한지 내가 어떻게 아느냐고? 창세기 2장 15절에서 우리에게 그 존엄성을 처음 보여 주셨기 때문이다. "여호와 하나님이 그 사람을 이끌어 에덴동산에 두어 그것을 경작하며 지키게 하시고."

우리가 무슨 일을 "경작할" 때는 그것을 번성하게 하는 것이고, 그것을 "지킬" 때는 유지하는 것이다. 낭비하거나 남용하지 않는다. 여호와 하나님은 아담의 첫 직무 기술서에 이렇게 말씀하셨다. "내가 네게 생산하고 보존하는 일을 맡긴다." 다시 말해, 우리는 창조 세계를 돌보시는 하나님과 함께 일하는 자들이다. 생산과 보존은 우리가 하나님의 세상에서 해야 할 일의 일부다. 그것이 우리의 직무 기술서이자 할 일이요, 사명이기도 하다.

창세기 초반부는 탁월한 농사법, 오염 방지, 채굴과 토지 관리, 에너지 생산과 보존 등 모든 현대의 관심사를 사실상 다루고 있다. 거기서 우리는 우리에게 필요한 것을 생산하는 방식만이 아니라 보존하는 방식까지 고려하여 하나님의 창조 세계를 존중해야 한다는 부르심을 받는다.

일보다 존재가 먼저

창세기 1장에서 관찰할 수 있는 중요한 사실 중 하나는 우리가 일을 얻기 전에 이름부터 얻었다는 점이다. 다시 말해, 하나님은 우리에게 할 일을 말씀하시기 전에, 그분이 보시기에 우리가 어떤 **존재**인지 먼저 말씀하신다. 창세기 1장 26-27절은 이렇게 말한다.

하나님이 이르시되 우리의 형상을 따라 우리의 모양대로 우리가 사람을 만들고 그들로 바다의 물고기와 하늘의 새와 가축과 온 땅과 땅에 기는 모든 것을 다스리게 하자 하시고 하나님이 자기 형상 곧 하나님의 형상대로 사람을 창조하시되 남자와 여자를 창조하시고.

하나님의 형상대로 창조되었다는 것은 그분의 성품과 돌보심을 드러내고, 그분을 닮은 존재가 된다는 뜻이다. 이 본문에서는 성별은 다를지라도 남자와 여자를 향한 하나님의 근본적인 의도는 다르지 않다고 말씀한다. 양성 모두 세상에서 하나님을 드러내야 할 책임이 있는 것이다.

물론, 하나님의 형상대로 창조되고 그분을 닮았다고 해서 우리가 하나님이라는 뜻은 아니다. 흔히 아들이나 딸이 아버지를 빼닮았다고 할 때 그 자녀가 아버지와 같다는 말은 아니다. 그보다는 아이들을 보면 그 아버지가 떠오른다는 뜻이다. 마찬가지로, 사람들이 우리가 세상에서 하는 일을 볼 때 우리 아버지, 특히 그분의 성품과 돌보심을 떠올려야 한다.

성경이 우리가 "하나님의 형상대로" 창조되었다고 말할 때 이 표식이 다른 피조물에는 주어지지 않았다는 사실을 알면 놀랍다.

잠시 생각해 보자.

당신이 본 가장 멋진 일몰, 드넓은 바다, 웅장한 산맥을 떠올려 보자. 허블 망원경이 포착한 폭발하는 은하들과 우리 은하수의 아름다운 이미지들은 또 어떤가. 하지만 이 장엄한 피조물 중 어느 하나도 하나님의 형상을 담고 있지는 않다.

하나님의 형상대로 창조된 우리는 우주 만물을 초월하는 위엄을 받았다. 이것이 바로 시편 8편 3-5절에서 시편 기자가 말하는 내용이다.

> 주의 손가락으로 만드신 주의 하늘과 주께서 베풀어 두신 달과 별들을 내가 보오니 사람이 무엇이기에 주께서 그를 생각하시며 인자가 무엇이기에 주께서 그를 돌보시나이까 그를 하나님보다 조금 못하게 하시고 영화와 존귀로 관을 씌우셨나이다.

우리를 지으심이 "심히 기묘하심이라." 조금 으스대는 말처럼 들릴 수도 있지만, 우리는 정말 경탄할 만한 존재다! 우리는 하나님이 우리에게 하시는 말씀을 깨달아야 한다. "너희는 너희가 하는 일을 포함하여 부름 받은 곳 어디에서나 내 형상대로 살아갈 특권이 있단다."

우리의 가치는 우리가 하는 일에 달려 있지 않다

창세기는 인류가 동산을 경작하고 지키는 임무를 하나님께 받기 전부터 그분의 형상대로 창조되었다고 말해 준다. 이 사실이 왜 중요할까? 그 이유는 하나님이 "나는 네가 이룬 성취에 근거해서 네가 나의 형상인지 아닌지를 판단하지 않는다."라고 말씀하시기 때문이다. 태아와 노약자를 귀하게 여기는 까닭은 그들이 하는 일과 상관없이 그들 역시 하나님의 형상대로 창조된 자들이기 때문이다. 그들이 한 일이나 할 수 있는 일이 그들의 가치를 결정하지 않는다.

우리가 할 일을 부여받기 전에 우리의 표식을 먼저 얻었다는 이 개념은 성경에 처음 등장하는 복음 설명이라고 할 수 있다. 우리가 하나님을 위해 무언가를 하기 전에 그분이 우리를 가치 있게 여기셨다는 이 아름다운 진리, 곧 우리가 성취한 일이 아니라 우리 존재 자체를 귀히 여기신다는 사실을 제대로 이해한다면 우리 인생은 완전히 달라질 것이다. 우리가 하나님께 드린 것이 아니라 그분이 우리에게 주신 것 때문에 하나님이 우리를 위하신다는 사실을 알므로 자유와 능력 가운데 살기 시작한다. 하나님의 사랑과 자비는 우리의 행동이 아니라, 우리를 향한 그분의 은혜에 기초한다.

하나님은 성경 맨 처음부터 그 메시지를 보내셔서 우리가 그분의 은혜를 받고 그분의 영광을 드러내려는 열정을 품을 마음의 준비를 하게 하셨다. 하나님의 자비를 받을 자격이 없는 이들에게 예수 그리스도를 보내 주신 데서 절정에 달한 그분의 돌보심은 우리가 평생의 일을 부여받기 이전에 사랑이 넘치는 표식을 이미 받았다는 단순한 진리에서 비롯된다.

당신은 하나님의 형상을 지닌 자이기에 어떤 업무를 받기 이전부터 가치와 존엄성을 지니고 있다. 당신이 대기업 대표든지 공립학교

수위로 하나님을 섬기든지 간에, 하나님 앞에서 당신의 가치는 변하지 않는다. 주님 보시기에 똑같은 존엄성을 지닌, 하나님 형상을 지닌 자로서 각자의 경력을 쌓아 가기 때문이다.

어떻게 자신과 타인을 대할 것인가

하나님의 형상대로 창조되었다는 말은 우리가 자신을 바라보는 관점에 시사하는 바가 크다. 일단, 자기혐오는 열외로 친다. 죄와 배경, 부족한 실력, 자기 마음에 들지 않는 신체 이미지로 인해 우리가 두려워하는 모든 거절감, 이런 것들도 모두 배제되어야 한다. 하나님은 우리에게 이렇게 말씀하고 계신다. "나는 네가 내 형상을 쏙 **빼닮은** 존재임을 기억했으면 한단다." 그래서 나는 나 자신을 하늘 아버지의 형상을 지닌 존재로 대하게 된다.

모든 사람이 하나님의 형상대로 창조되었다는 사실이 우리가 타인을 대하는 방식에 영향을 미쳐야 한다. 우리는 상대방이 나를 대하는 것과 똑같이 상대방을 대하는 경향이 있다. 동료가 나를 불공평하게 대한다는 생각이 들면, 앙갚음하고 싶은 유혹이 생긴다. 나를 힘들게 하는 상사나 까다로운 윗사람을 만나면, 내가 그 사람의 리더십에 어떻게 반응하는지에 영향을 미친다.

하지만 사람들 가운데 있는 하나님의 형상은 그들이 하는 일에 달려 있지 않다는 사실을 깨달으면 판도가 달라진다. 우리는 어떤 사람들은 하나님의 형상을 제대로 드러내지 못한다고 생각할 수도 있지만, 그들의 가치는 그들이 하는 일이 아니라, 하나님 보시기에 그들이 어떤 존재인지에 달려 있다.

더 나아가서, 모든 사람은 하나님의 형상대로 창조되었기 때문에 그들이 번영하도록 돕는 것이 우리 목적이 되어야 한다. 어떻게 그렇게 할 수 있을까? 고용주라면 직원들을 살피면서 이렇게 묻는다. "직원들이 받는 의료 서비스는 어떤가? 적절한 복지를 받고 있는가? 하는 일에 대해 정당한 급여를 받고 있는가?" 하나님의 형상대로 창조된 존재는 우리의 관심과 보살핌을 받을 자격이 있다.

직원이라면 당신을 향한 하나님의 사랑과 은혜가 당신의 행동에 달려 있지 않다는 사실을 기억하면서, 아무리 까다로운 사람이라 하더라도 동료 직원들을 존중해야 한다. 또한 자신의 발전과 성공에만 몰두하지 않고, 함께 일하는 사람들이 번영할 수 있도록 돕기 위해 최선을 다해야 한다. 하나님의 형상대로 창조된 존재는 우리의 섬김과 희생을 받을 자격이 있다.

다른 사람들 가운데서 하나님의 형상을 보지 못할 때

최근에, 중동 지역 도로에서 누군가 버스를 강제로 멈춰 세웠다는 뉴스를 보았다. 테러리스트들이 버스에 오르더니 승객들에게 코란 일부분을 외우라고 했다. 코란을 암송하지 못하는 사람은 폭행당하거나 살해당했다. 이 테러리스트들은 무슬림이 아닌 사람을 인간 이하의 존재로 보았기 때문에 자기들의 행동을 정당화할 수 있었다.

제2차 세계대전 때도 똑같은 일이 벌어졌다. 나치는 유대인들이 인간 인하의 존재이기 때문에 몰살해야 한다고 선언했다. 홀로코스트 박물관에 가 보거나 나치 죽음의 수용소 사진을 본 사람이라면, 모든 사람이 하나님의 형상대로 창조되었음을 부정할 때 어떤 잔혹 행위가 일어날 수 있는지 알게 될 것이다.

미국 역사도 인간을 인간 이하의 존재로 볼 때 무슨 일이 벌어지는지에 대해 엄숙한 깨달음을 준다. 독립선언문에는 "모든 사람은 평등하게 태어났고, 창조주로부터 양도할 수 없는 특정한 권리를 부여받았으며, 그 권리 중에는 생명과 자유와 행복 추구가 있다."라고 나와 있지만, 하나님이 주신 이 권리가 원주민이나 아프리카계 미국인들에게는 미치지 못했다.

그 결과, 미국은 '인디언'들을 깎아내리고 그들에 대한 집단 학살을 용인할 수 있다고 보았다. 흑인을 인간 이하의 재산에 불과하다고 보았기에 노예제라는 끔찍한 학대를 정당화했다. 이런 학대는 남북전쟁이 끝난 이후로도 계속되었고, 지금도 계속되고 있다. 어느 한 민족이 그들 자신을 다른 민족보다 우월하다고 보기 때문이다.

태아에 대해 내려진 비슷한 결론의 결과는 현대 사회에 드리운 가장 끔찍한 어둠의 그림자라고 할 만하다. 로 대 웨이드(Roe v. Wade)로 알려진 1973년 대법원 판결에서, 해리 블랙먼 판사는 "수정헌법

제14조에 사용된 '개인'이라는 단어에는 태아가 포함되지 않는다."라는 판결문으로 다수를 대변했다.[31] 이후로 미국에서만 6천만 건이 넘는 낙태가 발생했다.

이와 대조적으로, 창세기는 피부색이나 국적, 종교, 나이와 관계없이 모든 개인이 하나님의 형상을 담고 있다고 말한다. 시편과 선지자 예레미야는 하나님이 우리를 아신다고, 우리를 모태에 "짓기 전"부터 우리 개인과 우리의 목적을 아신다고 덧붙인다(시 139:13; 렘 1:5). 따라서 우리는 국적, 민족, 능력, 나이를 불문하고 모든 사람을 존중해야 할 의무가 있다.

타락 이전에 일이 먼저

창세기 2장 15절이 일의 존엄성을 어떻게 확인해 주는지는 앞에서 이미 살펴보았다. "여호와 하나님이 그 사람을 이끌어 에덴동산에 두어 그것을 경작하며 지키게 하시고." 하지만 창세기의 메시지는 이것이 다가 아니다. 우리는 인간의 타락 이전에 일이 먼저 있었기에 우리가 하는 일이 존엄하다는 것도 안다.

내가 말하는 타락이 무슨 의미인지 아는가? 창세기 3장 15절에 따르면, 인간의 죄로 인해 지금 우리가 겪는 온갖 악과 고통, 어려움과 함께 부패와 쇠락이 세상에 들어왔다.

하지만 창세기 3장 15절에 기록된 인류의 타락은 창세기 2장

15절에 기록된 인간의 직무 기술서 이후에 나온다. 왜 이것이 중요한가? 이는 일이 나쁘지 않다는 의미이기 때문이다. 노동은 악하지 않다. 물론, 타락 이후에 일이 더 힘들어지기는 했지만, 그렇다고 해서 저주는 아니다. 노동은 하나님이 가장 먼저 주신 선물로, 우리 삶에 목적을 부여한다.

노동의 선함을 확인하는 것이 왜 중요한가? 우리가 때로 자신에게 이런 말을 하기 때문이다. "일을 안 해도 된다면 인생이 얼마나 즐거울까?"

대학생 때 학비를 벌기 위해 했던 아르바이트 중에 학생 식당에서 테이블을 닦던 일이 기억난다. 지저분하고 더럽기도 하고 그다지 재미있는 일은 아니었다. 두어 학기 지나고 식당을 운영하는 주인이 바뀌었다. 새로운 관리자가 와서 "식당 운영 방식을 변경합니다. 한 번만 돈을 내면 모든 학생이 날마다 원하는 음식을 다 먹을 수 있게 되었습니다."라고 말했다. 괜찮은 방법 같았다. 회사 측에서 학생들이 엄청나게 먹는다는 사실을 깨닫기 전까지는 말이다! 게다가, 관리자들은 학생들이 남은 음식을 싸 가서 식당이 문 닫는 주말에 끼니를 때운다는 사실까지 알게 되었다. 그래서 식당 문 앞에 사람을 두어 학생들을 감시하기로 했다. 입구에 앉아서 음식을 훔쳐 가지 못하도록 지켜볼 사람이 필요했던 것이다.

아르바이트 학생들은 다들 그 일을 원했다! 테이블을 닦을 필요도 없고, 지저분한 음식을 처리하고 더러운 접시를 치우지 않아도 된다. 그냥 문 앞에 앉아 있기만 하면 되는 것이다.

엄청 좋은 일 같지 않은가? 그런데 내가 그 자리를 얻고 보니 사실은 끔찍한 일이었다. 음식 도둑을 찾아내야 하니 거기서 숙제를 할 수는 없었다. 학생들이 지나가는 모습을 지켜보면서 시간을 때울 뿐이었다. 하지만 얼마 못 가 학생들은 음식을 가방에 숨겨 몰래 빼돌리는 방법을 알아냈다.

결국, '음식 지킴이'라는 내 일은 아무 의미가 없고 지루하기만 했다. 시간은 느릿느릿 흘러갔고, 기분은 끔찍했다.

독자 중에서도 인생의 다른 시기에 그와 비슷한 경험을 한 사람들이 있을 것이다. 당신은 이렇게 생각한다. '은퇴하면 날마다 온종일 골프만 쳐야지. 얼마나 신날까!' 하지만 막상 그때가 되면 신나는 건 고작 두어 주 정도다.

그러면 당신은 이렇게 생각할 것이다. '뭐든 좀 해야겠어! 무료 급식소에서 자원봉사를 하거나 이웃집 아이들 공부를 도와주는 거야. 아니면 자녀들 가까이 이사해서 손주들을 보살펴 주면 어떨까. 아르바이트를 하든 어떤 식으로든 도움이 되는 삶을 살아야겠다고.' 왜 그럴까? 당신은 일하기 위해, 곧 사람과 사물들이 번성하도록 돕기 위해 창조되었기 때문이다.

하나님이 우리를 그렇게 설계하셨다.

일은 악한 것이 아니라 사실은 우리 삶에 목적과 가치감을 준다는 점을 깨닫기 시작하면, 우리는 자신의 노동을 전혀 다른 시각으로 보기 시작한다. 일이 우리를 존엄하게 만들고, 오히려 아무것도 하지 않는 것이 우리를 비인간적으로 만든다는 사실을 발견한다. 아무것도 안 하는 것만큼 우리 영혼에 더 해로운 것도 없다.

무책임한 생활 방식

몇 년 전, 텍사스에 사는 한 청소년이 가게에서 맥주를 훔쳐 마시고 음주 운전을 했다. 길가에서 네 사람을 치어 숨지게 했고, 동승자는 뇌 손상을 입고 온몸이 마비되었다. 이 십대가 법정에 섰을 때 어느 심리학자는 이 소년이 유복한 가정 형편 때문에 옳고 그름을 구별하는 법을 배우지 못했다고 주장하면서 그가 '어플루엔자'(affluenza, 풍요로울수록 더 많은 것을 욕망하는 현대인의 탐욕을 질병으로 명명한 것-편집자 주)를 앓고 있다고 지적했다. 검사들은 징역 20년을 구형했지만, 판사는 집행유예 10년을 선고하는 데 그쳤다.[4]

다들 고개를 저으며 "말도 안 돼."라고 말할 것이다. 하지만 우리는 옳고 그름을 모르는 젊은이나 어떻게 하면 생산적으로 살 수 있는지 모르는 젊은이, 세상에서 어떻게 자신의 길을 개척해야 하는지 알지 못하는 모든 젊은이에 대해 슬퍼해야 한다. 그런 이들은 일이나 책임이라는 것에 대한 이해가 전혀 없기 때문이다.

우리는 이 이야기의 다른 버전이 우리 사회에 퍼지고 있다는 점도 알아야 한다. 일할 수 있는 연령대의 30퍼센트가 일하지 않는다는 사실을 아는가? 여기에는 여러 가지 이유가 있을 것이다. 어떤 사람들은 최저 임금을 받는 직업을 제외한 모든 직종에 필요한 기술이 부족하다. 기술 발전이나 값싼 해외 노동력 때문에 직업을 잃는 사람들도 있다. 그런가 하면, 정부 지원금을 노리고 일부러 일하지 않는 사람들도 있다.

조지메이슨대학교 메르카투스센터에서 의뢰한 어느 연구에서, 스콧 윈십(Scott Winship)은 "일하지 않는 장년 남성이 있는 가구의 75퍼센트는 일정한 형태의 정부 지원금을 받고 있다."라고 말한다. 윈십은 특히 정부의 장애연금이 사람들이 일에 관심이 부족한 한 가지 이유라고 생각한다.[5]

무책임한 생활 방식을 보여 주는 또 다른 경향은 비디오 게임 문화의 성장이다. 수많은 젊은이가 낮이나 밤이나 게임만 하면서 시간을 죽인다. 그들은 시간과 에너지만 소비할 뿐 아무 결실도 맺지 못하는 의미 없는 경쟁에 중독되어 잠과 진학 기회, 경력을 빼앗긴다.

실재하지도 않고 나 자신이나 사회에 아무 유익도 주지 못하면서, 내 모든 시간과 돈과 자원을 소비하는 취미를 뭐라고 불러야 할까? 나라면 그것을 노예제라고 하겠다. 그리고 그런 무의미한 추구의 노예가 된 사람들은 결국 자신에 대한 존중심도 모두 잃고 말 것이다.

일 자체가 품격이 있기에 일은 우리에게 존엄성을 준다. 우리가 일에 대한 하나님의 관점을 이해하기 시작하면, 그것이 사실은 일종의 예배라는 것을 깨닫게 된다.

하나님의 안식을 따르는 우리의 노동

창세기 2장 2절은 일의 성격에 대해 또 다른 중요한 통찰을 준다. "하나님이 그가 하시던 일을 일곱째 날에 마치시니 그가 하시던 모든 일을 그치고 일곱째 날에 안식하시니라."

최초의 안식일에 주님은 모든 일을 마치고 쉬셨다. 피곤해서가 아니라, 그분의 창조 계획을 마치셨기 때문이다. 창조 사역은 끝났지만, 우리 안에서, 우리를 위해 하시는 그분의 일은 아직 끝나지 않았다. 창조 사역을 마치신 하나님은 인류에게 그분의 세상을 돌보는 일을 맡기셨다(창 2:15). 사실상 하나님은 우리에게 이렇게 말씀하고 계신다. "창조 세계를 세우는 내 일을 마쳤다. 이제는 너희가 일할 차례다. 만물을 번성하게 하고, 나의 창조 세계를 보존하거라."

다시 말해, 우리는 자신의 노동을 통해 세상에서 하나님의 사역을 계속해 나가고 있다. 물론, 인간의 타락 이후로 잡초가 자라기 시작하고 부패가 세상에 들어왔다. 이런 이유로 인간의 일은 절대 멈추지 않고, 일을 통해 우리를 축복하시려는 하나님의 의도도 절대 그치지 않는다.

우리는 계속해서 잡초 아래쪽을 쟁기로 갈고 부패에 맞서야 한다.

이렇게 우리의 일은 이 땅의 부패에도 불구하고 하나님이 창조 세계에 선명하게 드러내신 그분의 영광과 선함을 확장한다. 이것이 하나님이 우리 각자에게 주시는 사명이다.

그리스도인들이 자기 일로 하나님을 공경할 방법은 많다. 우리는 가족을 부양하기 위해 일하는데, 이는 우리가 사랑하는 사람들을 보살피도록 하나님이 주신 책임을 이행하는 매우 적절하고 좋은 수단이다.

우리가 일하면서 완수할 수 있는 또 다른 책임은 믿지 않는 자들에게 증인이 되는 것이다. 이것 또한 타당한 목적이 될 수는 있지만, 회사가 기독교 전파를 위해 당신을 고용하지는 않았다는 점을 기억해야 한다. 근무 시간 대부분을 전도에 할애해야 한다고 생각한다면, 당신이나 상사 모두 불만족스러울 것이다. 하나님은 우리가 자신에게 주어진 일에 힘과 자원을 쏟아서 성실하게 그분을 드러내야 한다고 말씀하신다(골 3:23).

우리가 일하는 또 다른 이유는 일을 통해 교회와 하나님의 선교에 넉넉히 베풀 수 있기 때문이다. 우리의 재원으로 무료 급식소, 노숙인 쉼터, 학대 여성, 성경 번역과 유통, 설교와 선교 사역 등을 도울 수 있다.

이 모두가 우리가 일하는 적절한 이유다. 하지만 우리가 하는 일 자체가 하나님 나라의 영향력을 창조 세계 구석구석에 미치기 위해 의도되었다는 사실을 알지 못한다면, 심오한 즐거움을 놓치고 우리 직업의 진정한 영향력을 무시하게 될 것이다. 우리 일이 가치가 있는 것은 그것을 통해 일부 기독교 사역을 후원할 수 있어서가 아니다. 일이 곧 타락의 부패를 물리치는 하나님의 도구다. 하나님은 우리가 하는 일을 통해 세상의 잡초를 제거하고 계신다.

하나님 나라의 전파

창세기 이야기가 펼쳐지면서, 우리는 일의 존엄성에 대해 더 많이 배운다. 창세기 앞부분에서 어떤 일이 벌어지는지 곰곰이 생각해 보자.

- 1장과 2장에서는 인류 최초의 부부를 위해 에덴동산이 창조된다. 그들이 동산을 가꾸고 번성하게 하는 동안 그들의 물질적인 필요도 채워진다.
- 3장에 이르면, 잡초의 영향을 없애고 다양한 가족의 필요를 공급할 작물을 키우기 위해 경작이 시작된다.
- 4장에 이르면, 도시가 형성되고 사회가 기능하기 시작한다. 그때 장인, 음악가, 금속공을 비롯한 기타 교역이 번성하기 시작하여 그들이 하는 일에 창의성과 아름다움을 더한다.
- 창세기 6-11장에 기록된 대홍수와 그 여파 이후로, 아브라함의 가족과 그의 믿음을 통해 세상을 구속하고 모든 민족을 축

복하려는 하나님의 계획과 함께 창조 세계의 새로운 시작이 펼쳐진다(창 12-17장).

창세기 앞부분에서 우리는 인간의 일이 하나님 나라를 더 온전하게, 더 극적으로 확장하는 모습을 볼 수 있다. 일은 개인에게서 가족으로, 도시와 사회로, 궁극적으로는 온 세상을 포함하는 복음으로 확장된다.

타락에 이은 부패와 폭력으로 자취를 감췄던 샬롬, 곧 하나님의 평화가 다시 퍼지고 있다. 하나님의 형상대로 지음 받은 사람들이 하나님의 세상에서 그분을 위해 책임 있게 일함으로써 그 확장이 이루어진다.

일의 영향력

우리 아버지는 남부 시골 지역의 작은 교회들을 섬기는 순회 설교자였지만, 영농으로 생계를 꾸렸다. 농장에서 자란 아버지는 농업에 대한 애정으로 농업 잡지를 편집하고, 가구마다 수 세대에 걸쳐 물려받은 농장 유지에 필요한 돈을 벌도록 돕고, 대기업 소유의 토지를 관리하고, 개발도상국에 현대 영농법을 전달하여 굶주림을 줄이는 일에 힘썼다.

노새가 끄는 쟁기로 농업을 시작하신 아버지는 인공위성으로 파

종과 비료 작업을 관리하는 시대에 농사 경력을 마감했다. 아버지는 복음에 굶주린 영혼들에게 말씀을 전하고, 배고픈 이들에게 살길과 생명을 주었다. 그러면서 여섯 자녀를 키우고, 리틀 야구팀 감독을 맡고, 자선 활동을 이끌고, 지역 청소년 단체를 운영하고, 은퇴 후에는 인종이라는 경계를 넘어 도심 지역 학교에서 부모 교육을 담당하기도 했다.

아버지는 자신이 설교 사역으로 부름 받은 것을 알았지만, 동시에 영농 기술과 집안 경험을 살려 많은 사람의 삶을 변화시키는 일로도 부름 받았다고 믿었다. 두 소명 모두 하나님이 주시고 하나님께 영광을 돌리는 소명이요, 사람들의 삶을 축복하는 소명이었다. 둘 다 아버지가 예배하는 하나님의 성품과 돌보심을 설명해 주었다. 둘 다 다른 사람들이 번영하게 돕고, 우리 아버지 가운데 있는 하나님의 형상을 잘 드러냈다.

당신이 하는 일이 하나님의 목적을 확장하고 세상에서 당신이 소유한 존엄성의 일부가 될 수 있다는 사실을 깨닫기 시작할 때 설교자나 대통령, 회사 대표와 의사뿐 아니라 모든 종류의 일에서 그런 존엄성을 찾을 수 있음을 알기 시작한다. 하나님은 경찰과 목수, 콘크리트 작업자 모두가 자신이 하는 일의 존엄성을 깨닫고 세상에서 하나님 나라를 전하도록 부르고 계신다.

우리가 하는 일은 다른 사람들에게 강력한 영향을 줄 수 있다. 한 가지 예를 들어 보자. 이 책을 쓰는 도중에 전미경제연구소(National

Bureau of Economic Research)가 내놓은 몇 가지 통계를 접할 수 있었다. 그 통계에 따르면, 20세기의 마지막 1/3에 해당하는 기간에 하루 1달러 미만으로 사는 인구가 80퍼센트나 줄었다. 어둠을 몰아낸 공학 기술자들의 기여로 10억 이상의 인구가 심각한 빈곤에서 탈출했다.[6] 기술자들에게 감사를!

세상을 바꾸기 위해 우리가 할 수 있는 일은 영적인 차원 이외에도 많다. 사람들이 하나님의 목적을 위해 다양한 재능을 활용할 때 하나님이 의도하신 여러 다른 방식으로 세상은 변하게 된다.

다양한 존엄성

창세기 4장 19-22절은 사회가 발전하고 다양해지기 시작한 초기 모습을 묘사한다.

라멕이 두 아내를 맞이하였으니 하나의 이름은 아다요 하나의 이름은 씰라였더라 아다는 야발을 낳았으니 그는 장막에 거주하며 가축을 치는 자의 조상이 되었고 그의 아우의 이름은 유발이니 그는 수금과 통소를 잡는 모든 자의 조상이 되었으며 씰라는 두발가인을 낳았으니 그는 구리와 쇠로 여러 가지 기구를 만드는 자요.

여기서는 인간 사회의 초기 단계를 볼 수 있는데, 하나님의 백성이 아주 다양한 직업에 종사한다. 가축을 치는 사람과 음악가가 있는가 하면, 장인과 금속공도 있다. 이 모든 다양한 직업을 매개로 사회가 번성하고, 풍요롭고 다양한 주님의 축복을 경험하게 될 것이다. 하나님은 각 직업을 사용하셔서 그분의 목적을 성취하시고, 그 결과 각 직업이 그분께 영광을 돌리게 된다.

우리는 이 메시지를 마음에 새겨야 한다. 자기 직업을 얕잡아 보며 "나는 그냥 공사장 인부야. 어부야. 세무서 직원이야. 텐트 만드는 사람이야."라고 말해서는 안 된다. 예수님과 그분의 제자들이 그런 직업을 갖지 않았던가? 당신에게는 당신이 하는 일에 하나님의 형상을 드러낼 능력이 있고, 그렇게 하면서 사람들이 하나님의 선하심과 우리를 향한 그분의 돌보심을 이해하도록 도울 수 있다. 그분은 우리를 위해 아주 다양한 직업을 만드셨다.

우리는 다른 사람들의 재능은 높이 사면서도 자신의 재능은 쓸모없게 여기고 자신에게 가혹할 때가 있다. 내가 베드로전서 4장 10절을 좋아하는 이유가 바로 그 때문이다. "각각 은사를 받은 대로 하나님의 여러 가지 은혜를 맡은 선한 청지기같이 서로 봉사하라."

지금 우리 사회에는 성 역할에 대한 혼란이 만연한데, 때로는 남성성이나 여성성에 대한 편협한 정의가 그런 혼란을 더 부추긴다. 예를 들어, 우리는 예술적 기질을 지닌 남성에게 "그건 별로 남자답지 못한데요."라고 말하기도 한다. 하지만 창세기 앞부분에는 예술적 감각을 지닌 장인 남성이 여럿 등장한다.

판매 기술이 뛰어난 여성에게는 "딱히 여성스러운 일은 아니죠."라고 말하기도 한다. 성경은 동의하지 않는다(잠언 31장 16절에 나오는 경건한 여성을 보라). 성경은 남자와 여자가 다양한 직종에서 다양한 이유로 일하는 모습을 그리는데, 성경적 의무를 소홀히 하지 않는 한에는 그들 모두 존중받아야 한다.

아무리 힘들고 부담스러운 일이라도 우리가 하나님이 주신 책임을 다하기 위해 일할 때 성경은 우리가 하는 일이 별로 중요하지 않다는 생각을 피할 수 있게 도와준다. 내 아내는 음악가인데, 우리 아이가 싸 놓은 특별히 역겨운 기저귀를 갈면서 있었던 이야기를 들려준다. "전에는 이 손으로 모차르트를 연주했는데."라는 말에 옆에 있던 친구가 이렇게 대답했다고 한다. "그 손이 지금 미래의 모차르트의 기저귀를 갈고 있는지도 모르지!" 그 손은 틀림없이 영원한 영혼을 기르고 있었을 것이다. 하나님이 주신 재능을 존중하고 있다면, 당신은 그분이 당신을 위해 계획하신 자비로운 목적을 성취하고 있는 것이다.

일의 정신 담아내기

내가 최근에 읽은 가장 인상적인 책은 요즘 책은 아니지만, 그 책에 담긴 진리는 지금까지도 유효하다. 레스터 데 코스터(Lester DeKoster)는 『일, 그리고 삶의 의미』(Work: The Meaning of Your Life)라는 책에서, 사무실에서 공장까지 모든 사람이 하는 일이 사회와 문화에 꼭 필요하다는 사실을 독자들이 볼 수 있도록 도와준다. 그 점을 분명히 보여 주기 위해 그는 다음과 같이 쓴다.

지금 당신이 느긋하게 기대고 있는 의자는? 직접 만들 수 있을까? 글쎄, 의자만 놓고 보면 그럴 수도 있겠다.
나무, 못, 접착제, 충전재, 스프링을 사 와서 조립할 수 있을 것이다. 하지만 의자를 만든다는 것이 각 부품을 처음부터 조립한다는 의미라면 그것은 완전히 다른 문제다. 예를 들어, 나무는 어떻게 구할 수 있을까? 가서 나무를 베면 될까? 하지만 먼저 나무를 벨 도구와 운반용 차량, 벌목할 공장을 만들고, 이곳저곳 이동할 수 있는 도로를 건설한 후에야 가능할 것이다.
한마디로 의자 하나 만드는 데 평생이 걸린다! 집 전체를 짓고 꾸미는 것은 고사하고, 지금 당신과 내가 앉아 있는 곳에서 볼 수 있는 가재도구를 처음부터 직접 만드는 것조차도 물리적으로 불가능하다.[7]

우리가 모든 직업에서 존엄성을 보기 시작할 때 모든 일에는 다른 사람을 섬기고 하나님께 영광을 돌리는 목적이 있음을 알 수 있다.
성경은 "눈이 손더러 내가 너를 쓸 데가 없다 하거나 또한 머리가 발더러 내가 너를 쓸 데가 없다 하지 못하리라 그뿐 아니라 더 약하게 보이는 몸의 지체가 도리어 요긴하고"(고전 12:21-22)라고 말한다.

조각가 로잘린드 쿡(Rosalind Cook)은 그녀의 기독교 배경을 알기 전부터 우리 부부가 좋아한 예술가다. 그녀가 예술가로서의 경험에 관해 쓴 어느 글에는 '청동에 정신을 담기'라는 안성맞춤 제목이 달렸다.

로잘린드 쿡은 임신 중이던 1970년대부터 조각을 시작했는데, 이후로도 세 아이를 더 낳았다. 아이들과 운전, 땅콩버터 샌드위치 등 육아에 동반되는 온갖 일에 시달리는 사이 조각과는 조금씩 멀어져 갔다.

어느 날, 안식년을 맞은 한 선교사가 그녀의 집에 왔다가 방치된 진흙 덩어리를 보고는 무엇에 쓰는 물건인지 궁금해했다. 질문한 선교사를 바라보던 로잘린드의 눈에서 눈물이 흐르기 시작했다. "조각이 너무 좋아요. 하지만 그게 무슨 소용이겠어요? 제가 하는 일은 영혼을 구하지 못하는걸요. 누구에게도 아무 도움이 되지 못해요."

그러자 선교사가 대답했다. "로잘린드, 당신은 하나님의 형상대로 창조되었어요. 하나님이 당신의 창조주시죠. 당신이 그분의 형상이라는 선물을 사용할 때 하나님이 기뻐하세요."

로잘린드는 자신의 책에 이렇게 쓴다. "선교사님이 다녀간 이후로, 나는 하나님이 내게 원하시는 사람이 될 수 있도록 그분이 주신 선물들을 사용하기 시작했다. 너무도 많은 사람이 후회하며 살아간다. 하나님이 삶에 허락하신 선물과 기회를 사용하려 하지 않기 때문이다. 우리가 그런 재능을 사용하고 개발하고 나눌 때 하나님이 원하시는 삶을 잘 살 수 있다."[8]

하나님이 우리를 부르신 직업 가운데서 그분이 주신 재능을 사용할 때 그것은 우리에게 아주 다양한 목적을 부여하면서도 하나님께는 기쁨이 된다.

어떤 사람은 놀라운 기술과 성공으로 돈을 번다.

어떤 사람은 아름다운 그림을 그린다.

어떤 사람은 멋진 음악을 작곡한다.

어떤 사람은 깜짝 놀랄 만한 프로젝트를 실행하는 기술자다.

어떤 사람은 사람들의 건강을 되찾아 주는 의사다.

어떤 사람은 우리 사회가 제대로 기능하려면 꼭 필요한 건설, 교통, 의사소통을 가능하게 하는 사업가다.

어떤 사람은 유능한 판매원이다. 그는 누군가 무엇을 팔아야만 고용주가 직원을 고용하고 직원은 가족들을 먹여 살릴 수 있다는 것을 잘 안다.

어떤 사람은 아이들이 자신의 존엄성과 목적으로 가는 길을 잘 배우고 찾도록 돕는 교사다.

우리가 하나님이 그분의 백성에게 주신 일과 재능의 다양성을 고려할 때 그분의 돌보심이 얼마나 다양하고 크신지에 놀라야 한다. **우리는 이렇게 많은 사람에게 이렇게 많은 존엄한 일을 주신 크신 하나님을 섬긴다!** 우리가 하는 일 자체가 얼마나 큰 은혜요, 우리에게 얼마나 좋은 것을 주는지 알게 될 때 그 일은 우리를 예배로 이끈다.

우리 일이 하나님의 은혜의 통로라는 것이 바로 이 책의 메시지다. 우리는 일을 통해 우리 주님의 축복을 받는 동시에 나누어 준다.

하나님이 우리에게 주신 부르심 가운데 그분의 선물을 사용할 때 우리는 그분의 목적을 이루어 드린다. 세상이나 우리 자신의 계산법에 따라 그 일은 클 수도 있고 사소할 수도 있지만, 신실한 노동은 반드시 하나님의 선하심과 영광을 전달할 수밖에 없다. 그래서 우리 인생을 향한 하나님의 소명을 이루어 드릴 때 우리가 하는 일은 늘 존엄하다.

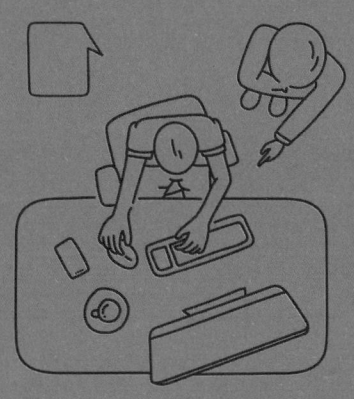

2.

일의 목적

자주 인용되는 이야기 중에 이런 이야기가 있다. 어느 날, 마르틴 루터(Martin Luther)가 벽돌을 쌓고 있는 일꾼에게 무슨 일을 하고 있느냐고 물었다. 그러자 그는 "벽돌을 쌓고 있습니다."라고 답했다. 루터가 그 사람 옆에서 일하고 있는 다른 사람에게 같은 질문을 던지자 "하나님께 영광을 돌리기 위해 대성당을 짓고 있습니다."라는 답이 돌아왔다. 그 사람의 대답 덕분에 루터는 모든 사람이 거룩한 목적을 지닌 거룩한 부르심을 받들고 있다는 현실을 이해할 수 있었다. 실제로 그는 이런 말까지 남겼다. "우리는 벽돌공을 세우기 위한 서품식을 마련해야 한다."

그리스도는 만물의 주인이시기 때문에 당신이 그분을 위해 하는 일은 하나님 앞에서 거룩하다. 네덜란드의 수상이자 영향력 있는 신학자였던 아브라함 카이퍼(Abraham Kuyper)는 이런 글을 쓴 적이 있다. "인간 존재의 모든 영역에서 만물의 주권자이신 그리스도께서 '내 것이다!'라고 주장하지 않으시는 곳은 단 한 치도 없다."[1]

이 장에서 내가 바라는 것은, 그 실재가 당신의 가슴과 머리를 침투하여 당신이 부름 받은 곳이 어디든지 그곳에서 그리스도의 목적들을 섬기는 기쁨과 특권을 누리도록 하는 것이다. 나는 독자들이 자신이 하는 일이 하나님을 존중하고 그분께 영광을 돌릴 수 있다는 사실을 볼 수 있길 바란다.

사도 바울은 골로새서 3장에서 "또 무엇을 하든지 말에나 일에나 다 주 예수의 이름으로 하고 그를 힘입어 하나님 아버지께 감사하라"(17절)라고 쓴다. 여기서 "다"라는 말에 일터도 포함된다는 것을 우리가 알 수 있도록 바울은 23절에서 "무슨 일을 하든지 마음을 다하여 주께 하듯 하고 사람에게 하듯 하지 말라"라고 말한다. 이 본문은 어디를 가든지 우리가 하나님의 목적들을 섬기도록 부름 받아 거룩한 땅에 서 있다는 사실을 일깨워 준다.

일과 고백

어떻게 하면 우리가 하는 일도 예수 그리스도의 목적들 가운데 포함된 것처럼 우리가 보고 행동할 수 있을까? 우리의 소명이 진정한 우리의 **고백**(profession, 이 영어 단어에는 고백과 직업이라는 두 가지 뜻이 다 있다―역주)임을 이해하는 것이 출발점이다. 우리는 자신이 하는 일을 통해서 하나님과 우리의 관계에 대해 이해한 내용을 고백하는 셈이다.

우리 일에서 우리는 무엇을 고백하고 있는가? 골로새서 3장 17절은 "무엇을 하든지 말에나 일에나 다 주 예수의 이름으로 하고"라고 말한다. 무슨 일이든 예수의 이름으로 한다면, 당신은 그분을 대표하고 드러내게 된다. 모든 일을 그리스도의 이름으로 해야 한다. 일터에서는 우리가 그리스도의 이름을 지닌 것처럼 일해야 한다.

친구 중에 마라톤 선수가 있다. 그가 두어 해 전에 참가한 대회는 험난한 코스, 특히나 마지막에 힘든 코스가 예상되었다. 경주가 거의 끝나는 지점에서 사람들이 어떻게 선수들을 응원하는지 알고 있었던 그는 유니폼 번호판에 자기 이름 대신 '그리스도인'(Christian)이라는 단어를 써넣었다. 그가 마지막 코스에 접어들면 사람들은 그의 이름 대신 이렇게 응원할 것이다. "힘내요, 그리스도인!" "할 수 있어요, 그리스도인!" "조금만 더 버텨요, 그리스도인!" 그는 자신이 지닌 그리스도의 이름을 드러내기 위해 달렸다.

우리 일에서 그리스도를 드러내기

직장에서 우리는 구세주의 이름을 지니고 생활한다. 그 점은 모든

'그리스도인'에게 암시하는 바가 있다. 우리는 우리가 맺는 관계들에서 그분의 성품과 돌보심을 드러내고 있음을 알고 있다.

우리 행동에 그리스도의 의가 드러난다. 그래서 우리가 내놓는 연례 보고서와 평가서는 정직하다. 가격이나 청구서로 고객을 속이지 않는다. 우리는 그리스도를 대표하기 때문에 남들은 어떻게 하든지 상관없이 근무 기록이나 지출 보고서로 상사를 속이지 않는다. 단속 기관에 거짓말하지 않는다. 국세청에 거짓말하지 않는다. 왜? 주님이 그분의 이름을 우리 위에 써 놓으셔서 다른 사람들이 볼 수 있게 하셨기 때문이다.

우리는 우리가 하는 모든 일에서 예수님을 드러낸다. 우리가 신실할 때 그분의 성품과 의가 드러난다. 우리가 공정할 때 그분의 정의가 나타난다. 우리는 편애하지도 않고 우리가 싫어하는 사람을 놀리지도 않는데, 그렇게 해서 모든 사람을 향한 예수님의 사랑을 드러내기 때문이다. 다른 사람들의 선의를 믿고, 우리가 대접받고 싶은 대로 다른 사람들을 대접한다. 예수님이 우리를 그렇게 대하시기 때문이다.

워싱턴 D.C.에 있는 제4장로교회를 오래 담임하면서 상원 원목으로 섬기기도 했던 딕 할버슨(Dick Halverson)은 자신의 교회에서 회심한 어느 사업가의 이야기를 들려주었다. 일터를 변화시키고 싶었던 그는 할버슨 목사를 찾아와 이렇게 말했다고 한다. "우리 회사 전 직원과 고객에게 신약성경을 나누어 주기로 했습니다." 그 사람을 조금 알고 있었던 할버슨 목사는 이렇게 대답했다. "참 잘하셨습니다. 하지만 그분들을 조금 더 **존중**한다면 훨씬 더 좋을 겁니다."

우리는 다른 사람들을 존엄하고 자비롭게 대하는 태도 가운데 예수님의 이름을 드러낸다. 우리가 베푸는 긍휼 가운데 예수님의 마음이 엿보이고 그렇게 그분의 성품을 드러낸다. 그래서 우리는 사람들에게 한 번 더 기회를 주고 변화할 기회를 준다. 힘들어하는 사람들에게 도움이나 코칭을 제공한다. 어쩔 수 없이 어려운 결정을 내려야 할 때는 그 결정을 두고 애써 씨름하며 슬퍼한다.

사람들이 힘겨운 싸움을 할 때 우리는 태연하지 않다. 우리는 구세주의 마음을 드러낸다. 하나님이 공급해 주시는 것들을 우리도 넉넉하게 베푼다. 하나님의 백성(과 아직 그 백성이 아닌 사람들)이 교회의 여러 사역과 선교를 통해 그분을 알아야 한다는 것을 알기 때문이다.

마지막으로, 하나님의 성품을 본받아 우리도 그분의 겸손을 나타내야 한다. 우리가 항상 제일 먼저 나설 필요도 없고, 최종적으로 결정할 필요도 없다. 우리에게 공로가 있어야 할 필요도 없다.

농구를 좀 아는 사람이라면 딘 스미스(Dean Smith) 감독이 채플 힐 노스캐롤라이나대학교 선수들을 지도했던 유명한 일화를 기억할 것이다. 그는 선수들에게 "골을 넣으면 여러분에게 공을 패스한 선수를 항상 가리켜야 합니다."라고 말했다. 뽐내거나 으스댈 자리는 없었다. 딘 감독의 선수들은 자기 공로를 주장하지 않아야 한다는 것을 알았다. 그들은 다른 사람들에게 공로를 돌렸다.

일터에서 공을 돌리는 일이 그리스도인들에게 힘들 수도 있다. 우리가 그리스도의 성품을 드러낼 때조차도 우리에게 이익이 있을 수 있음을 알기 때문이다. 어쨌거나 당신의 근면과 인내가 다른 직원들에게 긍정적인 본보기가 된다면, 사람들은 당신이 더 큰 보상이나 책무를 받아야 한다고 생각할 것이다. 이런 것들은 그 자체로는 나쁘지 않고, 우리의 신실함에 대한 하나님의 축복으로 볼 수도 있다.

그럼에도, 구세주를 언급할 기회가 있을 때면 우리는 그분께 공로를 돌려야 한다. 그분의 공급하심이나 그분이 공급하신 사람들에게 공을 돌려야 한다. 이는 그저 가식에 지나는 것이 아니라, 우리의 모든 존재와 행동이 그분이 공급하신 결과라고 인정하는 것이다. 하나님 때문에 우리가 성공할 수 있고, 우리에게 문제가 생겨 그분의 용서와 도우심이 필요할 때는 그분이 그분의 목적을 이루시기 위해 우리에게 가장 필요한 은혜로 풍성하게 채워 주신다.

그리스도 없이 우리는 아무것도 할 수 없으므로(요 15:5) 우리의 모든 행동과 존재는 그분께 공로를 돌려야 마땅하다. 그래서 우리가 하는 일에는 경건한 본보기와 윤리가 있어야 한다. 다른 사람들에게 칭찬받기 위해서가 아니라, 그래야 그들이 우리 구세주를 알 수 있기 때문이다. 보통은 하나님을 위해 살면 영원한 복만이 아니라 이 땅의 복도 받는다. 하지만 그런 경건함에 희생이 따르더라도, 우리는 그것을 감내하여 다른 사람들에게 그분을 나타내야 한다. 물론, 이 말은 우리가 그리스도를 드러내려면, 대가가 따르는 한이 있더라도 그분께 영광을 돌리는 실천 가운데 그분의 성품이 분명히 드러나야 한다는 뜻이다.

우리가 만드는 것에서 그리스도를 드러내기

그리스도의 돌보심은 우리가 만드는 것들에도 드러나야 한다. 본질적으로, 우리가 공장 조립 라인에서 일하든 회사 대표든 우리가 생산하는 것들을 말하고 있다. "나는 이 제품에 예수님의 이름을 새겼어." 그리스도인의 사명은 우리가 만드는 모든 것에 그리스도의 이름을 담아내는 것이다.

이 일은 아주 다양한 방식으로 일어나는데, 그리스도인들에게는 본능적으로 일어나기도 한다. 우리 아들 조던이 회사에서 주식 거래를 배울 때 기존 거래를 사후 관리하는 일을 맡았다. 쉬지 않고 전화 통화를 해야 하는 따분하고 무료한 일이었다. 전화를 걸고 끊고, 걸고 끊고, 또 걸고 끊고.

어느 늦은 저녁, 조던은 아주 피곤한 상태에서 전화를 걸고 있었다. 조던은 잠재 고객의 음성 메시지 함에 대고 그동안 반복해 온 말을 거의 기계적으로 외우고 있었다. 그는 너무 피곤했던 나머지, 메시지의 끝부분에 다 와서 수년간의 신앙생활을 통해 익숙한 문구를 본능적으로 내뱉고 말았다. 그의 영업 상담은 이렇게 끝났다. "여기까지 하시죠. 예수님의 이름으로 기도합니다. 아멘."

조던은 전화를 끊고 나서야 자신이 피곤한 나머지 기도를 끝맺는 말로 잠재 고객과의 상담을 마쳤다는 사실을 깨달았다. 이 일을 어떻게 수습해야 할지 머리가 하얘졌다. 그래서 다시 그 고객에게 전화를 걸어 사과 메시지를 남겼다고 한다.

아들에게서 이야기를 듣고는 웃음이 나왔지만, 사실은 아들이 무척이나 자랑스러웠다. 피곤해서 내뱉은 신앙 고백이 아들의 내면 깊은 곳에서 나온 것을 알았기 때문이다. 날마다 되풀이되는 지루한 일상 가운데서도, 아들은 일한다는 구실로 신앙을 내팽개치지 않았다. 오히려 무의식중에 예수님을 자기가 하는 일로 모셔 왔다. 그게 늘 쉽지만은 않다.

우리 부부는 세인트루이스에 오래 살았다. 세인트루이스의 주요 산업은 화학 회사들이다. 우리는 거기 살면서 이런 화학 회사들에 대한 사람들의 인식이 시간이 흐르면서 어떻게 달라질 수 있는지 알게 되었다. 일부 회사에서 개발도상국 농부들이 작물을 대량 생산할 때 사용할 수 있는 살충제를 생산했다. 처음에 주민들은 그런 회사들을 응원했다. 그러다가 10-20년쯤 흐르니 이런 말들이 나오기 시작했다. "당신들은 수많은 사람에게 식량을 공급하는 게 아니라, 세상을 오염시키고 있다고요!" 내 의도는 어떤 특정 회사를 비판하자는 것이 아니라, 그리스도의 이름을 지닌 사람들을 일깨우기 위한 것이다. 우리 직업을 검토하고 "우리가 하는 일이 진정으로 하나님께 영광을 돌리고 있는가?"라고 묻는 것은 언제나 중요하다.

모든 그리스도인은 기꺼이 이런 질문을 던져야 한다. "나는 이 제품에 그리스도의 이름을 새길 수 있는가? 이 일을 하면서 예수님과 동행할 수 있는가?" 이 질문에 대답하기 위해서는 제품의 영향력을 정직하게 평가할 뿐 아니라, 변화하는 환경의 관점에서 재평가하려는 의지가 있어야 할 것이다.

우리가 하는 일의 생산품이나 필요조건이 얼마나 적절한지를 변덕스러운 사회나 대중의 의견이 결정하게 해서는 안 된다. 오히려 그리스도인들은 우리의 일과 제품이 하나님 말씀에 합당하게 그분을 영화롭게 하는지를 그분께 여쭈어야 한다. 기업과 국가의 노동, 제품, 관습이 다양한 윤리 및 정의 기준과 결합한 통합 경제에서 이런 질문들은 복잡한 질문일 수 있지만, 우리가 지닌 이름에 걸맞게 우리는 그런 것들을 고려해야 한다.

일의 의미

때로는 우리가 만드는 것의 옳고 그름이 진짜 문제가 아닐 수도 있다. 그 제품의 **의미**가 문제일 수 있다.

얼마 전 오리건에서 열린 목회자 수련회에 참석했는데, 쉬는 시간에 미국에서 가장 큰 치즈 제조사 중 한 곳의 치즈 공장을 방문하게 되었다. 투어는 아주 재미있었지만, 그곳에서 하는 어떤 일들은 재미와는 전혀 상관없어 보였다. 내가 본 어떤 사람은 엄청나게 많은 치즈 덩어리를 운반하는 컨베이어 벨트에서 자그마한 치즈 조각이 꼬이면 그것을 펴는 일을 했다. 그 사람은 컨베이어 가까이에 한 손을 두고 온종일 거기 서서 일했다. 대략 치즈 조각 10개당 한 번꼴로 그는 몸을 구부려 조각을 폈다. 그렇게 하면 치즈가 포장 기계에 제대로 들어가서 불량 없이 시장에 나올 수 있었다.

문득 이런 생각이 들었다. '나는 저런 일을 안 해서 얼마나 다행인가.' 그 사람이 선한 일이나 거룩한 일을 하고 있지 않다는 말이 아니다. 둘 다일 수도 있다. 하지만 삐뚤게 놓인 치즈 조각보다 훨씬 더 큰 문제가 많은 세상에서, 그 일은 그렇게 큰 목적이 있어 보이지는 않는다.

무엇이 하나님 앞에서 우리 일을 의미 있게 만드는가? 조지 베일리 실험은 우리가 일에 접근할 때 사용할 수 있는 한 가지 방법이다. 영화 「멋진 인생」(It's a Wonderful Life)[2]을 기억하는가? 주인공 조지 베일리는 자기 인생이 아무 변화도 만들지 못했다고 생각하여 자살하려 한다. 주님은 '날개를 얻으려고' 애쓰는 클래런스라는 천사를 보내셔서 조지에게 그가 태어나지 않으면 어떻게 되었을지를 보여 주신다. 영화가 진행되면서 조지는 자신의 삶과 일이 베드포드 폴즈 마을에 미친 놀라운 영향을 발견한다.

여기서 이 감상적인 고전 영화의 잘못된 신학을 모두 바로잡으려 하지는 않을 것이다. 그래도 이 영화에는 적절한 교훈도 있다. 우리가 조지 베일리 실험을 자기 일과 제품에 적용하려 한다면 이렇게 물어야 할 것이다. "우리가 자기 일을 하지 않는다면 세상이 어떻게 될까?" 예를 들어, 치즈 공장 조립 라인에 품질 관리자가 없다면, 불량 제품이 나와서 고객이 병에 걸리고 회사는 명성을 잃을 것이다. 좋은 명성을 유지하지 못하는 회사는 더는 제품을 팔 수 없고, 그래서 일자리도 제공하지 못하며, 직원들은 가족을 부양하지 못할 것이다.

식품 산업과 제약 산업 전반, 더 나아가 핵폐기물 산업 등에서 품질 관리의 중요성을 고려한다면, 이런 문제들은 더 큰 의미를 지닌다. 조지 베일리 실험은 품질 관리란 그저 치즈 덩어리를 정렬하는 문제에 그치지 않고, 위생, 안전, 보안을 확실히 유지하여 사람들이 아프지 않고(부모나 자녀를 잃지 않도록) 회사가 망하지 않게(일자리와 관련 사업, 지역사회가 사라지지 않도록) 해 주는 일임을 이해하게 도와준다.

이런 관점에서 우리 직업을 검토한다면, 하나님이 우리 일을 그분의 현재와 미래의 목적들 가운데 자리하게 할 기회를 주고 계신다는 사실을 깨닫기 시작한다. 그런 관점이 생길 때 우리 일은 그저 우리만의 문제가 아니라, 다른 사람들에게 영향을 미친다는 것을 알게 된다.

더 좋은 세상 만들기

나는 데이비드 라이트(David Wright)가 생각하는 일에 대한 관점이 마음에 든다. 그는 대학 총장이 되기 전에 아이티에서 선교사로 섬겼다. 그의 책 『더 좋은 세상을 만드는 하나님의 방법』(How God Makes the World a Better Place)은 아이티에서의 경험을 담고 있는데, 최근 아이티가 겪고 있는 어려움 때문에 더 가슴 아픈 책이다. 그는 책에서 이렇게 말했다.

> 나는 아이티에서 [지내는 동안 모든 직업에 목적이 있음을] 보았다. … 정직, 공평, 소유권을 보장해 주는… 공정하고 믿을 만한 사법 체계가 없으니 아이티인들은 자신의 창의력과 근면을 자신과 가족 혹은 동료 아이티인들을 위한 가치로 바꾸기가 쉽지 않았다. …
> 돈을 보호하고… 작은 사업을 운영하기 위해 공정하고 실행 가능한 조건으로 돈을 빌릴 은행 제도가 없으니 아이티인들은 자신의 필요를 채우고 이웃에 필요한 재화와 용역을 제공할… 운영 자본이 없었다.[3]

독자 중에는 은행에 근무하는 사람도 있고, 법과 관련된 일을 하는 사람도 있을 것이다. 교육 종사자도 있을 것이다. 우리가 각자 맡은 일을 하지 않는다면, 다른 사람들의 가족과 교회, 지역사회에 어떤 영향을 미치겠는가?

우리 일이 미칠 후속 효과를 고려한다면, 우리 각 사람은 감사하면서 하나님 앞에 무릎 꿇고 이렇게 말할 수 있을 것이다. "이제 이해가 가네요. 저는 사회라는 큰 조직의 톱니바퀴에 불과한 존재가 아니랍니다. 거룩한 부르심을 받았죠. 하나님이 세우고 계신 세상을 변화시키기 위해 저를 부르셨어요." 하나님은 더 좋은 세상을 만들고 계시는데, 그분의 이름으로 신실하게 일하는 사람들을 통해 그 일을 하신다.

골로새서 3장 22절은 그런 이해를 확인해 준다. 거기서 바울은 "종들아 모든 일에 육신의 상전들에게 순종하되 사람을 기쁘게 하는 자와 같이 눈가림만 하지 말고 오직 주를 두려워하여 성실한 마음으로 하라"라고 쓴다. 사도가 말한 "주를 두려워하는 것"은 하나님을 공경하는 태도, 곧 거룩한 경외감을 뜻한다.

부당하고 굴욕스러운 일을 하기도 하는 종들조차(성경을 다 읽는다고 해서 그런 상황에서 보호받지도 못한다) 하나님의 목적을 성취할 기회에서 배제되지 않았다. 지위나 업무가 얼마나 비천한지와는 상관없이, 모든 사람은 하나님을 공경하라는 부르심을 받았다. 누군가 지켜볼 때만 선행을 하는 것이 아니라, 하나님 외에는 지켜보는 이가 없을 때조차도 그분의 목적들을 위해 수고해야 했다.

개발도상국에서 사업을 시작하려 한 어느 사업가의 이야기를 읽은 적이 있다. 그곳 사람들은 교육을 많이 받지 못했고 미신을 믿었다. 처음에는 일이 잘 풀렸는데, 얼마 안 있어 그가 자리를 비울 때 일꾼들이 그 상황을 악용하는 것을 알게 되었다. 그래서 이 사장은 그들의 미신을 역이용하기로 했다.

그는 자리를 뜨면서 자신의 의안을 꺼내 선반 위에 올려 두었다. 자신이 지켜보고 있다고 일꾼들이 믿도록 하기 위해서였다. 한동안은 효과가 있었지만, 얼마 못 가 일꾼들은 사장의 의안을 모자로 덮어 버렸다.

물론, 모자로 하나님의 눈을 가릴 수는 없다. 하나님은 우리를 항상 지켜보시고, 우리의 노력이나 상황을 간과하시는 법이 없다. 우리의 행동을 통해 그분의 목적을 이루시고 우리의 제품을 통해 그분의 복을 퍼뜨리는 데 필요한 모든 것을 주시려고 늘 지켜보고 계신다. 이 사실을 안다면, 우리는 이 땅의 상사뿐 아니라 하나님을 섬겨야 할 것이다. 우리 일이 얼마나 힘들든 지루하든 간에, 그 일은 하나님의 목적을 위해 그분이 세우고 계신 세상에 이바지하기에 하나님 앞에서 거룩하다. 그래서 우리는 언제나 전심으로 하나님을 공경하기 위해 일한다. 우리는 탁월해지기 위해 애써야 하는데, 단지 인정이나 보상을 바라서가 아니라, 그리스도의 영광과 선하심을 널리 전하기 위해서다.

그리스도 안에서 성취감 찾기

우리는 이렇게 생각할 수도 있다. '그런 부르심은 고상하고 좋을 뿐 아니라, **우리가 원하는 일을 할 때**는 정말 동기 부여가 잘될 것 같아요.' 하지만 그게 제대로 된 관점일까? 요즘 사회에서 사람들은 자신의 부르심을 선택한다는 말을 자주 한다. 젊은이들에게 이런 질문을 던지라고 권한다. "나는 어떤 일을 하기 위해 태어났을까? 내 재능과 은사는 뭘까? 내가 재능 있는 분야에서 어떻게 내가 즐길 수 있는 일을 찾아 성취감을 얻을 수 있을까?"

자신의 성격과 재능에 맞는 직업을 찾고 싶은 충동을 비난하려는 것이 아니다. 하지만 사도 바울은 조금 다른 것을 강조한다. 만약 당신이 원치 않는 일을 해야 한다면 어떻게 될까? 까다로운 사람들과 함께 당신의 재능과 동떨어진 일을 해야 한다면? 바울은 우리가 선택한 직업이 아니더라도, 그 일이 그리스도를 고백하는 방법이 될 수 있음을 깨닫길 원한다.

어떻게 그럴 수 있는가? 골로새서 3장 22절을 다시 살펴보자. "종들아 모든 일에 육신의 상전들에게 순종하되." 북미 문화권에서는 교육을 잘 받으면, 열심히 노력하면, 적절한 인맥이 있으면, 자신의 재능에 걸맞은 만족스러운 일을 찾을 수 있다고 생각하는 경향이 있다.

하지만 대부분의 세상이나 대부분의 세계 역사에서는 경우가 다르다. 아버지가 농부면 자녀도 농부가 되고, 아버지가 광부면 자녀도 광부가 되고, 아버지가 종이면 자녀도 종이 되었다. 한 사람의 지위와 계급, 인종, 경제 상황, 학력, 국적, 인구 구성은 모두 미리 정해져 있었다.

요즘에도 많은 사람이 비슷한 환경에 처해 있다. 인종 불평등, 경제적 압력, 정리 해고 등으로 사람들은 바라는 일자리를 얻지 못하고 좋아하는 일자리를 떠나야만 한다. 이런 가혹한 현실은 우리 앞에 다음과 같은 근본적인 질문을 던진다. 내가 원하는 일을 하지 못하는데도 하나님이 원하시는 일을 할 수 있을까? 하나님은 골로새서 3장 22절에서 이렇게 말씀하고 계신다. "물론이지. 네가 원하는 일을 하지 못하더라도 여전히 내가 원하는 일을 할 수 있단다."

내가 이 구절에 집중하는 이유가 몇 가지 있다. 첫째, 이 말씀은 "종"이라는 단어로 시작한다. 우리는 왜 바울이 노예들에게 일하는 태도를 가르치기보다 노예제도 자체를 폐지하지 않는지 궁금할지도 모른다. 하지만 지금은, 바울이 골로새서 바로 다음 장에서 노예제도의 근간을 쳐 내는 내용을 말한다는 점에만 주목하기로 하자.

바울은 골로새서 4장 1절에서 "상전들아 의와 공평을 종들에게 베풀지니 너희에게도 하늘에 상전이 계심을 알지어다"라고 말한다. 달아난 종 오네시모에 대해 이야기하는 빌레몬서에서는 한 걸음 더 나아간다. "아마 그가 잠시 떠나게 된 것은 너로 하여금 그를 영원히 두게 함이리니 이후로는 종과 같이 대하지 아니하고 종 이상으로 곧 사랑받는 형제로 둘 자라"(몬 1:15-16).

바울이 노예제에 대해 언급한 내용 중에 가장 큰 영향을 미친 것은 갈라디아서 3장 27-28절이다. "누구든지 그리스도와 합하기 위하여 세례를 받은 자는 그리스도로 옷 입었느니라 너희는 유대인이나 헬라인이나 종이나 자유인이나 남자나 여자나 다 그리스도 예수 안에서 하나이니라." 바울의 글은 어떤 형태든 인간의 존엄성과 권리를 부인하는 노예제를 지지하는 모든 가정을 약화한다.

그럼에도, 바울의 일부 독자들은 노예였으므로 그는 그들이 더 높은 권위를 섬긴다는 점을 일깨워 준다. 그들이 궁극적으로 헌신할 대상은 이 땅의 주인이 아니라 하나님이셨다. "무슨 일을 하든지 마음을 다하여 주께 하듯 하고 사람에게 하듯 하지 말라"(골 3:23). 사도 바울의 목적은 불공평한 상황을 유지하는 것이 아니라, 모든 억압과 불의를 몰아낼 하나님 나라를 전하는 것이었다. 우리 하나님은 결코 억압을 지지하지 않으시고, 자기 백성이 그 억압을 견디거나 반대해야 할 때 그 신실한 노력을 헛되게 하지 않으신다. 우리는 원치 않는 직업에 종사하면서도 하나님의 일을 할 수 있다. 우리는 사람이 아니라 여호와 하나님을 섬기기 때문이다.

댈러스신학대학교에서 오랫동안 가르친 하워드 헨드릭스(Howard Hendricks) 교수가 한번은 아메리칸항공에 탑승했다. 그가 기내에서 본 한 승무원은 만취한 사업가, 빽빽 우는 아기들, 몇몇 무례하고 불친절한 승객들을 능숙하게 다루었다. 온갖 힘든 상황에서도 그녀는 모든 승객을 예의 바르고 정중하게 대했다. 헨드릭스는 비행기에서 내리면서 그 승무원에게 이렇게 말했다. "아메리칸항공 대표에게 당신을 칭찬하는 글을 남겨 드리고 싶은데요." 그러자 이런 대답이 돌아왔다. "아, 저는 아메리칸항공 대표님을 위해 일하지 않습니다. 제 상사는 예수 그리스도십니다."

물론, 당신더러 내일 직장에 가서 상사에게 "저는 사장님을 위해 일하지 않습니다."라고 말하라는 뜻은 아니다. 하지만 당신이 마음속으로는 꼭 알았으면 좋겠다. 당신의 진짜 주인, 당신이 궁극적으로 섬기는 대상은 바로 여호와 하나님이시다. 그렇기에 누군가가 당신에게 비윤리적이거나 악하거나 불공정한 일을 요구한다면(당신 상사가 자신에게 그런 권위가 있다고 믿는 한이 있더라도), 그 사람이 당신의 궁극적인 상사가 아니라는 점을 기억해야 한다. 하나님의 뜻에 어긋나는 명령에 순종해서는 안 된다. 우리는 모든 사람 위에 계신 예수 그리스도를 섬기기 때문이다.

직장에서 최고 우선순위

우리가 사람이 아니라 여호와 하나님을 위해 일한다면, 이것은 우리가 궁극적으로 자신을 위해서 일하는 것도 아니라는 뜻이다. 일터에서, 당신 자신보다 더 높은 우선순위가 있다.

압박이 심한 여러 상황에서 이 점을 아는 것은 매우 중요하다. 우리는 이따금 이렇게 생각할 수도 있다. '승진이나 급여 인상, 상사의 인정을 얻기 위해 하나님의 요구 사항을 어길 수 있는가?' 그렇다면, 우리가 우리 자신이 아니라 하나님을 섬기고 있다는 사실을 기억해야 할 것이다.

성경은 우리가 일을 통해 사랑하는 사람들을 섬기도록 부름 받았다고 분명히 말한다. 힘든 직업이 많고 기회는 점점 더 사라져 가는 사회에서, 사람들은 자신의 재능이나 은사와는 별 상관이 없는 일, 원치 않는 일을 해야만 한다. 그러나 우리 귀에는 디모데전서 5장

8절에 나오는 바울의 말씀이 울려야 한다. "누구든지 자기 친족 특히 자기 가족을 돌보지 아니하면 믿음을 배반한 자요 불신자보다 더 악한 자니라."

때로 사람들은 이렇게 말한다. "하지만 나는 좋아하는 일을 하고 싶다고요. 나를 만족시키는 일을 원해요." 그런 생각이 뇌리를 스칠 때 우리는 이런 질문도 함께 던져야 한다. "우리 가족에게는 뭐가 맞을까요? 가족 부양이 하나님이 내게 주신 분명한 부르심이요, 책임이기 때문에 내가 원하지 않거나 불편한 일을 해야 할까요?" 꿈꾸던 직업은 아닐지라도 당신에게 직업이 있고 가족을 부양할 수 있으니 하나님께 감사해야 할지도 모른다.

내가 고등학생 때 우리 부모님 사이에는 갈등이 깊었는데, 아버지는 이런 원리를 반영하는 결정을 내렸다. 다른 주에서 직장의 지역 책임자로 일할 기회가 생겼는데, 아버지는 그 자리를 포기했다. 아버지는 그런 결정을 내린 이유를 나와 형제들에게 설명해 주었다. "엄마와 아빠 사이에 문제가 좀 있어서, 우리 가족은 여기 함께 있어야 해. 아빠는 그 자리에 가지 않을 거야."

그 일은 아버지와 아버지의 경력에 도움이 되고, 돈도 더 많이 벌 수 있었을 것이다. 하지만 아버지는 더 큰 부르심이 있다는 걸 알았다. 하나님은 아버지가 우리 가족의 행복과 장기적인 유익에 최선이고 가장 적절한 방식으로 가족을 부양하기를 원하셨다.

하나님은 모든 사람에게 그와 비슷한 책임을 요구하신다. 우리의 일이 단순히 해야 하는 일을 넘어서서 하나님의 거룩한 부르심이라는 사실을 알기를 원하신다. 그 부르심은 설령 우리가 자신의 유익을 위해 하고 싶은 일을 할 수 없을지라도 가장 먼저 하나님을 공경하는 것이다. 하나님의 부르심은 개인의 호불호를 초월한다.

우리 고백의 핵심

하나님을 공경한다는 것은 마음에서부터 우리의 직업을 추구한다는 뜻이기도 하다. 바울은 골로새서 3장 23-24절에서 이 점을 강조한다. "무슨 일을 하든지 **마음을 다하여** 주께 하듯 하고 사람에게 하듯 하지 말라 이는 기업의 상을 주께 받을 줄 아나니." "마음을 다하여"라는 단어는 '마음'을 뜻하는 그리스어 단어가 아니라, 보통 '영혼'으로 번역하는 단어에서 나왔다. 우리가 일을 통해 하나님을 섬길 때는 영혼 깊은 곳에서부터 반응해야 한다.

마음을 다하여 하나님을 섬기는 것은 우리가 얼마나 많은 장난감을 얻을 수 있느냐 혹은 우리 삶이 얼마나 편안할 수 있느냐에 기초하지 않는다. 오히려 우리는 마음 깊은 곳, 영혼에서부터 하나님을 사랑하기에 그분이 원하시는 일을 한다. 골로새서 3장 17절을 기억하자. "무엇을 하든지 말에나 일에나 다 주 예수의 이름으로 하고 그를 힘입어 하나님 아버지께 감사하라." 하나님이 그 아들을 이 땅에 보내셔서 우리를 위해 그분의 생명을 주셨으므로 우리는 하나님을 공경하고 그분께 감사한다.

하나님께 영광을 돌리는 이런 태도는 그리스도가 **과거에** 주신 것에만 근거하지 않는다. 골로새서 3장 24절은 계속해서 이렇게 말한다. "이는 기업의 상을 주께 받을 줄 아나니 너희는 주 그리스도를 섬기느니라." 여기서 바울은 우리가 하늘에 계신 주께 영원한 기업을 **받을** 것이라고 말한다. 그 기업이 우리가 이생에서 그분을 위해 기꺼이 수고해야 할 동기여야 한다.

다시 말해, 바울은 우리가 영원의 관점을 소유하기를 요청하고 있다. 이생이 얼마나 짧은지 알아야 한다. 이 땅에서 힘든 일도 있겠지만, 사실 우리는 영원히 지속될 더 큰 영광을 위해 살아가고 있다.

집에서 이 책을 읽고 있는 독자들에게는 다 좋은 소리로 들릴 것이다. 하지만 사업상 쉽지 않은 결정을 내려야 하거나 까다로운 사람을 대면해야 할 때는 더 힘든 이야기가 된다. 그럴 때는 당신이 주 그리스도께 감사를 표현하기 위해서 살아가고 있음을 기억하자. 그분은 창조 세계의 왕이요, 만물의 주시며, 당신에게 생명과 가족을 주시고, 이 세상을 존재하게 하신 분이다.

또한 그분은 기름 부음을 받은 그리스도로서, 당신의 죄를 위해 십자가에서 기꺼이 죽으셨다. 이 상황에서 그분이 함께하신다. 그리고 지금 무슨 일이 닥치든 간에, 그리스도가 이미 주신 영원한 기업은 그 현재의 어려움을 아무것도 아니게 만들 것이다. 그리스도는 당신이 겪는 이 시험이나 고통을 초월하여 이미 당신을 위해 선한 계획을 가지고 계신다. 지금 이 순간 하나님을 공경하는 일을 한다면, 장기적으로 당신은 잃을 게 없다.

감사가 이끄는 삶

이 성경 원리들은 땅의 재물보다는 영원한 감사가 이끄는 삶으로 우리 마음을 인도하고 있다. 우리 마음은 그리스도의 십자가에 이렇게 반응해야 한다. "그분이 나를 이렇게 사랑하시니 나는 그분을 위해 살고 싶습니다." 복음이 이끄는 삶이란 바로 그런 뜻이다.

구세주가 우리를 사랑하셔서 자신을 내어 주시고 우리를 위해 영원한 기업을 주셨다는 사실을 깨달을 때 우리는 다른 사람들에게도 이 좋은 소식을 전하고 싶어진다. 다른 사람들이 우리가 구세주 때문에 희생하는 모습을 볼 때 그분의 공급하심을 더 많이 이해할 수 있다. 그리스도의 희생이 우리 마음을 어루만지셨듯이, 하나님은 우리 희생이 그리스도를 위해서 다른 사람들의 마음을 어루만지길 원하신다. 그리스도인은 그분의 이름을 지닌 자들이지 않은가.

우리 행동에, 우리 제품에, 궁극적으로는 우리가 그분의 목적들을 위해 하는 희생에 우리 믿음이 확실히 드러나는 것, 그것이 우리의 부르심이다. 직장에서나 가정에서나, 쉬운 곳이든 어려운 곳이든, 편한 사람과든 까다로운 사람과든, 그분의 사랑에 대한 감사의 반응이야말로 우리가 그분을 공경할 동기와 능력을 준다. 우리는 무슨 일을 하든지 그리스도를 위해서 한다. 그분의 이름을 영화롭게 하는 일에서 가장 큰 즐거움과 가장 깊은 만족을 얻는다.

내 친구 케이시는 오스트레일리아에 살고 있다. 몇 년 전, 케이시는 오스트레일리아 어느 대도시의 버려진 공간에 들어맞는 집을 설계해서 국제건축상을 수상했다. 그의 설계는 세계 다른 도시들에서도 버려진 공간과 폐자재를 활용하는 모델이 되었다.[4] 이 상 덕분에 케이시 부부에게 그들의 동기와 건축계의 다른 사람들에게 필요한 동기를 묻는 강의 요청과 원고 청탁이 쇄도하고 있다.

최근에 케이시는 편지를 보내 무슨 일을 하고 있는지 들려주었다. 케이시 부부는 한 대학교에서 강의 요청을 받았는데, 건축에 자신들의 가치를 담아낸다는 것이 어떤 의미인지 말해 달라고 했다. 케이시는 편지에 이렇게 썼다.

우리는 지난 12년 동안 이 집을 설계하고 건축한 내용을 살피면서 우리의 주택 설계에 대해 발표하고 건축 목적을 이야기했어요. 우리가 이 집과 이와 비슷한 집들을 지으려 했던 이유는 거절당한 사람들을 회복하시는 그리스도의 축복을 보여 주고, 우리 삶과 일을 통해 다른 사람들을 섬기면서 그분의 사랑을 보여 주기 원해서라고 말했죠.

이들은 강의 내내 어떻게 자신들의 소명과 설계와 일이 구세주의 성품과 돌보심을 표현하게 되었는지를 설명했다.

강의가 끝나고 나서 한 젊은 여성이 그들을 찾아와 말했다. "복음이 날마다 하는 일에 어떻게 영향을 미치고 삶에 의미를 부여하는지 말씀하는 분은 처음 봤어요." 오랫동안 건축업계에 몸담았다는 한 남자도 이렇게 말했다. "너무나 감동적인 강의였습니다. 제 직업을 통해 깨진 세상에 빛을 비출 방법을 보여 달라고 10년 넘게 기도했거든요."

케이시 부부의 강연은 기본적으로 이런 내용이었다. "당신의 일이 표현하는 가치를 통해 당신이 믿는 바를 드러내십시오. 탁월하고 신실하게, 불쌍히 여기는 마음으로 일하십시오. 그러면 다른 사람들이 당신에게 영원한 기업을 주신 하나님의 성품과 돌보심을 알게 될 것입니다." 그게 늘 쉽지는 않다.

케이시는 얼마 전에 10억 달러짜리 도시 설계 계약을 포기했다. 그가 보기에는 도박으로 이익을 얻기 위해 사람들을 착취하는 계약이었기 때문이다. 그는 예수 그리스도의 마음을 세상에 보여 주기 위해서 큰돈이 되는 계약을 기꺼이 내려놓았다. 지금 케이시는 사람들이 그의 일에 대해 듣고 그의 건축물에 반응하는 모습을 보는 것이 좋다. 그가 수익성 높은 계약을 포기했을 때는 이런 결과를 예상하지 못했다. 나중에야 그는 이렇게 쓸 수 있었다. "우리가 그리스도를 존중할 때 그분도 우리 안에 있는 그분의 이름을 존중해 주셨습니다."

당신에게도 똑같은 특권이 있다. 하나님은 당신에게 고백을 요구하고 계신다. 그분의 이름이 당신에게 있다. 당신이 하는 모든 일에서 그분을 고백하라. 하나님을 공경하면, 하나님이 그분의 목적을 위해 당신이 하는 일을 사용하실 것이다. 하나님이 당신을 **어떻게** 사용하실지는 예측할 수 없지만, 하나님이 당신의 일을 통해 그분을 영광스럽게 하시리라는 것은 그분의 이름을 위해 소명을 추구하는 모든 이에게 주신 그분의 거룩한 약속이다.

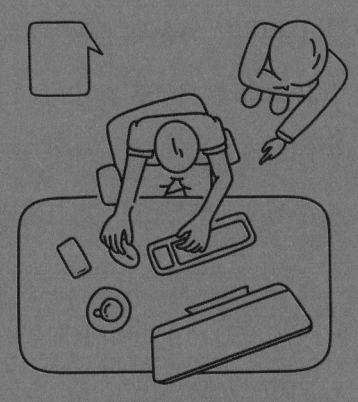

3.

진실함으로 일하라

"이걸 청소라고 한 거야? 일을 하려면 제대로 해야지!"

감시원이 케네스 배(Kenneth Bae)에게 말했다. 내 제자였던 그는 북한에 오래도록 감금되어 있었다. 케네스 배의 죄라고 하면, 북한 사람들을 위해 기도하려고 다른 신자들과 함께 북한을 방문한 것뿐이었다. 그는 성경을 몰래 숨겨 가져가지도 않았고, 전도 집회를 계획하지도 않았다. 그런데도 그의 호텔 방을 수색하여 기도 제목을 적은 쪽지가 컴퓨터 위에서 발견되자 그를 체포했다. 일사천리로 진행된 재판 끝에 그는 특정되지도 않은 죄를 저질렀다며 강제 노동을 15년 구형받았다.

그는 자신의 책 『잊지 않았다』(Not Forgotten)에서, 감시원과의 다음

대화를 포함하여 죄수로 생활한 경험을 기록한다.

"이걸 청소라고 한 거야? 일을 하려면 제대로 해야지! 다시 해!"

"알겠습니다."

군화를 신은 [감시원이] 빙글 돌았다. "103번, 어떻게 대답해야 하지? 그게 나한테 제대로 예의를 갖춘 건가? 다시 똑바로 해 봐!"

"네, 알겠습니다." 하고 내가 말했다.

"103번, 말하기 전에 나한테 허락받았나?" 그가 재빨리 끼어들었다.

"죄송합니다, 선생님. 제가 말씀을 올려도 되겠습니까?" 그때까지도 나는 바닥에 앉아 있었다.

"나한테 말할 때는 일어서서 해야지." 하고 그가 말했다.

나는 자리에서 일어나 다시 말했다. "죄송합니다, 선생님. 제가 말씀을 올려도 되겠습니까?" 그가 내 아들뻘이었기 때문에 상대를 선생님이라고 부르면 기분이 아주 이상했다.

"그래, 103번. 이제 말해도 좋다."

"네, 선생님. 바닥을 다시 닦겠습니다."[1]

이와 비슷한 경험을 여러 차례 하고 나서 배는 이렇게 썼다. "나는 논쟁을 벌이거나 자신을 변호하려고 한 적이 없다. 내 말로는 그가 이미 결정한 나를 다른 사람으로 설득할 수 없다는 것을 알았기 때문이다. 대신, 내 일을 잘하고 올바른 태도로 일하기 위해 애써 노력했다. [간수들이] 내게서 달라진 모습을 볼 수 있다면 그들의 마음도 부드러워질 것이라고 믿었다."[2]

비록 하는 일은 모호하고 힘들었지만, 주님의 마음을 드러낼 수 있도록 일하는 것이 케네스 배의 목적이었다. 왜 그랬을까? 오래전에 그는 북한을 바깥세상 그리고 하나님 말씀과 이어 주는 다리로 자신을 사용해 달라고 주님께 기도한 적이 있었다.[3]

그는 자기 기도가 노동교화소 15년형이라는 결과를 가져올 것이라고는 상상하지 못했다. 그렇지만 바로 그곳이 하나님이 그를 위해 계획하신 장소와 일이었다. 그래서 배는 거기에서도 하나님이 정직하고 근면한 노동을 증거로 사용하실 것이라고 굳게 믿고 진실하게 일했다. 끔찍하고 불공정한 상황이었지만, 그는 진실함이 곧 자신이 하나님의 목적을 위해 드려야 할 증거라고 믿었다. 그리고 나서 그 증거를 뜻대로 사용하시는 것은 오롯이 주님의 몫일 것이다.

하나님은 그의 혹독한 장기 형량을 사용하셔서 그의 믿음을 온 세상에 밝게 비추셨다. 그가 북한에 가장 오랫동안 억류된 미국인이 되자, 정치적 압박으로 인해 그의 곤경이 전 세계에 알려졌다. 온 세상이 주목했고, 그는 자신에게 쏠린 관심을 그리스도께 돌렸다. 그가 보여 준 진실함은 그의 '다리 기도'에 하나님이 응답하신 도구, 그가 간구하거나 상상한 것보다 훨씬 더 크게 응답하신 도구가 되었다.

진실함의 영향력

우리는 묻고 싶어진다. "왜 하나님은 케네스 배가 그렇게 힘든 일을 겪게 하셨을까? 세상이 지켜보는 가운데 진실하게 사는 것이 어떤 변화를 가져오는가?" 노동교화소에 있든, 공장 조립 라인이나 공사장, 사무실, 학교, 농장, 요양원에 있든, 아이를 키우든, 누구에게나 중요한 질문이다.

이 질문에 답하기 위해서는 먼저 '진실함'(integrity)이 무엇인지 정의할 필요가 있다. 대개 이 단어는 '정직하고 엄격한 도덕적 원칙을 지닌 상태'를 의미한다.[4] 시편 15편 4절에 이 정의가 잘 반영되어 있다. 정직하게 행하는 자는 "그의 마음에 서원한 것은 해로울지라도 변하지 아니하며." 다시 말해, 환경이 변하고 예상치 못한 대가가 따르더라도 진실한 사람은 자신이 한 말을 지키고 자신의 의무를 다한다. 진실한 사람은 압박을 받는 상황에서도 신뢰할 만하고, 그의 언행은 압박에도 불구하고 진실하다.

여호와 하나님은 우리가 진실하기를 원하시는데, 그분의 성품이 그러하시기 때문이다. 이 장의 근간이 되는 시편 25편은 "여호와는 선하시고 정직하시니"(8절)라고 말한다. 그리고 나서 시편 기자는 같은 장 21절에서, 그분의 그런 성품이 어떻게 우리에게 반영되는지 말한다. "성실과 정직으로 나를 보호하소서." 시편 기자는 이렇게 기도하고 있다. "하나님, 주님이 그런 분이시라면, 저를 주님과 같이 만드시고 이 증언을 위해 저를 보존하셔서 당신께 빛을 비추게 하소서. 주님이 성실하시니 저도 성실하게 하셔서, 한결같이 주님을 위해 살아가므로 제 행복을 주님 손에 기꺼이 맡기게 하소서."

우리가 그리스도의 이름을 지니고 있다면, 우리가 하는 일이 그분의 성품을 반영하기를 원할 것이다. 그러면 기꺼이 이런 질문도 던지려 할 것이다. "내가 하는 일을 그리스도가 하신다면 과연 어떻게 하실까?" 진실함이란 우리가 하는 일의 본질이 하나님의 성품과 조화를 이루도록 일한다는 뜻이다.

그리스도의 성품과 우리 일의 본질이 부합할 때 우리의 훌륭한 노동으로 구세주의 이름을 아름답게 꾸민다. '꾸미다'(adorn)라는 말은 옛말인데, 아름답거나 매력 있게 만든다는 뜻이다. 하나님이 우리 마음과 지켜보는 세상에 아름답거나 매력 있게 보이려면, 진실하고 믿을 만한 분으로 비쳐야 한다. 그리고 우리의 훌륭한 노동으로 그분의 성품과 이름을 아름답게 꾸미려 한다면, 우리의 일 역시 진실하고 믿을 만해야 한다.

이런 진실함에는 성경적인 목적이 분명히 있다. 시편 25편 8절을 다시 보자. "여호와는 선하시고 정직하시니 그러므로 그의 도로 죄인들을 교훈하시리로다." 하나님의 성품은 죄인들의 삶의 방식과는 정반대다. 그래서 우리가 하나님을 본받을 때 죄인들을 교훈하게 된다.

진실함이라는 증거는 매우 강력한 도구이지만, 그렇다고 해서 실천하기가 쉽지만은 않다. 삶에서 하나님의 영향력을 거부하는 이들은 강하게 반발할 수 있다. 시편 기자는 이 점도 분명히 언급한다. "내 원수를 보소서 그들의 수가 많고 나를 심히 미워하나이다"(25:19). 하나님은 그분을 드러내는 사람이나 사물은 무엇이든 미워하는 이들에게 교훈하시기 위해 진실함의 증거를 사용하신다. 진실하기 위해서 우리는 그에 따른 도전을 정직하게 대면해야 한다.

진실함에 따르는 위험

세상에서 진실하게 살려면 우리 자신을 위험에 노출해야 한다. 그렇지만 우리는 어떤 대가가 따르든지 하나님의 성품을 삶으로 드러내기 위해 부름 받았다. 케네스 배는 가혹함과 불공정, 극심한 피로가 몰려올 때도 하나님의 뜻과 방식을 벗어나지 않기 위해 애쓴 경험을 이야기하면서 그런 의지를 잘 보여 주었다.

나는 칠흑 같은 감방에 앉아 예수님의 사랑을 노래했다. 너무 피곤해서 눈도 뜰 수 없을 정도였다. 몸은 아팠지만, 하루를 더 견딜 수 있게 해 주신 하나님께 감사했다. …

나는 간수들이 듣고 있다는 것을 알았다. … 한 간수가 개인적으로 찾아와서 물었다. "목사님, 제가 목사님처럼 하나님을 믿으면 어떤 유익을 얻을 수 있습니까?" 내가 부르는 노래만 듣고도 그는 답을 알고 있었던 것 같다. 그런 다음 그는 "목사님처럼 하나님을 믿으려면 어떤 대가를 치러야 하나요?"라고 물었다. 나는 금전적인 비용은 없다고 설명했다. 하지만 예수님을 믿는다는 것은 그분께 완전히 항복한다는 의미다.

그러고 나서 마지막 질문이 나왔는데, 내가 보기에 그를 가장 괴롭힌 질문이었다. "하나님이 정말 살아 계신다면, 왜 목사님이 아직도 여기 계십니까? 다른 죄수들보다 여기 더 오래 있었잖아요."

나는 정직하게 대답했다. 내가 그곳에 있는 것이 하나님의 계획이며, 그 계획에는 그와 다른 간수들도 포함된다고 말해 주었다. "내가 없었다면, 어떻게 당신이 하나님과 그분의 아들 예수님에 대해 들을 수 있었을까요?"[5]

그는 '다리 기도'를 드리면서 이렇게 기도했다. "주님, 저를 다리 삼아 주소서. 주님 뜻대로 제 삶을 사용하셔서 주변 사람들에게 다리가 되게 하소서."[6] 하나님은 그의 기도에 응답하셔서 그를 박해하는 사람들, 곧 그의 구세주를 알아야 할 사람들 앞에서 그가 진실하게 살아가는 모습을 보여 주게 하셨다. 신자들은 진실함을 통해 하나님의 성품과 그분의 궁극적인 공급하심에 대한 확신을 드러낸다. 우리는 우리를 지켜보는 세상 앞에서 진실하게 살아간다. 다른 사람들이 우리 구세주를 알고 그분이 믿을 만한 분임을 알 수 있도록 말이다. 우리가 세상에서 살아가는 동안에는 그 일에 대가가 따르는 한이 있더라도.

하나님을 더 알기

물론, 우리가 지켜보는 세상의 유익을 위해서만 진실하게 살아가는 것은 아니다. 진실함을 통해 우리도 하나님을 더 잘 알 수 있다. 시편 25편은 이렇게 말한다.

> 여호와여 주의 도를 내게 보이시고 주의 길을 내게 가르치소서 주의 진리로 나를 지도하시고 교훈하소서 주는 내 구원의 하나님이시니 내가 종일 주를 기다리나이다(4-5절).

그런 다음 20절은 이렇게 덧붙인다. "내 영혼을 지켜 나를 구원하소서." 이 본문은 우리가 여호와의 신실하심에 충실하게 살아갈 때 그분이 우리에게 더 가까이 다가오신다고 확실히 말해 준다. 여호와의 길로 행할 때 **우리는** 그분을 더 잘 알 수 있다.

이것은 신비롭거나 이해하기 어려운 이야기가 아니다. 하나님은 우리의 진실함이라는 증거를 사용하셔서 우리 마음과 삶에 그분의 존재를 생생하게 만드신다.

대학에 다닐 때 여름마다 똑같은 도로 건설 회사에서 일할 기회가 있었다. 거기서 나는 재료와 보수 용품 관리를 맡았다. 두어 차례 여름 방학에 그 일을 하고 나서 그곳 사장님과 좋은 관계를 맺게 되었다.

한번은 그분이 말했다. "브라이언, 자네 일을 참 잘하는군. 여기서 두어 시간 가면 내 별장이 있어. 거기 며칠 가 있으면 어떤가? 낮에는 우리 오두막에 페인트를 칠해 주고, 밤에는 낚시를 즐겨도 좋네. 월급은 그대로 지급하겠네."

머릿속에서 재빠르게 계산이 돌아갔다. '낚시하는데 돈을 주겠다니. 하고말고!'

그날 밤 바로 그의 별장으로 갔다. 마침 아버지에게서 전화가 왔다.

"브라이언, 별일 없니?"

"아빠, 제가 엄청난 기회를 얻었어요. 낮에는 이 통나무집에 페인트를 칠해 주고, 밤에는 낚시하러 갈 수 있다고요. 월급은 월급대로 받고요."

아버지가 말했다. "브라이언, 너 지금 개인적으로 일해 주고 회삿돈을 받겠다는 거야?"

그런 식으로는 미처 생각해 보지 못했다. 그런 식으로 생각하고 싶지 않았다.

아버지에게 대답했다. "아빠, 저는 사장님께 가서 당신이 지금 비윤리적인 일을 시키고 있다고는 말 못 해요. 등록금 내고 계속 대학에 다니려면 이 일이 꼭 필요하거든요."

아버지가 말했다. "너한테 일이 필요하다는 건 알지. 하지만 아빠는 네 인생에 뭐가 필요한지도 잘 안단다. 그런데 이건 아니야."

나는 그 즉시 별장을 떠났다. 다음 날, 사장님에게 가서 부탁하신 일을 하지 못하겠노라고 말씀드렸다. 대화할 때는 긴장감이 느껴졌지만, 다행히 해고되지는 않았다.

그때 나는 하나님이 내게 힘든 일을 요청하실 때도, 그 일을 대면하고 싶지 않을 때조차도 그분을 신뢰할 수 있다는 사실을 깨달았다. 하나님이 내 안전지대보다 높은 윤리 기준으로 나를 부르고 계셨다는 사실을 배웠다. 믿음을 지킬 수 있도록 도와준 아버지를 주셔서 하나님께 감사한다. 하지만 솔직히 고백하건대, 하나님이 예비하신 결과가 항상 분명하거나 즉각적이지는 않다는 걸 알기에 그 결정은 정말 쉽지 않았다.

하나님이 진실함을 요구하시는 이유는 지켜보는 세상뿐 아니라 우리 마음에 증거로 삼으시기 위해서다. "힘든 상황에서도 그분을 위해 살겠다."라고 말할 때 우리는 구세주의 존재를 우리 삶에 모셔 오는 것이다. 그 순간, 우리는 하나님이 우리가 진실하게 하는 일을 통해 우리의 영적 유익을 지켜 주신다는 믿음에 기초해 행동하고 있다. 하지만 그런 믿음은 악한 세상의 도전을 맞닥뜨릴 수밖에 없다(시 25:21 참조). 시편 기자는 자신의 기도에 어떤 위험이 따르는지 분명히 알고 있다. "내 영혼을 지켜 나를 구원하소서"(20절). 왜일까? 진실함은 늘 칭송받지만 늘 환영받지는 못한다.

사업체나 업계에서 만나는 보통 사람들에게 진실함이 사업에 유익하다고 말하면, 그들은 동의할 것이다. 진실함은 명성을 유지해 주고 필요한 관계를 보장해 준다. 당신이 신뢰할 만하다고 생각하면 사람들은 당신과 기꺼이 사업을 하려 할 것이다.

예를 들어, 우리 부부가 광고에 나오는 판매원이 마음에 든다는 단순한 이유로 그 회사의 가전제품을 살 계획이라고 해 보자. 그 사람은 정직해 보인다. 사실은 그렇지 않을 수도 있지만, 그가 진실해 보이기 때문에 우리는 그의 가게에 갈 것이다. 그럼에도, 그런 비즈니스 화술은 이윤이나 개인적인 이익, 평판을 희생해야 할 수도 있는 성경적 진실함을 유지하는 데는 충분하지 않을 것이다. 때로 우리는 이익이 생기지 않을 때 하나님이 나타나시기를 기도해야 한다. 그래서 시편 기자는 이렇게 기도한다. "완전하고 올바르게 살아가도록, 지켜 주십시오. 주님, **나는 주님만 기다립니다**"(21절, 새번역). 그는 결과가 즉시 나타나지 않을 수도 있다고, 우리가 진실하게 행할 때 부정적인 결과가 나타날 수도 있다고 말한다. 하나님은 우리 일정대로 움직이시지 않을 수도 있다.

진실함의 결과

시편 25편에 나온 대로 우리가 주님을 기다려야 한다면, 주님이 근심과 원수와 곤고 가운데서 그분의 계획을 펼치신다면, 진실한 삶은 정말 힘들어질 수도 있다. 그래서 때로는 진실한 삶이 사업에는 해로울 수도 있다.

2009년과 2016년 사이, 세계 최고의 자동차 판매사 폭스바겐은 공해 시험 장비를 속이는 소프트웨어를 장착한 차량을 1,100만 대 생산했다. 이 조작 장치는 눈속임이 매우 심각해서 폭스바겐 차가 뿜어내는 오염 물질은 정부가 허용한 기준치의 40배에 달했다.[7]

허용 기준치의 40배나 되는 배기가스를 내뿜는 차들을 생산한 기간에, 회사는 자사를 가장 깨끗하고 환경 문제에 의식 있는 자동차 업체로 광고했다. 어떻게 이렇게 오랫동안 그런 부정이 발각되지 않을 수 있었을까? 이후에 출간된 비즈니스 저널들에서 두 가지 주요한 설명을 제시했다.

그중 하나는, 수천 명 아니면 적어도 수백 명의 노동자와 공모한 회사 최고경영자들이 독일 경제가 잘되려면 폭스바겐이 잘돼야 한다는 것을 알았다는 것이다. 회사가 어려워지면 독일 경제에도 최악의 영향을 미치게 될 것이다. 그리고 독일 경제가 무너지면, 그 결과로 세계 경제도 어려워질 것이다. 따라서 폭스바겐 최고경영자들은 폭스바겐이 잠시 속임수를 쓰면, 장기적으로 모두에게 유익이 된다고 판단했다.

다른 설명도 제기되었다. 몇몇 사내 기술자들이 적정 이윤을 얻으려면 공해 방지 기준을 지킬 수 없다고 판단했다는 것이다. 정부 기준에 맞출 수 있는 기술이 아직 마련되지 않았기에 현재로서는 그 기술이 가능할 때까지 조작할 수밖에 없었다. 기술자들의 논리는 단순했다. 회사의 이윤을 보장하는 기준을 맞추지 못하면 실업자가 될 것이다. 그래서 그들은 정부가 요구하는 결과를 조작하는 장치를 만들어 냈다.

어떤 설명이 맞는지는 모르겠다. 하지만 최고 의사결정권자든 일자리를 잃지 않으려고 애쓰는 노동자든 두 지위 모두 성경이 용납할 수 없는 일(이윤을 위해 사람을 속이는 일)을 하라는 극단적인 압박을 경험할 수 있다는 것이다.

두 군데 유력한 생산 및 배송 회사의 관리자들에게 직장에서 받는 압박에 대해 설문 조사를 한 적이 있다. 응답자의 60-70퍼센트는 회사에서 성공하기 위해서 혹은 그저 살아남기 위해서라도 주기적으로 자신의 진실함을 타협해야 한다고 말했다. 주요 대학들에서 실시한 유명한 설문 조사도 비슷한 결과를 보였다. 설문 대상 대학생의 60-70퍼센트는 취업에 필요한 학점을 받기 위해 주기적으로 부정행위를 한다고 답했다. 인생 초반에 성공을 위해 취하는 타협 방식이 이후에도 성공과 안정감을 얻으려는 기본 방식으로 자리 잡는 것 같다.

이렇듯 타협이 널리 퍼진 세상에서 진실한 삶은 힘들 것이다. 하지만 하나님은 진실함을 요구하시고, 그 진실한 삶을 통해 우리에게 복 주시겠다고 약속하신다. 우리는 일찍부터 주기적으로 이 진리를 붙잡아야 한다. 그렇지 않으면 얼마 못 가서 하나님과 동떨어진

생활 방식, 곧 우리에게는 자존감을 주고 하나님께는 합당한 공경을 돌리는 성품 훈련과는 머나먼 생활 방식이 고착될 것이다.

불확실성에서 우리를 건져 주는 진실함

진실한 삶은 불확실성에서 우리를 건져 준다. 우리는 '이런 상황에서 어떻게 해야 하지?'라고 스스로 묻는 경우가 자주 있다. 선택안이 확실하다면(불경하거나 비윤리적인 결정 혹은 하나님 말씀에 충실하고 윤리적인 결정), 우리의 선택도 확실해야 한다.

결과에 상관없이, 윤리적인 선택이 분명하다면 시편 기자의 말씀대로 주께로 피해야 한다. 시편 25편 20절에서 시편 기자는 "내 영혼을 지켜 나를 구원하소서 **내가 주께 피하오니** 수치를 당하지 않게 하소서"라고 기도한다.

'피난처'라는 단어를 들으면 방공호가 떠오른다. 하나님이 우리의 방공호시라면, 폭탄이 떨어진다는 뜻이지 않을까. 우리 삶이 위험에 처할 수도 있다. 하지만 그런 위험이 닥칠 때면 하나님의 방공호에 안전하게 숨을 수 있다는 것을 우리는 안다. 우리는 그분의 궁극적인 보호하심을 믿는다. "주님은 온 우주의 창조자이십니다. 주님이 만물을 다스리십니다. 저는 주님이 기준을 세우신 것을 압니다. 우리가 주님의 기준을 따를 때 세상이 가장 잘 돌아갈 겁니다. 그래서 저는 주님께 피하고 주님께 결과를 맡기겠습니다."

하나님 말씀을 붙잡고 씨름하기

진실한 삶이 우리를 불확실성에서 건져 준다고는 했지만, 그렇다고 해서 어느 길을 선택해야 할지가 늘 간단하지만은 않다. 우리는 복잡하고 타락한 세상에 살고 있기에 때로 쉽지 않은 윤리적 딜레마에 부딪힌다. 진실함은 선택안이 분명할 때만 중요한 것이 아니다. 무엇을 선택해야 할지 확실하지 않을 때 진실함은 우리가 하나님 말씀과 씨름할 기회를 주기 때문에 중요하다.

시편 25편 9절은 조금 의외의 말씀일 수도 있다. "[하나님이] 온유한 자를 정의로 지도하심이여 온유한 자에게 그의 도를 가르치시리로다." "지도하다"와 "가르치다"는 모두 과정을 뜻하는 단어로, 답이 분명하지 않을 때 하나님은 우리가 길을 찾게 도우시고 그 과정에서 우리를 가르치신다고 암시한다. 하나님 말씀을 열심히 찾고 그 말씀을 붙잡고 씨름해야 할 때가 있다. 또한 기독교적 상담을 받고 성령님의 인도하심을 간구해야 한다. "하나님, 이 결정이 확실하지 않고 저의 지혜를 넘어서는 일이기에 주님을 의지합니다. 주님의 말씀과 길을 자세히 살펴서 주님이 원하시는 일을 찾을 수 있도록 도와주세요."

팀 켈러(Tim Keller) 목사는 자신을 찾아와 조언을 구한 한 사람의 이야기를 들려준다. 이 사람은 유력한 사모펀드회사의 투자 상담가였는데, 그와 함께 일하는 팀에서 빠른 시간에 막대한 수익을 올릴 수 있는 투자 회사를 찾았다. 문제는 이 투자 기회가 아니라, 그 회사가 생산하는 제품이었다. 그 제품은 명백하게 불법은 아니었지만, 그리스도인이라면 지지할 수 없는 것이었다. 이 투자 상담가는 켈러에게 이렇게 말했다.

모든 팀원이 회사에 이 투자를 추천하고 있습니다. 우리가 투자하려는 이 특정 회사가 큰돈을 벌어 준다면, 저뿐 아니라 우리 팀 전체에 유익할 겁니다. 보너스가 지급될 테죠. 회사의 성장에도 도움이 될 겁니다. 회사가 성장하면, 주주들의 지분 가치도 최고에 달할 겁니다. 모두가 잘될 겁니다. 하지만 저는 제 인생을 투자하고 싶지 않았습니다. 제 기준에 반하는 상품을 만드는 회사에 투자하라는 조언은 하고 싶지 않았습니다.[8]

그 사람은 어떻게 했을까? 어느 순간에 그는 이렇게 말했다. "내가 양심의 가책을 느낀다고 해서 팀원들이 투자자들에게 이익이라고 생각하는 투자에서 발을 빼라고 할 수는 없었어요. 우리 팀이 하려는 투자는 합법적이거든요. 하지만 저도 양심적으로 이 투자에서 이득을 볼 수는 없었어요." 그래서 그는 팀원들에게 말했다. "이 투자가 성공한다면, 저는 거기서 한 푼도 받지 않을 겁니다. 보너스도 받지 않겠습니다."

언뜻 적절한 답처럼 보이지 않을 수도 있다. 하지만 그 사람의 상황이 되어 보지 않고는 모르는 법이다. 우리가 그 사람의 형편이 아닐 때는 그들이 어떻게 해야 하는지 **생각하기가** 훨씬 쉽다는 사실을 잊지 말아야 한다. 이 이야기에서 내가 말하고자 하는 것은, 이 투자 상담가가 그런 상황에서 진실함이 무슨 의미인지 붙잡고 씨름하려는 의지가 있었다는 것, 하나님을 위하는 확고한 태도를 보이려 애썼다는 것이다. 하나님은 계속해서 우리에게 타락한 세상에서 그분의 가르침과 지도를 경험할 기회를 주신다.

하나님을 기다리기

시편 25편 마지막 부분에는 조금 이상한 말이 나온다. "완전하고 올바르게 살아가도록, 지켜 주십시오. 주님, **나는 주님만 기다립니다**"(21절, 새번역). 시편 기자는 이렇게 말하고 있는 셈이다. "하나님, 주님이 이 일을 풀어 주셔야 합니다. 저는 주님이 하실 일을 보기만을 기다립니다." 하박국 선지자의 비슷한 말이 떠오른다.

> [하나님이 하실 일에 대한] 이 묵시는 정한 때가 있나니… 비록 더딜지라도 기다리라 지체되지 않고 반드시 응하리라(합 2:3).

때로 우리는 하나님의 손을 목격하기까지 기다려야 한다.

내가 신학교에 다닐 때 아내 때문에 신학교에 온 친구가 있었다. 그녀는 세인트루이스의 대형 제약회사에서 품질 관리원으로 근무하면서 두둑한 월급을 받았다. 정부 규정에 따라 그녀만이 특정 생산품의 안전성과 판매를 재가할 자격이 있었다. 어느 날, 회사에서 생산한 주사기들의 품질을 검사하다가 전체가 오염된 것을 발견했다. 그녀의 상사는 재빨리 손익을 계산해 보았다. 이렇게 많은 제품을 다시 생산해야 한다면 손해가 막심했다. 그래서 그는 내 친구의 아내에게 주사기에 아무 문제가 없다고 사인하라고 지시했다고 한다. 그녀가 그럴 수는 없다고 대답하자 상사는 이렇게 제안했다. "주말 동안 생각할 시간을 드리죠. 하지만 월요일까지 서명하지 않으면, 이 회사에서는 끝입니다."

그 주말 동안 끊임없이 기도가 이어졌다. 월요일 아침이 왔고, 그녀는 사인하지 않았다. 그리고 해고되었다. 아내가 직장을 잃자 가정은 경제 위기에 빠졌고, 미래의 사역까지 위험에 빠질 상황이었다. 혹여 잘못된 결정처럼 보일 수도 있었지만, 부부는 여호와를 기다리기로 작정했다.

그런데 주사기를 주문한 회사에서 납품이 늦어진 것을 알고는, 납품이 지연된 이유까지 알게 되었다. 그러고 나서 그녀를 채용했다! 그들은 그녀의 기술과 진실함을 원했던 것이다.

구세주를 위한 고난

물론, 망가진 세상에서 삶이 늘 이렇게 깔끔하게 풀린다고 한다면 거짓말일 것이다. 우리는 보장된 행복과 즉각적인 결말보다 우리의 분투에서 더 큰 유익을 얻는다는 것을 알아야 한다. 직장에서의 진실한 삶은 우리가 구세주를 위해 고난받을 기회가 될 수 있다. 빌립보서 1장 29절에 나오는 사도 바울의 말에 귀 기울여 보자. "그리스도를 위하여 너희에게 은혜를 주신 것은 다만 그를 믿을 뿐 아니라 또한 그를 위하여 고난도 받게 하려 하심이라."

나는 싫다.

누구도 좋아하지 않을 것이다.

하지만 그리스도가 우리를 위해 하신 일을 잊지 말자. 그분은 자원해서 영광을 포기하시고, 종의 형체로 이 땅에 오셨다. 그리고 우리 죄를 위해 십자가에서 말로 다 할 수 없는 고난을 받으셨다. 이제 그분은 우리도 우리를 지켜보는 다른 사람들, 곧 우리가 그리스도인임을 알고 있는 이들을 위해 고난받음으로써 그분의 본보기를 따르라고 요구하신다. 우리가 이 땅에서 잠시 고난을 경험함으로써 그들이 영생을 얻을 수 있을 것이다. 우리 구세주가 하신 일이 바로 그것이다.

케네스 배는 노동교화소에서 진실함을 유지하기가 얼마나 힘들었는지 다음과 같이 기록했다.

나는 체포될 때부터 성경에 나오는 모든 구원 약속, 특히 시편에 나오는 구원 약속을 묵상했다. '하나님이 나를 구출하지 않으신다면,

나를 사랑하지 않으신다는 뜻일까?' 궁금했다.

집에서 받은 편지들, 아내, 어머니, 누나, 아이들에게서 받은 편지를 읽고 또 읽었다. 편지를 읽으면 가족이 가깝게 느껴지면서도 훨씬 더 멀게 느껴졌다. 앞으로 15년 동안 가족이 내 형편을 알 방법은 편지 밖에 없는 것인가? 이것이 내가 사랑하는 사람들과 연락할 수 있는 유일한 방법인가?

어머니가 보낸 마지막 편지의 글줄을 다시 읽어 보았다. "너도 다니엘의 친구들이 지녔던 믿음을 가져야 한다."

내가 그렇게 강한가? 그들처럼 할 수 있을까? 최악의 시나리오가 현실이 되더라도, 계속해서 하나님을 믿을 수 있을까?

일주일 내내 이 질문들과 씨름했다. 기도하고 기도하며 하나님께 지혜와 힘을 구했다. 내 기분은 우울한 상태와 덜 우울한 상태를 오갔다. 엘비스 프레슬리(Elvis Presley)의 「오늘 밤 외로운가요?」(Are You Lonesome Tonight?)나 에릭 카멘(Eric Carmen)의 「나 홀로」(All by Myself) 같은 슬픈 옛노래를 불렀다. 솔직히 말해서, 나는 나 자신이 안쓰러워지기 시작했다.

마침내 2013년 9월 24일, 나는 침대에 무릎을 꿇고 앉아 기도했다. "주님, 제 마음 아시잖아요. 제가 원하는 것을 아시지만, 제 뜻이 아닌 당신 뜻이 이루어지기를 원합니다. 제가 집에 가고 싶다는 것을 아시지만, 제가 머물기를 원하시면 머물겠습니다. 집에 갈 권리를 포기합니다. 그 권리를 온전히 주님께 맡깁니다. 아내와 아이들과 부모님을 돌봐 주세요. 저를 여기 묶어 두시는 동안 그들을 돌봐 주세요. 만약 여기가 당신이 원하는 곳이라면, 좋습니다. 주님 뜻으로 받아들이겠습니다."

그다음에 그는 이렇게 썼다.

내 어깨에서 무거운 짐이 벗겨지면서 평안이 임했다.
하나님의 영이 방 안을 가득 채우시고 내 소명을 다시 일깨워 주셨다.
"저는 선교사입니다. 주님, 저는 선교사입니다. 이곳이 주님이 제게 허락하신 선교지이오니 저를 사용해 주소서."
"하나님, 저를 구해 주세요."라는 기도를 멈추고 "하나님, 저를 사용해 주세요."라고 기도하기 시작한 순간, 자유를 느꼈다.[9]

하나님은 우리 모두를 이런 자유로 부르고 계신다. 케네스 배처럼 우리도 이렇게 기도해야 한다.

하나님, 지금 당장 저를 구해 달라는 것이 아닙니다. 주님이 가장 좋고 옳게 생각하시는 대로 저를 사용해 주시기를 원합니다. 이 땅에서 어떤 결과가 나올지는 모르지만, 주님을 위해 살고 싶습니다. 또한 주님을 위해 저의 일시적인 유익을 기꺼이 희생하겠습니다. 그리하여 주변 사람들과 제 영혼이 영원하신 구세주를 더 잘 알 수 있기를 기도합니다.

이런 기도를 통해 우리는 진실함의 궁극적 목적을 깨닫고 이룰 수 있다. 그것은 바로 모든 사람에게 구세주를 가리켜 보여 주는 것이다.

은혜가 필요한 우리

어떻게 하면 그렇게 살 수 있을까? 하나님이 우리에게 요청하시는 모든 일을 어떻게 할 수 있을까? 시편 25편 7절 말씀을 기억하자. "여호와여 내 젊은 시절의 죄와 허물을 기억하지 마시고." 다시 말해, 시편 기자는 이렇게 말하고 있다. "하나님, 제 진실함이 저를 구원할 수 있다고 생각하지 않습니다. 주님의 용서와 도우심이 얼마나 간절히 필요한지 너무 잘 알고 있습니다. 주님, 제가 주님만을 의지합니다."

나는 「하버드 비즈니스 리뷰」(Harvard Business Review)에서 발췌한 기사를 읽고 실소를 금치 못했다. 기사에서 마이클 슈라지(Michael Schrage)라는 명석한 사람은 폭스바겐의 부정행위에 이런 반응을 보였다. "저는 폭스바겐의 대실패가 기업들의 고의적 위법 행위의 종식을 예고한다고 믿습니다."[10] 지금 농담하는가? 그는 엔론(Enron) 스캔들을 모르는가? 월드컴(WorldCom), 리먼 브라더스(Lehman

Brothers), 웰스 파고(Wells Fargo), 헬스사우스(HealthSouth), 스위스에어(Swissair) 등 폭스바겐 사태 훨씬 이전부터 시작된 그 목록은 이윤이 양심을 이기는 한에는 언제까지 이어질 것이다. 한 가지 사태가 폭로되었다고 해서 기업의 위법 행위가 끝날 거라고 정말로 믿을 수 있을까? 그는 바울의 말씀을 이해하지 못하는 것이 틀림없다. "모든 사람이 죄를 범하였으매 하나님의 영광에 이르지 못하더니"(롬 3:23).

저기 먼 곳에 있는 다른 누구의 이야기를 하고 있는 것이 아니다.

내 마음에 대해 말하고 있다.

당신 마음에 대해 말하고 있다.

조회 수와 목표 달성, 관계 유지, 돈을 벌기 위해 우리 모두 맞닥뜨리는 압박에 대해 말하고 있다. 압박이 커질수록 우리는 진실을 채색하거나 왜곡하려는 유혹, 진실함을 타협하려는 유혹을 주기적으로 받는다.

그 유혹에 넘어가기가 얼마나 쉬운지 모른다.

하나님은 말씀하신다. "내가 너희에게 이 정도 기준을 요구하고 있다면, 너희에게 내가 얼마나 필요한지 깨달을 수 있기를 바란다."

시편 25편은 아주 현명한 말씀으로 맺는다. 22절에서 시편 기자는 "하나님이여 이스라엘을 그 모든 환난에서 속량하소서"라고 기도한다. 이 기도는 속임수에 보상을 주는 망가진 세상에서 고군분투하는 우리에게 구원자가 필요하다고 일깨워 준다. 우리에게는 이렇게 부르짖을 수 있는 대상이 필요하다. "내 젊은 시절의 죄와 허물을 기억하지 마시고… 여호와여 나의 죄악이 크오니 주의 이름으로 말미암아 사하소서"(7, 11절).

구원자께 감사하기

우리가 진실한 삶을 살아야 하는 또 다른 이유는 우리를 사하신 구원자께 감사를 표현하기 위해서다. 진실한 삶을 통해 은혜를 얻을 뿐 아니라 은혜에 반응하게 된다. 우리가 이 사실을 진심으로 이해할 때 하나님의 전능하신 손에서 즐거워한다. 또한 하나님이 우리 주변에서 일하시는 모습을 보기 시작한다. 우리가 그분의 방법을 항상 설명할 수는 없지만, 그래서 우리는 이렇게 말할 수 있다. "어떤 결과가 나올지 예측할 수 없을 때도 나를 구속하신 하나님을 신뢰합니다."

케네스 배는 노동교화소에서 특이한 일을 한 가지 배정받았다. 자기가 먹을 음식을 직접 기르는 일이었다. 농업과는 거리가 멀었던 그에게는 쉽지 않은 일이었는데, 그나마 주어진 땅은 척박한 언덕배기 땅이었다. 당뇨를 비롯하여 여러 질병이 있었던 그는 뙤약볕에 괭이로 딱딱한 땅을 파는 것조차 큰 고역이었다.

어느 날, 교화소 지휘관이 언덕배기 땅에 난 형편없는 작물들을 보고 그를 나무랐다. 지휘관은 아래쪽 골짜기에 줄지어 선 이랑에서 잘 자란 교화소의 작물들과 비교하면서 이렇게 말했다. "너는 하늘에서 도와준다고 했지. 우리는 위대한 수령 김일성 동지께서 주신 농경 방식이 있고. 둘이 얼마나 다른지 한번 보라고." 나중에 케네스 배는 이렇게 썼다.

그날 밤 번쩍이는 번개와 천둥소리에 잠에서 깼다. 폭우가 쏟아지는 소리가 들렸다. 그러더니 건물 안에서 소동이 일었다. 사람들이 고함을 지르고, 복도를 오르내리는 발소리와 바깥 문이 쾅 닫히는 소리가 들렸다. 너무 피곤해서 일어나 창밖을 내다볼 힘조차 없었다. 몸을 뒤척이다 다시 잠들었다.
다음 날 아침, 교도소장이 내 방 앞을 지나가는데 누가 봐도 화난 표정이 역력했다. "무슨 일이에요?" 내가 물었다.
"어젯밤 홍수가 나서 콩밭 전체가 물에 잠겼다. 다 떠내려갔어." 그가 말했다. 콩은 간수들을 비롯한 전 직원의 주식이었으므로 이것은 엄청난 타격이었다.
밖으로 나가 보니 다 쓸려 가지는 않았다. 간수들 밭은 사라졌지만 내 밭은 멀쩡했다. 나는 마치 온 애굽에 재앙이 닥쳤을 때도 아무 일이 없었던 이스라엘 백성 같은 심정이었다.
나는 홀로 미소를 지으며 혼잣말로 기도했다. '주님, 정말 유머 감각이 넘치시네요. 여기서 주님의 살아 계심을 확실히 증명하셨어요!'[111]

핵심은 다른 사람들에게 그리스도의 성품과 돌보심을 보여 주는 것이다. 우리가 그분의 고난을 몸에 지니고 그분의 성품을 드러내면 세상에 이렇게 말하게 된다. "저를 구원하신 구세주를 믿습니다. 그래서 그분의 목적에 제 삶을 진실하게 드립니다. 내가 넘어져도 그분이 일으키고 용서해 주십니다. 그리스도께서 내게 영원한 유익을 주시려고 자신을 포기하셨기에 나는 계속해서 그분을 위해 살아가겠습니다."

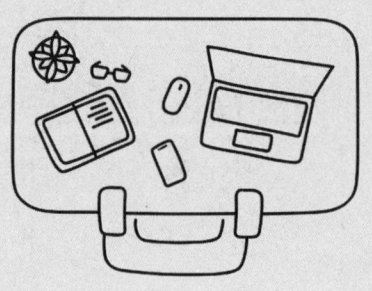

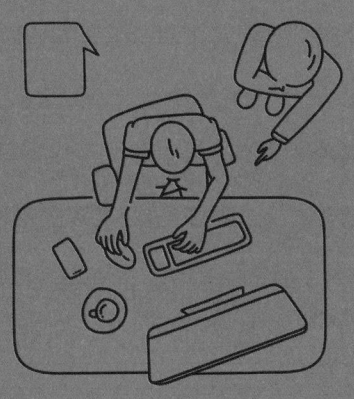

4.

돈에 대한 태도

얼터너티브 컨트리 밴드 '더 더티 가버너스'(The Dirty Guv'nahs)는 보석과 여행, 으스댈 기회를 제공하는 호화로운 삶에 대한 젊은이의 갈망을 솔직하게 노래에 담아냈다. 고가의 물건들은 삶에 대한 통제와 행복을 약속하겠지만, 이 노래는 막상 성공과 성숙이 찾아왔을 때는 다른 것을 갈망한다는 뜻밖의 분위기로 끝난다. 밴드는 행복을 약속하는 물질을 손에 넣어야 한다는 강박감에서 자유로운 삶을 원한다.[1]

이 노래의 핵심 메시지는 우리에게 필요하다고 생각하는 것, 우리가 바라는 온갖 값비싼 것들이 사실은 자유보다 속박을 줄 수 있다는 깨달음이다. 예수님이 돈이라는 주제에 대해 자주 말씀하신 이유도 바로 그 때문이다.

우리는 예수님이 돈에 대해 얼마나 자주 말씀하셨는지 종종 잊곤 한다. 예수님은 지옥보다 돈에 대해 더 많이 말씀하셨고, 천국보다 돈을 더 자주 입에 올리셨다. 예수님이 말씀하신 모든 비유의 4분의 1은 돈이라는 주제를 다룬다.

왜 예수님은 돈에 대해 그렇게 많이 말씀하셨을까? 우리 보물이 있는 곳에 우리 마음도 있다는 것을 아시기 때문이다(마 6:21). 예수님은 우리 마음이 아무것에도 얽매이지 않고 그분께만 연결되어 복음의 기쁨을 누리기를 원하신다. 그런 까닭에 예수님과 그분의 사도들은 돈의 축복과 위험을 주기적으로 교훈하신다.

사도 바울은 매우 중요한 구절인 디모데전서 5장 8-18절에서 우리의 자원을 올바르게 다루는 법을 가르쳐 준다. 이 본문은 곤궁한 사람들을 돌보아야 할 교회의 책임에 대해 말씀하는 도중에 나온다.

누구든지 자기 친족 특히 자기 가족을 돌보지 아니하면 믿음을 배반한 자요 불신자보다 더 악한 자니라 과부로 명부에 올릴 자는 나이가 육십이 덜 되지 아니하고 한 남편의 아내였던 자로서 선한 행실의 증거가 있어 혹은 자녀를 양육하며 혹은 나그네를 대접하며 혹은 성도들의 발을 씻으며 혹은 환난당한 자들을 구제하며 혹은 모든 선한 일을 행한 자라야 할 것이요 젊은 과부는 올리지 말지니 이는 정욕으로 그리스도를 배반할 때에 시집가고자 함이니 처음 믿음을 저버렸으므로 정죄를 받느니라 또 그들은 게으름을 익혀 집집으로 돌아다니고 게으를 뿐 아니라 쓸데없는 말을 하며 일을 만들며 마땅히 아니할 말을 하나니 그러므로 젊은이는 시집가서 아이를 낳고 집을 다스리고 대적에게 비방할 기회를 조금도 주지 말기를 원하노라 이미 사탄에게 돌아간 자들도 있도다 만일 믿는 여자에게 과부 친척이 있거든 자기가 도와주고 교회가 짐 지지 않게 하라 이는 참 과부를 도와주게 하려 함이라 잘 다스리는 장로들은 배나 존경할 자로 알되 말씀과 가르침에 수고하는 이들에게는 더욱 그리할 것이니라 성경에 일렀으되 곡식을 밟아 떠는 소의 입에 망을 씌우지 말라 하였고 또 일꾼이 그 삯을 받는 것은 마땅하다 하였느니라.

바울은 디모데전서 후반부에서 이 유명한 말씀을 추가한다. "돈을 사랑함이 일만 악의 뿌리가 되나니"(딤전 6:10). 그럼에도, 돈의 잠재적인 악을 경고하는 이 말씀이 돈의 좋은 점에 대해 말하고 나서 나오는 점에 주목하는 것이 중요하다.

돈이 전부 나쁘기만 한 것은 아니다. 주님께서도 "일꾼이 그 삯을 받는 것이 마땅하니라"(눅 10:7)라고 말씀하신다. 예수님이 일꾼이 삯을 받는 게 마땅하다고 말씀하신다면, 돈이 꼭 악한 것만은 아닐 것이다.

하지만 돈이 어떤 유익이 있을까? 디모데전서 5장 8-18절에서 바울은 돈의 세 가지 선한 목적을 거의 사례 연구처럼 언급한다. 그는 교회가 돈이라는 축복을 사용하여 자비, 가정, 사역을 지원할 수 있다고 가르친다.

돈과 자비

이 본문은 과부들에 집중하지만, 이와 비슷한 다른 단락들에서 예수님과 사도들은 취약한 환경에 있는 다른 사람들, 곧 가난한 사람들과 갇힌 자들, 난민, 병자, 고아들과 관련하여 돈을 언급한다. 주님은 돈이 있는 교회와 사람들이 그 돈으로 궁핍한 사람들에게 자비를 베풀어야 한다고 여러 차례 말씀하신다. 자비가 왜 그렇게 중요한가? 그것이 복음을 드러내기 때문에 중요하다. 자비는 스스로 도울 수 없는 사람을 돕고, 스스로 부양하지 못하는 사람을 부양하는 것이다. 이것은 물질적인 메시지이지만, 또한 하나님의 은혜라는 영적 실재를 반영한다. 하나님의 은혜는 자신의 노력이나 수단으로는 자비와 용서와 천국을 손에 넣을 수 없는 이들에게 그것을 허락하신다.

복음은 하나님 백성에게 이렇게 말한다. "너희가 스스로 거룩함과 의로움을 내세울 수 없을 때, 스스로 죄를 해결할 수 없을 때, 자비로우신 하나님이 그리스도 예수의 사역에 대한 믿음을 통해 너희에게 그것들을 주신다." 하나님이 스스로 부양할 수 없는 이들에게 자비를 보여 주셨기 때문에 교회의 자비 사역은 이 은혜의 복음에 대한 실물 교육이 된다.

디모데전서 5장 9절은 과부들에게 자비를 베풀라고 교회에 구체적으로 명령한다. "과부로 [자비] 명부에 올릴 자는 나이가 육십이 덜 되지 아니하고 한 남편의 아내였던 자로서." 바울 시대 교회들에 돌봐 줄 사람이 아무도 없는 과부가 있으면 교회가 그를 "과부 명부"에 올리고 물질적인 필요를 공급했다. 그 말은 교회가 개인의 가치와 존엄성이라는 복음 메시지를 표현하기 위해 교인들을 부양했다는 뜻이다. 그들이 교회에 은혜를 갚을 능력이 있어서가 아니라, 그저 그들이 하나님의 형상대로 창조되고 그분 앞에 존엄한 존재였기 때문이다.

앞서 일에 관해 이야기할 때도 이 점을 언급했다. 우리 일이 하나님께 영광을 돌리는 이유는 그 일을 하는 우리가 하나님의 형상대로 만들어졌기 때문이다. 하나님이 우리를 존엄히 여기시기에 우리 손으로 하는 일도 존엄하다. 그렇다고 우리가 만드는 모든 것이 박물관 수준이라는 뜻은 아니지만, 하나님이 우리를 창조하시고 소중히 여기시기 때문에 우리 손의 일이 하나님께 가치가 있다. 그 사실을 잊기가 얼마나 쉬운가.

일리노이 남부에서 목회할 때 두 여성이 우리 교회에 참석하기 시작했다. 두 사람은 우리 교회에 친척도 없고, 돈도 그리 많지 않았다. 둘 중 한 사람이 자신의 상황을 비관한 나머지 스스로 목숨을 끊으려 했다. 그 사건은 교회에 큰 충격을 안겨 주었고, 장로들의 관심을 끌었다. 한번은 교회 지도자들 사이에서 매우 솔직한 논의가 오가던 중에 이런 질문이 대두했다. "우리 교회에 나온 지 오래되었는데도 왜 우리는 이분들의 존재와 고통을 알지 못했을까?" 어느 현명하고 동정심 많은 장로가 정직한 답변을 내놓았다. "우리가 이들을 알지 못한 까닭은 그들에 관한 관심이 아무에게도 이익이 되지 않았기 때문입니다."

교회는 특정인의 이익을 위해서가 아니라, 하나님의 형상으로 창조된 모든 사람에게 존엄성과 가치가 있기 때문에 자비를 베풀어야 한다. 우리는 스스로 도울 수 없는 사람들을 돌볼 때 복음을 나타내게 된다. 그렇게 해서 그들에게 세상의 자원이나 명성은 별로 없을지 몰라도, 하나님 앞에서 그들의 가치를 우리가 알고 있음을 보여 준다.

이 본문에서 바울은 모든 교인이 자비의 은혜를 베풀어야 한다고 주장한다. 그는 독자들에게, 도움받을 자녀나 손자가 있는 사람들은 도와주지 말라고 현명하게 경고한다. "그들[자녀나 손자들]로 먼저 자기 집에서 효를 행하여 부모에게 보답하기를 배우게 하라 이것이 하나님 앞에 받으실 만한 것이니라"(5:4).

사도는 60세 이하 젊은 과부는 명단에 올리지 말라고도 경고한다. 젊은 에너지가 넘치지만 의무는 없는 그런 이들은 다른 사람들의 집이나 사업에서 시간을 허비하려는 유혹을 받기 쉽다. 그러면서 참견하기 좋아하고 뒷말을 즐기는 사람이 된다. 바울은 말한다.

"교회는 돈을 잘 사용해야 합니다. 적법한 필요가 있는 사람을 도우십시오. 하지만 다른 자원이 있거나 교회의 도움을 받는다는 핑계로 게으르거나 부도덕해질 수 있는 사람은 돕지 마십시오."

브라이언 피커트(Brian Fikkert)와 스티브 코벳(Steve Corbett)은 『헬프: 상처를 주지 않고 도움을 주고받는 성경적인 방법』(When Helping Hurts)이라는 중요한 책을 썼다.[2] 저자들은 일부 교회가 섬길 대상을 정하면서 현명하지 못한 결정을 하고 있다고 지적한다. 교회가 사람들이 자기 일에서 존엄성을 찾도록 돕지 못하고, 존엄한 독립을 자극하기보다 해로운 의존 관계를 유지한다는 것이다.

세대를 이어 내려오는 빈곤과 장기화한 인종 차별, 제도적인 불의 때문에 사람들이 일할 의욕이나 능력이 사라진 사회에서, 누구를 도울지 정하는 일은 특히나 어려울 수 있다. '이런 때 우리는 어떤 역할을 해야 할까?'

바울은 이 문제의 양면을 다 보여 준다. 한편으로, 교회는 다른 데서 지원받을 수 있는 사람들을 부양하는 부담을 져서는 안 된다. 다른 한편으로, 교회는 복음을 드러내기 위해 도움이 필요한 사람들에게 자비를 베풀 의무가 있다. 우리는 타인의 자격에 근거해서 결정해서는 안 된다(받을 만한 사람에게만 베푸는 은혜는 은혜가 아니다). 오히려 그 결정은 우리의 자비 표현이 복음을 드러내고 다른 사람들이 복음을 받아들이도록 돕는 데 어떤 변화를 가져올지에 근거해야 한다.

나는 자격이라는 선(사실상 인색함에 대한 변명에 불과하다)을 긋지 않고

4. 돈에 대한 태도   109

궁핍한 사람들에게 자비를 베풀 최고의 방법을 진지하게 검토하는 교회들을 존경하고 감사한다. 우리의 호의를 악용하는 사람들에 대한 우려는 자비의 분배 문제에서 지혜의 필요성을 보여 주지만, 그런 우려가 그리스도를 위해 영혼과 자원을 넉넉히 베풀 필요성보다 더 크지는 않다. 우리가 베푸는 자비는 우리가 표현하는 복음에 신뢰성을 부여하고, 그리스도의 우선순위에 따라 우리의 세상과 다른 사람들의 세상을 재구축한다.

돈과 가정

돈을 제대로 사용하는 것은 우리 가정에 복음을 드러내는 것이기도 하다. 그래서 사도 바울은 이렇게 말한다. "누구든지 자기 친족 특히 자기 가족을 돌보지 아니하면 믿음을 배반한 자요 불신자보다 더 악한 자니라"(딤전 5:8).

바울은 우리가 자비를 베풀어서 구원받을 자격이 생긴다고 말하는 것이 아니다. 오히려 그는 다른 사람들을 기꺼이 돌보려는 우리의 의지가 하나님의 손과 마음을 모든 사람에게 보여 준다는 것을 확실히 한다. 우리가 그 일을 꺼린다면, 우리 가족이 그리스도를 제대로 알지 못할 수 있다. 믿는 사람들이 복음을 탐욕스럽게 드러낼 때는 믿지 않는 사람들의 증언보다 좋지 않은 영향을 미칠 수 있다.

바울은 이 본문에서 단순히 가장들에게만 말하고 있지 않다. "만일 어떤 과부에게 자녀나 손자들이 있거든 그들로 먼저 자기 집에서 효를 행하여 부모에게 보답하기를 배우게 하라 이것이 하나님 앞에 받으실 만한 것이니라"(5:4). 그는 계속해서 "만일 믿는 여자에게 과부 친척이 있거든 자기가 도와주고"(5:16)라고 말한다.

본문에는 자녀, 손자, 재산이 있는 여자, 가장 등 다양한 가족 구성원이 나오는데, 하나님 백성이 하나님이 주신 자원으로 이타적인 관심을 보여 줄 때 이것이 강력한 복음의 증거이기 때문이다. 자기 친족에게조차 그런 관심을 보이지 않는다면, 주변 사람들에게 그런 복음은 아무 가치가 없거나 심지어 악하게 비칠 것이다.

안타깝게도, 우리는 가족에 대한 경제적 책임을 간과할 때가 있다. '이건 내 돈이니까 내 마음대로 쓸 자격이 얼마든지 있다고.' 하지만 이런 사고방식을 따르다 보면, 가족과 친지들의 필요는 우리에게 부차적이거나 하찮게 되고 만다.

사도 바울은 이 점을 분명히 한다. 가족의 필요보다 자기를 앞세우는 사람은 불신자보다 더 악한 사람이다. 복음의 진리를 주장하면서 그런 이기심을 드러내는 것은 복음에 모순된다. 우리는 스스로 돌볼 수 없는 사람들을 돌보도록 부름을 받았다. 하나님이 그리스도 안에서 그렇게 우리를 보살피셨기 때문이다. 우리가 가진 돈으로 그렇게 하지 못한다면, 입으로는 어떻게 증언하든지 간에 자신이 믿는 바를 부인하는 셈이다.

물론, 사람들이 자기 가족을 부양하지 않는 데는 여러 이유가 있을 것이다. 다른 사람들의 필요에 무신경해서일 수도 있고, 술, 도박, 일, 운동 등 친지보다 자신에게 집중하게 만드는 다른 중독에 정신이 팔려서일 수도 있다. 이렇듯 자신에게만 집착하고 있다면, 가정 **안팎에서** 복음의 대의를 진전시키기란 불가능하다.

공교육은 교회 내에서 시작된 운동이다. 그리스도인들은 모든 어린이가 하나님의 형상대로 창조된 존엄한 존재라고 생각했다. 문맹과 노동력 착취가 만연했던 시대에 그리스도인들은 다음 세대 교육을 도와서 모든 아동이 우리나라의 복을 공유할 기회를 얻도록 돕는 것이 자신들의 책임이라고 믿게 되었다. 그렇게 하면 우리 사회 전체가 번영할 수 있을 것이다.

타인에 대한 이런 책임감을 감당하기 위해 신자들이 큰돈과 시간을 희생했지만, 우리 사회는 그리스도인들이 공교육 제도를 세우기 위해 애쓴 것을 잊어버렸다. 하지만 우리가 하나님 가족의 영적·신체적 필요에 관심이 있다면, 그분의 자녀들을 위해 마땅히 그런 결정을 내려야 할 것이다.

우리 집은 자녀들이 터울이 커서 25년 넘게 기독교 학교에 수업료를 냈다. 우리를 보고 제정신이 아니라고 말하는 사람들도 있지만, 그럴 때마다 우리는 이렇게 반응한다. "아이들의 영적 교육에 투자하는 것만큼 돈을 잘 사용하는 방법이 또 있을까요?"

천국이 정말로 있다면, 그리고 자녀들의 영원한 유익이 우리 책임이기도 하다면, 하나님이 우리 가정에 맡기신 아이들의 신체적·영적 필요를 유념하여 결정을 내려야 한다. 그런 결정에 꼭 돈 문제가 포함되는 것은 아니지만, 우리의 보살핌을 받는 아이들을 축복할 수 있도록 돈을 사용하는 방법을 제외해서도 안 된다. 그리스도인들은 자비 사역을 감당하고 가족을 돌보라고 하나님이 우리에게 돈을 주셨다는 것을 안다. 올바른 물질 사용은 복음에 대한 이해와 사랑을 발전시킨다.

복음은 우리가 더는 외인도, 나그네도 아니요, 성도들과 동일한 시민이요, 하나님의 권속이라고 말한다(엡 2:19). 하나님이 우리 아버지시고 우리는 그분을 "아빠 아버지"라고 부른다. 우리가 책임 있게 가족 관계를 돌보고 물질을 사용하는 모습에 하늘 아버지의 사랑스럽고 다함 없는 돌보심이 드러날 수 있고, 마땅히 드러나야 한다.

로마 시대에 많은 사람이 그리스도인들의 이타적인 우선순위와 희생적인 돌봄을 목격하고 기독교로 개종했다. 자기를 과시하는 부도덕한 사회에서 자란 사람들이 자신은 그런 사랑을 받아 본 적이 없다는 사실을 깨달았다. 그들은 조건 없는 동정심 혹은 기대에 미치지 못하더라도 변함없이 받아들여지는 경험을 하지 못했다. 개인의 유익보다 다른 사람을 소중히 여기는 기독교 가정의 가치는 복음을 전하는 강력한 증거가 되었다.

우리가 자녀나 손자든, 과부나 가장이든 가족과 친지를 돌보기 위해 물질을 사용할 때 하나님의 뜻대로 복음을 드러내게 된다.

돈과 사역

돈은 자비와 가정 문제뿐 아니라, 하나님의 사역을 후원하는 데 사용되어야 한다. 사도 바울은 "잘 다스리는 장로들은 배나 존경할 자로 알되 말씀과 가르침에 수고하는 이들에게는 더욱 그리할 것이니라"(딤전 5:17)라고 말한다. 성경 시대에 "배나 존경한다"라는 표현은 이들을 인정하는 태도뿐 아니라 재정 지원도 가리켰다. 교인들은 상근으로 하나님 말씀을 설교하고 가르치는 사람들에게 헌금해야 했다.

바울은 "성경에 일렀으되 곡식을 밟아 떠는 소의 입에 망을 씌우지 말라 하였고 또 일꾼이 그 삯을 받는 것은 마땅하다 하였느니라"(5:18)라고 설명한다. 그의 말은 이런 뜻이다. 우리는 다른 사람들의 영적 성장을 위해 복음의 양식을 공급하는 사람들에게 우리 물질을 공급해야 한다. 물론, 많은 사람이 이런 메시지를 좋아하지 않는다. 우리가 복음의 목적을 위해 항상 넉넉히 베풀지는 못한다는 죄책감을 느낄 수 있기 때문이다. 하지만 바울의 목적은 죄책감을 주려는 것이 아니다.

나는 여러 해 동안 사역하면서 하나님의 백성은 그리스도의 목적을 위해 기꺼이 후원하길 원하는 것을 알게 되었다. 물론, 이런저런 우선순위를 놓고 고민할 수는 있겠지만, 그들은 그리스도의 선교에 동참하고 싶어 한다. 진심으로 이 일을 간절히 바란다.

살면서 많은 사람에게 돈을 요청했다. 목회자이자 신학교 학장,

교단 대표로서 여러 부자에게 돈을 요청할 일이 있었다. 시간이 흐르면서 나는 내 요청에 어떻게 반응하느냐에 따라 이들을 두 부류로 나눌 수 있다는 사실도 깨닫게 되었다.

한 집단은 나누는 기쁨을 발견했다. 이들은 자기 돈이 영원한 영향을 미칠 수 있음을 알고, 하나님이 자격 없는 청지기에게 영원한 목적을 위해 사용하라고 땅의 자원을 넘치게 주셨다고 여긴다. 이들은 더 똑똑하고 경건하고 뛰어나면서도 자신만큼 부를 소유하지는 못한 사람들이 있다는 사실을 잘 알고 있다. 그래서 이들은 자비로 우신 하나님이 그들을 특별히 선택하셔서 하나님의 백성을 복 주고 그분의 목적을 이루게 하셨다고 믿는다. 모든 사람을 다 도울 수는 없지만, 겸손과 감사를 겸비한 이 청지기들은 구세주의 우선순위를 드러내는 일들을 돕는 데 기꺼이 나선다.

또 다른 집단은 돈을 내면서도 아까워하는 이들이다. 그런 사람들은 내가 구걸하듯이 요청하기를 원하는 것 같다. 나는 하나님의 세계 선교를 후원할 재원을 찾기 위해 거룩한 심부름을 하고 있다고 믿는데 말이다. 솔직히 말하자면, 부유한 후원자의 모욕적인 언사를 이렇게 되받아치고 싶을 때도 있었다. "대놓고 무시하지 마세요. 저는 거지가 아닙니다. 왕의 자녀라고요."

자신도 선교 프로젝트를 위해 교인들에게 기부를 요청하곤 했던 목사 친구가 이 두 번째 집단을 어떻게 다루어야 하는지 알려 주겠다면서 내게 이런 이야기를 들려주었다. "어느 부자를 찾아갔는데 기부를 원치 않았던 그는 나를 아주 무시했지. 그러면서 이렇게 말했어. '목사님, 우리가 천국에 가서 제가 주님께 얼마나 많이 헌금한 줄 알게 되면 목사님이 아주 기뻐하실 겁니다.'" 내 목사 친구는 이렇게 대답했다. "선생님은 천국에 들어간 지 3초 만에, 자신의 기부를 3배로 늘리지 않은 것을 슬퍼하시게 될 겁니다."

그런 사람들을 향한 내 분노를 생각하면 그의 이야기가 마음에 들기는 했지만, 사실과는 거리가 멀다. 천국에 가면 우리는 그 어떤 것에도 죄책감을 느끼지 않을 것이다. 그리스도가 인색하고 이기적인 우리의 모든 죄를 용서하셨기 때문이다. 우리는 구세주의 이런 크신 사랑에 동기 부여되어 우리를 구원하신 복음에 감사하고 그 복음을 전하는 기쁨으로 나누어야 한다. 모든 그리스도인은 죄책감을 없애기 위해서가 아니라 하나님의 은혜에 감사하는 마음으로 그분의 목적을 위해 드리는 일에 부름 받았다. 헌금이나 기부가 아니라, 예수님이 죄책감을 없애 주신다. 죄책감은 절대로 건전한 나눔의 동기가 되지 못한다. 기쁨이 그 동기다.

우리는 하나님이 영원한 목적을 위해 우리의 재산과 자원, 청지기 정신을 사용하신다고 믿기 때문에 즐거이 나눌 수 있다. 하나님의 선교에 동참하는 특권을 누리기에 기뻐한다.

내 모금 활동에 가장 큰 도움을 준 사람은 A. G. 에드워즈 투자사의 대표 벤 에드워즈(Ben Edwards)였다. 그는 전 세계 기독교 사역들에 큰돈을 기부했다. 나는 신학교 학장으로 갓 취임하여 어떻게 모금 활동을 해야 하는지도 모른 채 그를 찾아갔다.

"에드워즈 씨는 어떻게 이 일을 하십니까?"

"그리 어렵지 않습니다. 하나님의 사람들에게 하나님의 일을 소개하고, 나머지는 하나님께 맡기십시오."

나는 그의 말이 마음에 들었고, 그의 제안대로 할 수 있을 것 같았다.

기독교 지도자들에게는 하나님의 사람들에게 하나님이 하시는 일을 전하고, 하나님이 우리 가운데서 그분의 일을 하시는 모습을 지켜볼 수 있는 놀라운 특권이 있다. 그런 특권을 경험할 때 우리는 변한다. 사역을 위한 모금 활동은 상대가 하기 싫은 일을 억지로 강요하는 것이 아니다. 하나님이 우리 같은 사람을 사용하셔서 영원하고 놀라운 목적을 위해 그분이 주신 것들을 운영하는 청지기로 삼으심을 기뻐하는 것이다.

하나님이 자비, 가정, 사역을 위한 돈으로 영원을 바꾸고 계신다는데, 우리는 왜 그토록 내주기를 힘들어하는 것일까? 우리에게 주어진 엄청난 특권을 보지 못하기 때문이다. 하늘에 쌓아 둔 복을 상상하기보다 이 땅에서 손해 본 것이 눈에 더 잘 들어온다. 그래서 돈에 관한 이야기가 하나님의 목적을 위한 쓰임에만 집중해서는 안 된다고 내가 강조하는 것이다. 결국, 돈에 대한 건전한 접근은 우리의 특권을 발견하는 것이다.

돈과 특권

돈은 어떤 특권을 제공하는가? 한 가지 중요한 특권은 돈을 통해 일용할 양식을 공급받는 것이다. 우리에게 일용할 양식이 있다는 사실을 알면 두려움에서 벗어날 수 있다. 날마다 필요한 양식을 걱정하면서 하루를 보낼 필요가 없다는 것이다.

우리 장인어른은 대학생 시절에 알게 된 어느 부부 이야기를 자주 하셨다. 졸업 전에 결혼한 두 사람은 매달 필요한 재정을 마련하기 급급했다. 부부는 한 달간 음식 걱정할 일이 없도록 부엌 찬장에 돼지고기와 콩이 담긴 통조림 서른한 개를 채워 두었다. 그렇게 하면 무슨 일이 생기더라도 날마다 먹을 돼지고기와 콩이 있어 안심할 수 있었다. 푸짐하게 잘 차려 먹거나 호텔 파티 수준은 아니더라도, 배고픔은 면할 테니 말이다.

우리에게 자비, 가정, 사역, 일용할 양식(이나 돼지고기와 콩)에 쓸 돈이 있다는 말은 무슨 뜻인가? 야고보서 1장 17절 말씀을 생각해 보자. "온갖 좋은 은사와 온전한 선물이 다 위로부터 빛들의 아버지께로부터 내려오나니 그는 변함도 없으시고 회전하는 그림자도 없으시니라." 우리는 식료품을 사거나 마트에 갈 수 있다. 배가 고프면 무료 급식소를 찾을 수도 있다. 해와 달과 별 같은 하늘의 빛을 창조하신 그 손이 당신과 내 삶에도 역사하고 계시기 때문이다. 온 우주의 왕이 우리 삶에 일하고 계시기에 일용할 양식을 위한 돈이 우리 수중에 있다.

우주의 창조자 하나님이 우리를 돌보시고 우리 삶에 일하고 계심을 정말로 믿는다면, 우리는 돈을 쌓아 두기만 하고 하나님이 요구하신 나눔이 필요한 사람들을 외면하게 만드는 두려움에서 벗어날 수 있다.

하나님이 주시는 일용할 양식은 은행 계좌가 우리 안전을 담보하지 않는다는 사실도 깨우쳐 준다. 주식 시장이 급락할 때마다 내 퇴직연금 계좌의 돈이 뭉텅 빠져나간다. 그런데 그렇게 돈을 많이 잃을 때 내가 오히려 더 넉넉히 베풀 수 있다는 것을 알게 되었다. 왜 그럴까? 그럴 때 우리 아이가 내게 와서 이렇게 말한다고 하자. "아빠, 차 수리하는 데 돈이 좀 필요해요." "대학 등록금을 내야 하는데 도와주세요." 그러면 나는 속으로 이렇게 생각한다. '이렇게 큰돈을 잃었는데 여기서 조금 더 쓴다고 해서 무슨 대수겠는가?' 그래서 '꿍쳐 둔' 내 돈을 내가 지킬 수 없다는 걸 알게 되면 나누기가 더 수월하다. 지금 당장은 눈앞에서 손해를 보더라도 하나님의 돌보심을 확신한다면, 내 모든 현실적 필요를 주님이 채워 주실 것을 더욱 신뢰할 수 있다.

은행 계좌가 아니라 하나님이 우리 안전을 담보해 주신다고 그분이 가르쳐 주실 때 비로소 우리는 두려움에서 해방된다. 그런 담대함으로 우리는 예수님을 위해 우리 삶과 자원을 바칠 수 있다. 돈에 대한 태도는(주님이 우리의 궁극적 담보이심을 기억할 때) 우리가 이타적이고 담대하게 섬길 자유를 줄 수 있다. 때로 우리는 하나님이 우리 인생의 거룩한 나침반으로 돈을 주신다는 사실을 잊기도 한다. 돈에 대한 관점(돈의 청지기냐 돈의 노예냐)은 우리 마음이 하나님의 선교와 일치하는지 혹은 거기서 벗어났는지를 가리킨다.

돈과 만족

물론, 바울은 디모데전서 6장 10절에서 "돈을 사랑함이 일만 악의 뿌리가 되나니"라고도 말한다. 하지만 이 구절은 하나님이 우리에게 "자족하는 마음이 있으면 경건은 큰 이익"(6:6)이 된다고 일깨워 주시는 맥락에 위치한다. 바울은 계속해서 이렇게 말한다. "이것을 탐내는 자들은 미혹을 받아 믿음에서 떠나 많은 근심으로써 자기를 찔렀도다"(6:10).

우리는 가끔 이렇게 생각하기도 한다. '지금 가진 거로는 부족해. 난 더 많이 원한다고.' 그런데 바울은 "너희가 만족하지 못하고 늘 더 많이 원하기 때문에 자신을 해치고 있다."라고 말한다. 만족하는 사람은 잠언 30장 8-9절에 나오는 기도를 드릴 수 있다.

나를 가난하게도 마옵시고 부하게도 마옵시고 오직 필요한 양식으로 나를 먹이시옵소서 혹 내가 배불러서 하나님을 모른다 여호와가 누구냐 할까 하오며 혹 내가 가난하여 도둑질하고 내 하나님의 이름을 욕되게 할까 두려워함이니이다.

하나님은 우리의 성격을 아신다. 우리의 필요와 영혼을 아신다. 우리가 무엇에 넘어지는지, 무엇에 힘을 얻는지 아신다. 그래서 가난과 부 사이에서 적절한 균형을 허락하신다. 하나님이 그분께 영광을 돌리기 위해 우리에게 필요한 것을 동전 한 닢까지 주신다는 것을 확실히 안다면, 우리는 만족할 것이다.

우리가 자족하지 못할 때는 어떻게 알 수 있는가? 시기심이 한 가지 표시다. '주님, 주님이 주시는 것이 아니라 저들이 가진 것을 갖고 싶어요.' 소비문화와 하나님이 주신 것보다 더 많이 소유하고 싶은 죄악된 본성에 휘둘리면 만족을 모르게 된다. '저 차를 갖고 싶어요. 저 큰 집이 갖고 싶어요. 저 옷이 갖고 싶어요. 저 고급 휴양지에 가야겠어요.'

빚은 우리의 이런 시기심을 드러내는 증거일 수 있다. 두어 해 전에 실시한 한 여론 조사 결과에 따르면, 미국인의 신용 카드 빚은 평균 17,000달러였다. 자동차 할부금은 평균 30,000달러, 주택담보대출은 평균 182,000달러(지금은 200,000달러가 넘는다). 학자금 대출 평균은 51,000달러였다.[3] 마지막 두 항목은 '소비'보다는 '투자'를 위한 대출이라고 할 수 있겠지만, 이런 것들이 누적되면 가계 빚에 짓눌려 있다고 느끼는 가정들만 양산하게 된다.

같은 뉴스 보도에 따르면, 미국 전체 가계의 절반은 부채 때문에 곤란을 겪고 있다고 한다. 하지만 나는 이런 경제적 곤란보다도 빚의 노예 상태가 되는 것이 더 걱정스럽다. 옭아매는 빚의 족쇄 때문에 잠 못 이루고, 스트레스받고, 상처 입고, 채권자를 두려워한 나머지 구원의 기쁨을 빼앗길 정도가 된 상태 말이다. 이는 하나님이 우리에게 바라시는, 두려움과 욕망으로부터 자유로운 상태와는 거리가 멀다.

아마도 우리가 만족하지 못한다는 가장 큰 증거는 인색해지는 때가 아닐까 싶다. '더는 못합니다. 자비가 필요한 사람들, 친지들, 사역을 위해 더는 드릴 수가 없어요. 이 정도가 최선이에요.' 넉넉히 베풀 능력을 잃어버리면 만족도 사라진다. 그런 때 하나님은 우리에게 이렇게 말씀하신다. "자비가 필요한 사람들, 네가 보살펴야 할 가족, 네가 후원해야 할 사역이 있단다."

당신의 돈이 자비가 필요한 사람들을 돕는다는 것을 안다면, 할 수 있는 한 많이 벌 것이다. 당신의 돈이 가정의 안정감을 보장한다는 것을 안다면, 할 수 있는 한 많이 저축할 것이다. 당신의 돈이 복음 사역을 후원한다는 것을 안다면, 할 수 있는 한 많이 기부할 것이다. 그래서 존 웨슬리(John Wesley)는 이렇게 말했다. "가능한 한 많이 벌고, 가능한 한 많이 저축하고, 가능한 한 많이 주라."

돈과 헌금

교회에서 십일조(수입의 10분의 1을 하나님의 목적에 드리는 것)에 대해 많이 가르친다. 하지만 십일조에 대한 설교에서 구약 시대 성전 십일조를 제시하는 경우가 많다. 설교자들은 성전 십일조가 하나님이 이스라엘 백성에게 요구하신 여러 십일조 중에 하나라는 점을 잊어버린다. 구약 시대에는 성전 십일조, 제사장에게 돌아가는 십일조, 가난한 자들을 위한 십일조, 절기를 위한 십일조 등이 있었다. 각종 희생 제사와 유월절 절기를 위해서도 드려야 했다. 희년에는 모든 빚을 물러 주고 모든 땅이 원주인에게 돌아갔다.

그러면 오늘날 우리도 십일조를 해야 하는가? 신약성경에서 구체적으로 십일조를 언급한 경우는 딱 한 군데다. 예수님은 박하와 근채(향신료)는 드리면서 정의와 긍휼과 믿음처럼 더 중요한 율법은 무시하는 바리새인과 서기관들을 비난하셨다. 예수님은 '율법을 지키는' 이 사람들에게 (그들이 살던 구약성경 율법에 해당하는) 십일조도 소홀히 하지 말되, 율법주의를 넘어서서 하나님 백성과 그분의 목적을 사랑해야 한다고 말씀하신다(마 23:23 참조).

하나님은 마음으로부터 드리기를 요구하신다. 율법주의적으로 기부와 나눔에 접근하기 시작하면, 다른 사람의 필요를 생각하기보다 규칙을 두고 다투기 시작할 것이기 때문이다. 십일조의 기준을 총수익으로 할 것인가, 순수익으로 할 것인가? 세전 혹은 세후에 십일조를 드릴 것인가? 투자 가치, 구매 가치, 시장 가치 중에 무엇을 기준으로 해야 하는가? 목회자들과 회계사들이 빈약한 성경 증거를 들어 가면서 이런 내용으로 논쟁하는 것을 들은 적이 있다. 부끄러워서 낯이 뜨거워졌다.

신약 시대 그리스도인들에게 더 성경적이고 유익한 관점은 무엇일까? 그리스도에 대한 사랑과 하나님의 선교에 대한 열정에서 비롯된 나의 결론은 이렇다. 구약 시대에 복음을 고대하던 이들이 수입의 십일조를 드렸다면, 부활하신 주님의 승리와 복음을 온전히 아는 우리는 그리스도의 목적을 위해 얼마나 더 기쁜 마음으로 드려야 하겠는가? 하나님은 우리가 그분의 존재와 행하신 일에 감사하는 마음으로 베풀기를 원하신다.

정직한 십일조는 넉넉한 마음을 드러내는 좋은 표시가 될 수 있다. 하지만 다른 사람들의 필요에 민감하고 하나님의 공급하심을 확신하는 이타적인 마음이야말로 하나님의 목적에 가장 잘 동참하는 마음이다. 그런 마음의 동기는 늘 하나님의 사람들이 물질로 예배를 준비하도록 하는 원동력이 되었다. 하나님은 애굽의 종노릇에서 해방된 이들에게 이렇게 말씀하셨다. "기쁜 마음으로 내는 자가 [성막을 위해] 내게 바치는 모든 것을 너희는 받을지니라"(출 25:2; 35:5 참고).

사도 바울은 최고의 기준을 우리에게 제시했다. "각각 그 마음에 정한 대로 할 것이요 인색함으로나 억지로 하지 말지니 하나님은 즐겨 내는 자를 사랑하시느니라"(고후 9:7). 하나님은 우리가 어떤 공식이나 두려움에 지배되기를 원치 않으신다. 오히려 하나님의 자비롭고 영원하신 공급하심을 확신하는 데서 비롯되는 즐거운 마음으로, 자유로이 넉넉하게 베풀기를 원하신다.

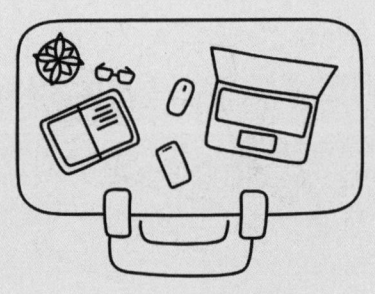

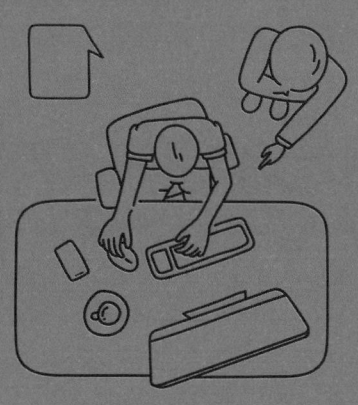

5.

진정한 성공

미국 최대 연금 단체에서 최고운용책임자를 지낸 조셉 디어 (Joseph Dear)에 대한 기사를 읽은 적이 있다. 디어를 인터뷰한 사람은 이렇게 말했다. "이렇게 큰 회사의 고위직에 있는 사람이니 건조하고 형식적인 반응을 기대했지만, 뜻밖이었다. 그는 현명하면서도 재미있었고, 똑똑하면서도 겸손했다. 모두가 가장 좋아한 인터뷰로 꼽았다."[1]

세계 최고 부국에서 가장 부유한 연금 기금을 운용하는 최고운용책임자는 성공의 기준을 어떻게 생각할까? 인터뷰 담당자는 디어의 재산에 놀랐을 뿐 아니라, 그의 지혜와 유머와 인터뷰 태도를 극찬했다. 하지만 이런 성공 기준 이외에, 나로 하여금 진정한 성공이 무엇인지 돌아보게 만든 말은 따로 있었다. 인터뷰 마지막에 기자는 이런 말을 남겼다. "조셉 디어는 인터뷰 직후에 암을 진단받았고, 어제 세상을 떠났다."

말콤 포브스(Malcolm Forbes)가 오래전에 이런 말을 했다고 한다. "장난감을 많이 가지고 놀다가 죽은 사람이 성공한 사람이다." 이 말이 진정한 성공의 기준이라면, 조셉 디어는 성공한 사람일 것이다. 하지만 나는 사람들이 정말로 이 말을 믿는지 의심스럽다. 오히려 내가 믿는 바는, 장난감을 많이 가지고 놀다 죽은 사람은 죽은 사람이라는 것이다. 죽은 사람은 장난감이든 돈이든 아무것도 가져갈 수 없다. 누군가 재치 있게 말했듯이, "장례 행렬에 브링스 트럭(Brinks trucks, 돈이나 귀중품을 수송하기 위한 방탄 트럭-역주)은 없다."

이 장에서는 '신자로서 우리는 어떻게 성공을 정의해야 할까?'라는 질문에 초점을 맞춰 보려 한다. 사업이나 교육 등 어떤 업종에 종사하든, 목표가 없다면 성공을 평가할 수 없다.

당신이 달성하려는 목표는 무엇인가? 그 목표가 성공에 대한 관점을 정의할 것이다. 대다수 사람은 기업에서 성공의 표시는 주주 가치의 극대화라고 말할 것이다. 학계에서는 학생의 높은 성취도, 예술계에서는 장기적인 인지도가 성공의 표시라고 할 것이다. 그러나 세상과 직장에서 그리스도의 이름을 드러내는 것이 당신의 목표라면, 당신의 성공 기준은 예수님의 이름을 얼마나 잘 퍼뜨렸느냐 하는 것이다.

모세는 신명기 8장에서 하나님이 그들에게 주신 약속의 땅을 어떻게 보아야 하는지 이스라엘 백성에게 설명해 준다. 그의 설명은 우리가 21세기 성공의 의미를 이해하는 데도 도움이 된다.

네 하나님 여호와께서 너를 아름다운 땅에 이르게 하시나니 그곳은 골짜기든지 산지든지 시내와 분천과 샘이 흐르고 밀과 보리의 소산지요 포도와 무화과와 석류와 감람나무와 꿀의 소산지라 네가 먹을 것에 모자람이 없고 네게 아무 부족함이 없는 땅이며 그 땅의 돌은 철이요 산에서는 동을 캘 것이라 네가 먹어서 배부르고 네 하나님 여호와께서 옥토를 네게 주셨음으로 말미암아 그를 찬송하리라(7-10절).

모세에 따르면, 하나님 백성에게 성공이란 하나님이 주신 자원으로 잘 살아가고, 그분이 주신 모든 것에 감사하고 "그를 찬송하[는]"(10절) 것이다.

우리의 재능으로 하나님을 공경하기

우리는 복을 '받는 것'으로 생각하는 경향이 있다. 하지만 우리가 하나님께 복을 드리기도 한다. 하나님을 공경하고 그분께 영광을 돌린다. 하나님이 주신 자원들을 잘 활용할 때 우리는 그분의 목적을 존중함으로써 그분을 찬송하게 된다.

반대로, 하나님이 주신 재능을 그분의 우선순위에 따라 제대로 사용하지 못할 때는 그분께 불명예를 안겨 드리게 된다. 이 말은 우리가 다음과 같은 질문으로 인생의 성공을 평가해야 한다는 뜻이다. "나는 하나님이 그분을 공경하라고 내게 주신 재능과 자원을 어떻게 사용했는가?"

아름다운 음악을 만드는 재능 있는 음악가는 하나님을 공경한다.

부지런히 추수를 준비하는 농부는 하나님을 공경한다.

성경적 우선순위에 따라 주주 가치를 높이는 사업가는 하나님을 공경한다.

인류의 여행, 시도, 건강, 지식을 위해 전력을 다하는 기술자는 하나님을 공경한다.

정보를 전달하고, 특히 미래를 밝히는 교사는 하나님을 공경한다.

자녀의 재능을 키워 주는 부모는 하나님을 공경한다.

바울은 에베소서 2장 10절에서 "우리는 그가[하나님이] 만드신 바라 그리스도 예수 안에서 선한 일을 위하여 지으심을 받은 자니 이 일은 하나님이 전에 예비하사 우리로 그 가운데서 행하게 하려 하심이니라"라고 말한다. 하나님이 주신 재능을 사용할 때 우리는 그분의 선교와 목적을 이루어 가고, 그분을 찬양하는 것이다!

재능을 최대한 활용하기

하지만 재능을 그저 사용하는 것만으로 하나님께 영광을 돌리지는 않는다. 하나님은 우리가 그분이 주신 재능을 최대한 활용하고 그 재능으로 가능한 한 많은 복을 베풀기를 기대하신다. 신명기 8장 12-13절에는 이스라엘 백성이 "먹어서 배부르고 아름다운 집을 짓고 거주하게 되며 또 네 소와 양이 번성하며 네 은금이 증식되며 네 소유가 다 풍부하게 될 때"가 나온다. 하나님 백성이 하나님의 뜻에 순종하여 그분의 선물과 자원을 사용하면 그 축복이 증식되고 풍부해지는 경험을 할 것이다. 따라서 우리도 하나님이 주신 재능과 선물을 제대로 사용하여 그분의 축복을 증식하고 풍부하게 만들어야 한다.

마태복음 25장 14-30절에서 예수님은 달란트 비유를 말씀하신다. 거기 나오는 주인은 종들에게 자기 소유를 맡기고 타국으로 떠난다. 한 사람에게는 다섯 달란트, 한 사람에게는 두 달란트, 한 사람에게는 한 달란트를 준다. 나중에 주인이 돌아와 다섯 달란트 받았던 자가 다섯 달란트를 남긴 것을 보고는 "잘하였도다 착하고 충성된 종아"라고 말한다. 마찬가지로, 두 달란트 받았던 자가 두 달란트를 남긴 것을 보고 "잘하였도다 착하고 충성된 종아"라고 말한다. 확실히 주인은 총액보다는 가진 돈을 불리기 위해 종들이 노력한 부분을 더 중요하게 여기는 듯하다. 한 달란트 받은 자만 주인의 칭찬을 받지 못한다. 그는 한 달란트를 투자해서 불리지 않고 땅에

묻어 두었다. 주인이 맡긴 것을 제대로 활용하지 못한 그는 꾸지람을 받았다.

달란트 비유는 하나님의 은혜에 대해 굉장히 놀라운 메시지를 전해 준다. 하나님은 달란트 숫자에 따라 우리 가치를 평가하지 않으신다. 우리가 부자인지 가난한지가 그분의 돌보심을 결정하지 않는다. 사무직인지 생산직인지가 그분의 애정을 결정하지 않는다. 주님은 우리가 모아 놓은 재물로 우리를 평가하지 않으신다. 그저 그분의 복을 증식하고 불리기 위해 주님이 우리에게 주신 자원을 사용할 책임을 주신다. 우리가 그분의 목적을 이루어 드리면 그것이 곧 성경이 말하는 성공이다.

『팀 켈러의 일과 영성』(Every Good Endeavor)에서 저자는 어느 재무설계사의 고민을 들려준다. '고객이 사후에 재산을 잘 분배할 수 있도록 돕는 내 일이 어떻게 하나님께 영광을 돌릴 수 있을까?' 당시에 그는 사후에 자신의 자산으로 그리스도의 사명을 이루어 드리고자 하는 한 그리스도인 여성을 돕고 있었다. 그 고객은 하나님이 허락하신 자원으로 무슨 일을 할 수 있을지에 대해 영원한 관점을 지니고 있었다. 그녀의 관점 덕분에 이 설계사는 자기가 하는 일에 그 일을 예배 행위로 만들 수 있는 영원한 성격이 있음을 깨달았다.[2]

최근에, 하나님의 목적을 위해 그분이 주신 기회와 자원을 선용하고 있는 다른 사람들의 이야기도 읽었다.

미국 복음연합(The Gospel Coalition) 편집자로 일했던 베다니 젱킨스(Bethany Jenkins)는 앨라배마주의 버스 운전사 이야기를 들려주었다. 그 버스 기사는 매일 같은 노선을 17회 운행하면서 300명이 넘는 학생들에게 선한 영향을 미쳤다. 그녀는 자기 일이 날마다 그리스도의 손과 마음을 증언하고 보여 줄 좋은 기회임을 잘 알고 있었다. 그중 한 학생이 특수한 장애가 있는데 버스에 탈 때마다 불안한 기색을 보였다. 기사는 이 학생이 집에 아버지 차가 있는 날이면 불안해하는 것을 알아차렸다. 뭔가 이상한 낌새를 느낀 버스 기사는 관계자에게 이 상황을 알렸고, 그 결과 이 소녀의 미래를 바꾸어 놓았다. 버스 기사는 부자도 유명인도 아니었지만, 하나님이 주신 자원을 그분의 목적을 위해 선용했다. 그것이 바로 성공이다.

우리 교회 성도 돈 맥레이븐(Don McRaven)은 현명하고 존경받는 심장 전문의다. 많은 주변인이 그의 지혜와 의술 덕분에 목숨을 구했다. 이제 나이가 든 그는 의사가 아니라 환자로 병원에 머무는 경우가 많아진다. 목양 담당 사역자가 그에게 심방을 가서 기타를 치면서 찬양하는 것은 특별한 일이 아니다. 그런데 환자들과 병원 직원들이 놀랍게도, 이 존경받는 의사도 함께 입을 모아 찬양한다. 오래전 옥에 갇혔던 바울과 실라처럼 이 목사와 의사가 힘차게 부르는 찬양이 병원 복도로 퍼져 나가 다른 환자들 귀에 하나님의 사랑을 전한다. 맥레이븐 박사는 더는 의술을 실천하지는 못하지만, 노래는 할 수 있다. 그래서 하나님이 주신 목소리로 환자들을 보살핀다. 그는 하나님의 계획에 따라 그분이 주신 기회와 자원을 여전히 선용하고 있다.

나이는 중요하지 않다. 하나님이 당신을 부르신 그 일을 신실하게 하고 있느냐가 중요할 뿐이다. 그것이 바로 성공의 궁극적인 표시다. 높은 연봉이나 수상 경력이 아니라, 하나님의 계획에 따라 그분이 주신 기회와 자원을 선용하는 것이 성공이다. 그렇게 해서 주님을 찬양하고 그 백성에게 복이 되는 것이다.

순종을 통한 자유

우리 사회의 어떤 사람들은 '온전한 나로 사는 자유'를 누리는 것이 삶의 목표라고 믿는다. 하지만 그런 종류의 '자유'는 최악의 악을 변명해 주는 허울 좋은 이기심일 때가 많다. 사람들은 자유라는 명분을 내세워 결혼 생활을 떠나고, 다른 사람의 필요를 무시하며, 찰나의 황홀감이나 방종에 자원을 낭비하고, 문란한 성생활에 빠지고, '내 마음대로 할 자유'를 외치면서 철저한 자기중심성에 굴복하고 만다.

그래서 모세는 신명기 8장 11절에서 이렇게 말한다. "내가 오늘 네게 명하는 여호와의 명령과 법도와 규례를 지키지 아니하고 네 하나님 여호와를 잊어버리지 않도록 삼갈지어다." 모세는 종살이에서 갓 해방된 하나님 백성에게, 그들을 노예 삼으려고 위협하는 세상 모든 것으로부터 진정으로 해방되려면 하나님의 명령을 따라야 한다고 말하고 있다.

그는 왜 그렇게 말하는가? 우리가 하나님의 명령을 따를 때 그분의 공급하심이라는 선하고 안전한 길을 따라가면서 영적인 위험에서 보호받기 때문이다. 8장 14-16절에서 여호와 하나님은 이스라엘 백성에게 말씀하신다.

> 여호와는 너를 애굽 땅 종 되었던 집에서 이끌어 내시고 너를 인도하여 그 광대하고 위험한 광야 곧 불뱀과 전갈이 있고 물이 없는 간조한 땅을 지나게 하셨으며 또 너를 위하여 단단한 반석에서 물을 내셨으며 네 조상들도 알지 못하던 만나를 광야에서 네게 먹이셨나니 이는 다 너를 낮추시며 너를 시험하사 마침내 네게 복을 주려 하심이었느니라.

이 말씀은 하나님이 늘 우리의 최선을 염두에 두시기에 우리가 그분의 길을 따라야 함을 이스라엘 백성과 우리에게 일깨워 준다. 그분이 바로 그 백성을 종살이에서 건져 내신 분이다. 우리가 하나님의 기준이라는 족쇄를 벗어 버리려 한다면, 결코 자유를 얻지 못하고 다시 종살이로 돌아갈 것이다.

버니 메이도프(Bernie Madoff)를 생각해 보자. 그는 모든 윤리 기준을 포기하고 투자자들을 속여서 부자가 되었다. 그는 교도소에 갇혔을 뿐 아니라, 자기 가족과 수많은 사람에게 비참한 몰락을 가져다

주었다. 강철과 콘크리트로 된 감옥만이 아니라, 죄책감과 수치심, 이기심으로 인한 후회의 감옥이 그를 가두었다. 그는 결국 아무에게도 복이 되지 못했다.

클리블랜드 브라운스의 쿼터백 조니 맨지엘(Johnny Manziel)은 또 어떤가. 그는 재능과 능력이 뛰어난 미식축구 선수였지만 파티와 술에 빠져 인생을 망쳤다. "다르게 살 수도 있었을 텐데."라는 평생에 걸친 후회가 번번이 그의 발목을 잡았다. 이런 타산지석과 은혜의 말씀을 통해 주님은 우리에게 말씀하신다. "너희를 위해 더 좋은 계획이 있단다. 이스라엘을 종살이에서 구했던 것처럼 내가 너희를 위해 계획한 축복을 앗아 갈 수 있는 행동의 노예가 되지 않도록 너희를 보호하려 애쓰고 있지."

기대감의 노예

하나님에 대한 신실함이 성공의 기준이 아니면, 세상의 기대감이 기준이 된다. 사회에서는 큰 집을 소유하고 고급 승용차를 몰고 비싼 옷을 입고 많은 사람을 부리고 우주여행을 갈 만큼 돈이 많은 것이 성공의 척도라고 말한다. 축적하거나 성취한 것으로 성공을 정의한다면, 남들에게 우리의 성공을 과시하려는 욕구에 좌지우지될 수밖에 없다. 그렇게 되면 우리가 누구에게 잘 보이려 애쓰든, 그 사회 집단의 장단에 맞추어 춤을 추게 된다.

예술가라면, 개인의 인지도가 성공의 표시가 된다. 운동선수라면, 승수나 신기록이 성공의 표시가 된다. 건축가나 부동산 업자라면, 명성이나 평판, 계약 건수, 주간·월간·연간 판매 실적이 성공의 표시가 된다.

이런 식으로 다른 사람의 기대를 채워 주면 한동안은 만족스럽다. 하지만 기대감을 채우지 못하거나 계속해서 유지하지 못할 때는 실패자가 된 것만 같고, 성공의 정점에서 떨어질까 봐 두려워하기 시작한다. 우리가 여전히 중요한 인물이라고 증명해 줄 또 다른 거래나 표창을 찾기 시작한다. 그 결과, 자신의 야망과 타인의 기대에 종속된 노예가 되고 만다.

하나님은 우리를 이런 종살이에서 건져 내고, 우리 삶에서 그분의 복을 경험하는 데 필요한 모든 것을 공급하기를 원하신다.

하나님의 축복을 모른 채 개인의 성공을 경험한 본보기로 2016년 슈퍼볼 전후의 캠 뉴턴(Cam Newton)을 꼽을 수 있지 않을까 싶다. 경기 전에 어머니가 그에게 장문의 메시지를 보냈다고 한다. "캠, 네게 최고의 기회가 왔구나. 네가 섬기는 놀라우신 하나님을 말로 표현하렴. … 그리스도가 네 평생 이루신 큰일들을 온 나라에 담대하게 이야기하렴. 네 말과 행동으로 희망을 전하거라. … 네 하나님을 잊지 마라."[3]

얼마나 훌륭한 조언인가! 전적으로 동의한다. 하지만 캠은 경기에서 패한 후, 후드티를 뒤집어쓰고 고개를 숙인 채 기자 회견에서(정확히는 회견장을 나서면서) 경기 결과를 한마디로 설명했다. 기자들이 경기에 졌더라도 성실하게 인터뷰에 응해야 하지 않느냐고 묻자, 그는 이렇게 대답했다. "그런 성실한 패자를 데려오면, 나도 그렇게 하죠."

여기 엄청난 재능과 미래와 성취를 지닌 선수가 있었다. 하지만 그는 자신을 '패자'로 평가했다. 왜 그랬을까? 자신과 타인의 기대감에 부응하지 못했기 때문이다.

그가 어머니의 말씀을 기억했다면 어땠을까? 어머니는 "하나님을 잊지 마라."라고 했다. 기자 회견장에서 난처한 질문을 받았을 때 이렇게 대답했으면 어땠을까? "여러분, 제가 원하는 대로 경기가 풀리지는 않았지만 내 정체성은 그리스도 안에 있습니다. 저는 나를 위해 그 아들을 보내 죽게 하신 온 우주의 왕과 하나입니다. 저는 아주 소중한 존재입니다. 세상 모든 것은 지나가지만, 저는 제 구세주와 영원히 함께할 것입니다. 제가 경기를 망쳤어도 그분은 저를 사랑하십니다."

인생 최악의 순간에, 사람들의 행동이나 말(우리 명성이나 경력이나 가족에게 영향을 미치는 것들)에 충격을 받았을 때 우리는 이렇게 말할 수 있어야 한다. "내 정체성은 그리스도 안에 있습니다. 창조주께서 저를 귀하게 여기십니다. 저를 소중히 여기십니다." 이런 확신이 있으면 우리는 타인의 기대감에서 해방되어 언제나 우리에게 신실하신 분께 신실하게 살아갈 수 있다. 그분이 우리를 평가하시는 유일한 기준은 우리가 그분의 자원과 기회(시험과 고통의 기회라 할지라도)를 사용하여 어떻게 그분께 영광을 돌리느냐 하는 것이다.

하나님의 조건 없는 사랑

신실함이 그리스도인의 성공의 표시라는 것을 알면서도 우리가 신실하지 못했을 때는 어떻게 반응할 것인가? 그럴 때는 신명기 8장 17-18절에서 하나님이 모세와 이스라엘 백성에게 하신 말씀을 기억해야 한다.

> 그러나 네가 마음에 이르기를 내 능력과 내 손의 힘으로 내가 이 재물을 얻었다 말할 것이라 네 하나님 여호와를 기억하라 그가 네게 재물 얻을 능력을 주셨음이라 이같이 하심은 네 조상들에게 맹세하신 언약을 오늘과 같이 이루려 하심이니라.

우리가 그분을 위해 한 일이 아니라, 그분이 우리를 위해 하신 일 때문에 우리는 하나님 앞에 설 수 있다. 하나님은 우리가 성공할 수 있도록 모든 자원을 공급하신다. 이런 자원을 공급하겠다는 사랑의 언약을 맺으시고, 우리가 받을 자격이 없을 때도 끊임없이 우리를 돌보신다.

그런 사랑의 언약은 우리의 행위가 아니라 그분의 약속에 기초하며, 예수 그리스도를 주신 데서 절정에 달한다. 그리스도를 통해 우리는 하나님이 "착한 일을 하면 사랑해 줄게."라고 말씀하시지 않는다는 것을 알게 된다. 오히려 그분은 아무런 조건 없이 이렇게 말씀하신다. "너를 사랑하고 용서하고 네게 필요한 것을 모두 줄게. 이제 내가 영원한 유익을 위해 풍성하게 할 축복을 위해 허락한 기회와 자원으로 나를 위해 살렴."

우리가 그분을 찬양하고 그분의 목적을 이루어 드릴 수 있도록 하나님이 우리에게 능력 주신 것을 기억할 때 그리스도인은 가장 축복받은 존재다. 우리가 그런 능력을 만들어 낸 것은 아니지만, 하나님의 뜻대로 그 복을 사용하는 것은 우리 몫이다. 우리는 다음과 같은 옛 복음 메시지를 기억할 때 하나님의 능력과 자원을 가장 잘 사용할 수 있다.

나 행한 것으로 구원을 못 얻고
이 육신 힘껏 애써도 죄 씻지 못하네…
주 예수 공로만 내 짐을 벗기며
주 예수 흘린 피로써 나 평화 얻겠네.[4]

그분의 공급하심이 가장 먼저고, 그분의 자비가 가장 먼저다. 그러니 우리가 신실하지 못할 때도 우리는 하나님이 우리를 부르셨고 그 언약이 늘 우리를 지키신다는 사실을 기억한다. 우리는 다시 그분께 나아갈 수 있다. "하나님, 저의 신실함이 아니라 주님의 신실하심으로 저를 용서하시고 고치시고 도와주소서."

하나님은 그 기도에 늘 신실하게 응답하신다! 살면서 무슨 일을 만나더라도, 세상이 우리를 어떻게 생각하더라도, 이것이 우리 성공의 든든한 토대다. 신실하신 하나님 때문에 우리가 성공할 수 있다. 또한 신실하신 하나님 때문에 우리 삶으로 그분께 영광을 돌릴 때마다 우리는 성공한다.

6.

겸손하라

 짐 콜린스(Jim Collins)는 경제경영서의 고전 『좋은 기업을 넘어 위대한 기업으로』(Good to Great)를 쓰면서, 자신이 연구한 1,435개 기업 중에 11개 기업만이 위대한 기업에 도달한 것을 발견했다. 그는 좋은 성과에서 위대한 성과로의 도약을 달성하고 최소 15년간 우수한 주가 수익률을 달성한 회사를 위대한 기업으로 정의했다.[1] 그가 명명한 '단계 5의 리더십'이 이 11개 회사의 특징인데, 이는 개인적 겸양과 직업적 의지를 역설적으로 융합하여 집단의 목표 달성을 위해 개인의 능력을 바치는 이들을 가리킨다.

 현대에는 초인에 가까운 이상주의자를 훌륭한 지도자로 보는 경우가 많다. 성공의 정점에 올라 사업과 사람을 체스판 위의 말처럼 부리면서 두드러진 성공과 이익을 내는 사람 말이다. 그런데 짐 콜린스는 단계 5의 리더를 이렇게 묘사한다. 그는 "강렬한 겸양을 보여 주고, 지나친 칭찬을 피하며 절대 으스대는 법이 없다. … 장기적으로 최선의 결과를 내기 위해 꼭 필요한 일은 그 일이 얼마나 어렵든 반드시 해내려는 흔들림 없는 결단력을 보여 준다. … 다른 한편으로는, 자신이 아닌 조직과 조직 업무에 개인의 야망을 쏟음으로써 다음 세대에 더 큰 성공을 가져올 후계자를 세운다."[2]

성경이 가르치는 겸손에 대해 배운 우리는 환호하며 이렇게 말하고 싶을 것이다. "보세요, 제가 성경이 옳다고 했잖아요! 여기 증거가 있다고요. 일반 사회의 연구들조차 좋은 사람이 꼴등을 하지 **않고**, 무자비가 성공의 길이 **아니라는** 것을 확인해 주지 않습니까. 성경의 가치관이 재계에서도 성공으로 향하는 최선의 길입니다."

말은 그럴 듯하다.

하지만 여기에는 몇 가지 문제점이 있다.

짐 콜린스는 진정한 겸손의 가치를 이야기하면서도 어떻게 그렇게 겸손할 수 있는지는 설명해 주지 않는다. 또한 어떻게 겸손의 결과를 보장할 수 있는지도 말해 주지 않는다. 당신이 단계 5의 경영자라 하더라도, 파산한 경제나 한물간 제품, 악질인 사람을 넘어설 수 없을지도 모른다.

겸손은 사업 계획이 아니다. 겸손은 마음속에 내재한 성품의 특징으로, 손익 모델로 계량화할 수 없는 유형의 개인적 성공을 가리킨다. 그래서 우리에게는 겸손을 가르치신 예수님이 필요하다. 마태복음 21장 1-17절을 살펴보자.

그들이 예루살렘에 가까이 가서 감람산 벳바게에 이르렀을 때에 예수께서 두 제자를 보내시며 이르시되 너희는 맞은편 마을로 가라 그리하면 곧 매인 나귀와 나귀 새끼가 함께 있는 것을 보리니 풀어 내게로 끌고 오라 만일 누가 무슨 말을 하거든 주가 쓰시겠다 하라 그리하면 즉시 보내리라 하시니 이는 선지자를 통하여 하신 말씀을 이루려 하심이라 일렀으되 시온 딸에게 이르기를 네 왕이 네게 임하나니 그는 겸손하여 나귀, 곧 멍에 메는 짐승의 새끼를 탔도다 하라 하였느니라 제자들이 가서 예수께서 명하신 대로 하여 나귀와 나귀 새끼를 끌고 와서 자기들의 겉옷을 그 위에 얹으매 예수께서 그 위에 타시니 무리의 대다수는 그들의 겉옷을 길에 펴며 다른 이들은 나뭇가지를 베어 길에 펴고 앞에서 가고 뒤에서 따르는 무리가 소리 높여 이르되 호산나 다윗의 자손이여 찬송하리로다 주의 이름으로 오시는 이여 가장 높은 곳에서 호산나 하더라 예수께서 예루살렘에 들어가시니 온 성이 소동하여 이르되 이는 누구냐 하거늘 무리가 이르되 갈릴리 나사렛에서 나온 선지자 예수라 하니라 예수께서 성전에 들어가사 성전 안에서 매매하는 모든 사람들을 내쫓으시며 돈 바꾸는 사람들의 상과 비둘기 파는 사람들의 의자를 둘러 엎으시고 그들에게 이르시되 기록된 바 내 집은 기도하는 집이라 일컬음을 받으리라 하였거늘 너희는 강도의 소굴을 만드는도다 하시니라 맹인과 저는 자들이 성전에서 예수께 나아오매 고쳐 주시니 대제사장들과 서기관들이 예수께서 하시는 이상한 일과 또 성전에서 소리 질러 호산나 다윗의 자손이여 하는 어린이들을 보고 노하여 예수께 말하되 그들이 하는 말을 듣느냐 예수께서 이르시되 그렇다 어린 아기와 젖먹이들의 입에서 나오는 찬미를 온전하게 하셨나이다 함을 너희가 읽어 본 일이 없느냐 하시고 그들을 떠나 성 밖으로 베다니에 가서 거기서 유하시니라.

마태복음 21장은 영화에서 승리한 정복자를 묘사하는 전형적인 모습과는 확연히 대조적이다. 군마를 탄 왕이 자기 나라로 돌아온다. 나팔 소리가 울려 퍼지고 백성이 환호한다. 왕이 군대를 사열하면, 군인들이 칼을 높이 든다. 그다음에 종들이 진귀한 천과 황금 실로 만든 붉은 카펫을 깔면 왕은 왕좌에 오른다.

이와 대조적으로, 비천한 목수인 예수 왕은 군마가 아니라 나귀를 타고 오신다. 거기 모인 군중은 귀족이 아니라, 늘 예수님께 몰려들던 평범한 사람들이다. 집에 카펫도 없고 값비싼 천을 살 형편도 안 되는 그들은 겉옷과 나뭇가지를 길에 편다. 예수님은 왕좌에 오르기 전에 십자가에 오르신다. 도대체 이런 왕이 어디 있는가? 그는 겸손을 명예의 훈장으로 선택한 왕이다.

마태복음 21장을 자세히 살펴보면, 사람이나 환경이 우리에게 진정한 겸손을 강요할 수 없다는 것을 알 수 있다. 겸손은 선택의 문제다. 겸손은 "나는 더 큰 목적을 위해 개인적인 이익을 포기하겠다."라고 말한다. 우리는 이 장에서 예수님이 그분의 정체와 그분에 대한 놀라운 주장들에도 불구하고, 반복해서 이런 선택을 내리시는 것을 본다.

선지자 예수

마태복음은 예언하시고 동시에 그 예언을 성취하시는 예수님께 선지자의 권위가 있음을 보여 준다. 마태복음 21장 2-3절에서 예수님은 제자들에게 이렇게 말씀하신다. "이르시되 너희는 맞은편 마을로 가라 그리하면 곧 매인 나귀와 나귀 새끼가 함께 있는 것을 보리니 풀어 내게로 끌고 오라 만일 누가 무슨 말을 하거든 주가 쓰시겠다 하라 그리하면 즉시 보내리라 하시니." 예수님은 나귀와 나귀 새끼가 함께 있는 것을 아시고, 어떤 대화가 오갈지 아시며, 나귀 주인이 제자들을 통해 나귀를 보낼 것을 아신다. 다시 말해, 그분은 예언하시고 미래를 보실 수 있다.

그뿐 아니라, 예수님은 예언을 성취하는 것이 그분의 사역임을 아신다. 같은 장에서, 나귀에 대한 말씀이 "선지자를 통하여 하신 말씀을 이루려 하심이라 일렀으되 시온 딸에게 이르기를 네 왕이 네게 임하나니 그는 겸손하여 나귀, 곧 멍에 메는 짐승의 새끼를 탔도다

하라 하였느니라"라고 말한다(4-5절).

이 예언은 마태복음 기사에서 성취되기 500년 전, 스가랴서에 맨 처음 나왔다. 스가랴는 다니엘을 사자 굴에 던졌던 다리우스 왕 통치기에 살았다. 스가랴는 눈앞에 닥친 시험에도 불구하고, 왕이 오실 것이라고 이야기하면서 하나님 백성에게 그분의 궁극적인 선하심을 확인해 준다. 백성을 구원할 이 왕은 나귀를 타실 겸손한 왕이시다. 이 왕은 사람들을 사자 굴에 던져 넣은 다리우스 왕과는 다르다. 그는 악한 사자인 사탄으로부터 백성을 구원하실 것이다.

나귀를 타고 예루살렘에 입성하신 예수님은 스가랴의 예언을 성취하고 계신다. 그래서 거기 모인 군중은 "갈릴리 나사렛에서 나온 선지자 예수"라고 말할 수 있다(마 21:11).

제사장 예수

마태는 예수님이 선지자인 동시에 제사장이시라고 말한다. 예루살렘 성전에 가신 그분은 성전을 깨끗하게 하셔서 제사장직을 성취하신다.

예수님은 돈 바꾸는 사람들의 상과 희생 제물을 파는 사람들의 의자를 둘러 엎으신다. 그리고 나서 13절에서, 부당하게 폭리를 취하는 상인들에게 "기록된 바 내 집은 기도하는 집이라 일컬음을 받으리라 하였거늘 너희는 강도의 소굴을 만드는도다"라고 말씀하신다.

마태는 맹인과 저는 자 같은 소외된 자들이 성전에서 예수님께 나아오니 그분이 고쳐 주신다고 말한다. 대제사장들과 서기관들은 예수님이 하시는 놀라운 일을 보고도 하나님을 찬양하기를 거부하고, 찬양하는 아이들을 도리어 꾸짖는다. 반대로, 예수님은 아이들의 찬미를 받으신다.

제사장 되신 예수님은 성전에 있는 독선적인 이들에게 심판을 선언하시지만, 그분의 돌보심을 인정하는 소외된 이들과 힘없는 이들은 받아 주신다.

왕 예수

물론, 마태복음 21장의 가장 주요한 주장은 예수님이 이스라엘이 오랫동안 기다려 온 왕이시라는 것이다. 9절을 다시 살펴보자. "앞에서 가고 뒤에서 따르는 무리가 소리 높여 이르되 호산나 다윗의 자손이여 찬송하리로다 주의 이름으로 오시는 이여 가장 높은 곳에서 호산나 하더라."

마태가 사용하는 모든 단어나 구절은 예수님이 정말로 어떤 분이신지를 확연히 드러낸다. "호산나"(Hasanna)는 고대 히브리어의 두 단어 '호시아 나'(hoshia na)를 합성한 것인데, '우리를 구하소서.'라고 번역할 수 있다. '호시아 나'라는 단어가 익숙하다면, 아마도 예수님의 이름 '예슈아'(Yeshua)와 같은 어근을 가지고 있기 때문일 것이다.

이들은 자신들이 무슨 말을 하고 있는지 온전히 알지 못했겠지만, "호산나"라는 외침은 '예수여, 우리를 구하소서.'라는 뜻이다.

그들은 예수님을 "다윗의 자손"이라고도 부르는데, 이는 오랫동안 예언된 다윗 혈통의 메시아로서 영원하고 보편적인 왕국을 소유할 것이다. 왕이 오셨다는 사실을 확인해 주기라도 하듯 많은 사람이 그분 앞에 자기 겉옷을 폈다. 이들의 행동은 열왕기하 9장 12-13절에 나오는 이스라엘의 왕 예후를 떠올리게 한다. "여호와의 말씀이 내가 네게 기름을 부어 이스라엘 왕으로 삼는다 하셨다 하더라 하는지라 무리가 각각 자기의 옷을 급히 가져다가 섬돌 위 곧 예후의 밑에 깔고 나팔을 불며 이르되 예후는 왕이라 하니라."

마태는 군중 가운데 다른 이들이 나뭇가지를 베어 예수님 앞쪽 길에 폈다고 말해 준다. 이런 행동들은 그리스 통치자 안티오쿠스 에피파네스(Antiochus Epiphanes)에 대한 유대인들의 반란과 연관된 사건들을 연상시킨다. 무자비한 지도자였던 그는 제단 위에 돼지를 올려놓고 유대인들에게 제우스를 섬기라고 명령하면서 예루살렘 성전을 더럽혔다. 역사는 안티오쿠스의 다른 행동들도 다음과 같이 묘사한다.

거기에서 그는 만나는 사람마다 가차 없이 칼로 쳐 죽이고 집으로 도망간 사람들을 모두 학살해 버리라고 부하들에게 명령했다. 이렇게 되어 젊은이와 늙은이의 살육, 여자와 어린이의 학살, 처녀와 젖먹이의 도살이 자행되었다. 단 사흘 만에 팔만 명이 살해되었는데 그중 사만 명은 백병전을 하다가 죽었다. 그뿐 아니라 노예로 잡혀간 사람의 수도 살해된 사람의 수만큼 많았다(마카베오하 5:11-14).

안티오쿠스 에피파네스의 행동이 얼마나 끔찍했던지 사도 요한은 계시록에서 그를 적그리스도의 전형으로 사용한다.

유대인 해방자들이 안티오쿠스 에피파네스를 타도하고, 오랫동안 억압받던 하나님 백성이 자신들의 승리를 기념하고자 했을 때 그들에게는 레드 카펫이 없었다. 그래서 나뭇가지를 베어 길에 폈다. 마치 이렇게 말하는 것 같았다. "우리를 구원하신 분께 우리가 드릴 수 있는 카펫은 이것뿐입니다."

예수님이 예루살렘에 들어오실 때도 사람들은 "가장 높은 곳에서 호산나"라고 외친다. 대개 유대인들은 1년에 단 한 번 초막절에 이 표현을 사용했다. 초막절은 이스라엘이 광야에서 생활할 때 하나님이 그 백성 가운데서 그분의 장막에 거하시고 그들에게 일용할 양식을 허락하신 사실을 기념했다. 초막절 7일 동안 이스라엘 백성은 "호산나"라고 외치면서 하나님의 구원하심을 선포했다. 하지만 여덟 번째 날에는 번제단을 일곱 차례 돌고 나서 "가장 높은 곳에서 호산나"라고 선포했다. 마치 "이제 우리는 땅의 백성뿐 아니라 하늘 군대까지도 우리를 구원하러 오신 왕을 찬양하기 원합니다."라고 말하는 것과 같다.

선지자가 여기 계신다.

제사장이 여기 계신다.

그 무엇보다도 왕이 여기 계신다.

가장 높은 곳에서 호산나!

겸손과 용기

선지자, 제사장, 왕이신 예수님은 나귀를 타고 사람들의 겉옷과 나뭇가지가 깔린 길로 오신다. 그 이상의 것을 제공할 만한 사람이 아무도 없었기 때문이다.

온 우주의 왕이 우리를 개인적인 죄와 부패한 세상에서 구원하시기 위해 그런 겸손을 나타내셨음을 깨달을 때 우리는 이런 질문을 던지기 시작해야 한다. "사무실이든 작업장이든 가정이든, 우리가 사는 세상에서 그런 겸손은 어떤 모습으로 드러날까?"

다른 누군가의 일자리를 보장하기 위해 우리가 받을 보너스를 포기하는 것은 어떤 모습일까? 이사로 인해 가족이 흩어지지 않고 함께할 수 있도록 승진을 포기하는 것은? 군말 없이 개인의 희생이 필요한 결정에 따르는 모습은?

우리가 주변 사람들에게 그런 겸손을 보여 줄 유일한 방법은 하나님이 우리 자신과 환경을 통해 일하실 것을 신뢰하고, 비통해하거나 절망하지 않고 치욕이나 경멸, 불리함을 받아들이는 것이다. 우리는 하나님께 영광을 돌리고 다른 사람들에게 그분의 구원을 전하기 위해 하나님의 목적에 우리의 우선순위를 맞춘다.

이런 겸손을 소심함과 혼동해서는 안 된다. 마태는 예수님이 겸손하실 뿐 아니라 굉장히 용기 있는 분이라고 말해 준다. 예루살렘에 입성하신 예수님은 성전으로 향하신다. 거기서 돈 바꾸는 사람들의 상과 제물 파는 사람들의 의자를 둘러 엎으신다. 그래서 "온 성이 소동하[였다]"(21:20).

로마 문헌에 따르면, 당시 예루살렘에서 유월절 제물로 25만 마리에 달하는 양이 팔렸다고 한다. 양을 25만 마리나 도살하려면 위생 시설에 큰 부담이 될 테니 제사장들에게는 규칙이 하나 있었다. 양 한 마리로 최소한 열 사람을 대신하는 것이다. 양 25만 마리라면, 예루살렘에 오는 사람의 수는 최대 250만 명 수준일 것이다.

이 사람들이 예루살렘 성전의 거대한 돌계단을 오르는 모습을 상상해 보자. 수많은 사람이 제물을 드리러 온다. 제사를 드리려고 양을 산다. 양을 살 형편이 안 되는 사람은 비둘기를 산다. 제물값으로는 다른 통화를 사용할 수밖에 없었는데, 순례길에 오른 이 유대인들은 여러 다양한 나라에서 오기 때문이다. 그래서 거기서 환전하는 이들은 이익을 얻을 수 있다.

예수님이 이 상황을 뒤엎으시면 어떻게 될지 상상해 보자. 이익을 잃을지도 모르는 이해 당사자들이 있다. 고대 이스라엘 상인들에게 유월절 판매란 요즘으로 치면 성탄절, 부활절, 독립기념일 수익을 일주일 만에 한꺼번에 올리는 것과 마찬가지다.

예수님은 이 모든 체제를 뒤흔들고 계신다. 상행위만이 아니다. 거기에는 전 세계에서 몰려온 사람들이 있다. 그들은 '내가 이 제물을 바치고 이 정도로 착하게 살면, 하나님과 별문제가 없겠지.'라고 생각한다. 자신의 선행에 의지해서 하나님의 호의를 얻으려 한다. 반대로, 예수님은 행동으로 이렇게 말씀하고 계신다. "나는 너희의 상행위뿐 아니라, 하나님의 성전을 미신적으로 사용하는 것을 방해하고 있다. 하나님의 용서는 돈으로 살 수 없다."

예수님은 여기서 그들의 부당한 이익과 거짓 믿음에 모두 도전하고 계신다. 그분은 복음의 진정성을 보장하기 위해 이런 관습과 믿음에 도전함으로써 자신이 어떤 위험을 감수하고 있는지 아신다. 이것은 소심함이 아니라 진정한 겸손이다.

예수님은 선지자이시기 때문에 돈 바꾸는 자들과 희생 제물에서 사익을 취하는 이들을 둘러 엎으시고 나서 무슨 일이 생길지도 아신다. 마태복음 20장 17-19절은 이렇게 말한다.

예수께서 예루살렘으로 올라가려 하실 때에 열두 제자를 따로 데리시고 길에서 이르시되 보라 우리가 예루살렘으로 올라가노니 인자가 대제사장들과 서기관들에게 넘겨지매 그들이 죽이기로 결의하고 이방인들에게 넘겨주어 그를 조롱하며 채찍질하며 십자가에 못 박게 할 것이나 제삼일에 살아나리라.

예수님은 무슨 일이 벌어질지 아시면서도 계속해서 그 길을 가셨다.

사도 바울은 예수님이 사람들을 구원하시기 위해 하늘의 영광을 내려놓으셨다고 말한다. "그는 근본 하나님의 본체시나 하나님과 동등됨을 취할 것으로 여기지 아니하시고 오히려 자기를 비워 종의 형체를 가지사 사람들과 같이 되셨고 사람의 모양으로 나타나사 자기를 낮추시고 죽기까지 복종하셨으니 곧 십자가에 죽으심이라"(빌 2:6-8). 예수님은 어떤 대가를 치러야 할지 아시고, 그 대가를 계산하셨으며, 하나님이 계획하신 수난의 약속을 지키셨다. 그런 겸손에는 엄청난 용기가 필요했다.

이런 용기가 우리 일터에서는 어떤 모습으로 나타날까? 대가가 따르는 걸 알면서도 옳은 일을 하는 모습. 혹은 어느 작가의 표현을 빌리자면, "고난받기 위해 기꺼이 나서는" 모습일 것이다.[31]

겸손과 결단력

누가는 예수님이 하시려는 일을 묘사하면서 이렇게 말한다. "예수께서 승천하실 기약이 차가매 예루살렘을 향하여 올라가기로 굳게 결심하시고"(눅 9:51). 그분은 마음을 바꿀 생각이 없으셨다. 어떤 식으로든 그분의 사명에 미치는 영향을 줄이게 된다면, 절대 진로를 바꾸지 않으실 것이다.

짐 콜린스가 말한 성공의 열쇠 중에 '고슴도치 콘셉트'(Hedgehog Concept)라는 것이 있다. 한 가지 목적에 총력을 집중한다는 의미다.[4] 하지만 우리가 예수님의 본보기를 따라 한 가지 목적에 충실히 한다면, 세상에서 성공할 뿐 아니라 하나님의 목적을 이루어 드리기 위해 고난도 받게 될 수 있다.

오늘날 세상에서 그것은 어떤 모습일까? 진실함을 잃지 않기 위해 위험을 감수한다는 것은 무슨 의미일까? 비윤리적인 것에 반대하기 위해 경멸을 견디는 것은? 의를 위해 조롱거리가 되어도 굴하지 않는 것은? 그리스도와 우리 삶을 지켜보는 이들을 위해 "나는 고난받기 위해 기꺼이 나설 것이다."라고 말하는 것은? 그런 겸손은 어떤 모습일까? 그것은 용기가 이타적인 결단력을 옷 입은 모습이지 않을까. 하나님 아들의 영광이 자기희생의 옷을 입으신 것처럼 말이다.

나는 살면서 유력 회사를 소유하거나 경영하는 그리스도인 사업가들과 교제하는 특권을 누렸다. 그중 다수가 내가 이끄는 신학교에 기부한 이들인데, 그들을 주신 하나님께 감사드린다. 나는 2008년 경기 침체 때 그들이 회사의 생존을 위해 어려운 결정을 내린 모습을 지켜보았다. 두 사람은 불경기에 싼값으로 작은 회사들을 사들이는 대기업에 회사를 팔았더라면 개인적으로 큰돈을 얻을 수 있었다. 그런데도 이 친구들은 회사를 팔지 않았다. 거래가 성사되면 정리해고로 많은 직원이 일자리를 잃게 된다는 걸 알았기 때문이다.

이 기업가들은 직원들의 미래와 가정을 위해 기꺼이 자신의 부를 포기했다. 간단히 말해, 이 리더들은 고난받기 위해 기꺼이 나섰고, 그들의 본보기는 자신의 이익보다 타인의 이익을 앞세우는 결단력을 지닌 이들을 통해 하나님의 영광이 크게 빛나는 것을 내게 가르쳐 주었다. 하나님은 그리스도의 겸손을 본받으려는 사람들을 통해 놀라운 일을 행하실 수 있다.

얼마 전에 요식업계를 떠들썩하게 만든 사건이 있었다. 워싱턴 D.C.의 유명 요리사 매튜 세시치(Matthew Secich)가 잘나가는 식당의 전도유망한 자리를 내려놓고 메인 시골 지역에 작은 식당을 차린 것이다. 왜 그랬을까? 그는 이렇게 설명했다. "그곳에서 그리스도인으로서 일하면서 점점 더 넌더리가 났습니다. 직원들을 몰아세우면서 끊임없이 별 네 개 등급, 좋은 평판, 고객과 수익과 명예를 추구하는 데 지쳐 버렸습니다. 4성급 식당을 위해 제가 사람들을 태우고 있었어요."

어느 날 밤, 진짜로 그런 일이 벌어졌다. 주방장 하나가 요리를 망쳤는데, 세시치는 벌로 그 주방장의 손을 잡아 가스 불 위에 올려놓았다. 그 사건 때문에 세시치는 정신을 차렸다. 명예를 좇는 것도 문제였지만, 매일 느끼는 압박에서 벗어나려고 술을 의존하는 것도 문제였다. 그는 이렇게 썼다. "나는 집으로 돌아가 겸손하게 무릎 꿇고 십자가에서 스스로 낮아지신 하나님께 용서를 구했습니다."[5]

매튜 세시치의 증언은 뉴스를 타고 온 세상에 퍼졌다. 그가 기꺼이 이렇게 말할 준비가 되어 있었기 때문이다. "나는 고난받기 위해 기꺼이 나섭니다. 예수님과 그분이 사랑하신 사람들을 증거하기 위해 영광의 자리를 내려놓을 것입니다."

겸손과 사랑

예수님을 목수의 힘과 왕의 분노로 성전을 깨끗하게 하신 분으로만 상상한다면, 그분의 겸손을 이해할 수 없다. 그분 눈에 담긴 사랑도 자세히 살펴야 한다. 사람은 누구나 명예와 인정과 칭찬을 끊임없이 추구하는 면이 조금씩은 있다. 세상의 칭송을 받을 만한 일을 이루겠다는 의욕은 흔히 찾아볼 수 있다. 하지만 예수님은 우리에게 말씀하신다. "너희가 세상의 칭찬을 받지 못하더라도, 나는 영원한 사랑으로 너희를 사랑하고 너희는 영원히 내 것이란다."

예수님이 성전에서 돈 바꾸는 자들을 몰아낼 때 하신 구체적인 말씀을 기억할 때 우리는 구세주의 이런 긍휼하심을 알 수 있다. "기록된 바 내 집은 기도하는 집이라 일컬음을 받으리라 하였거늘 너희는 강도의 소굴을 만드는도다"(마 21:13). 이 말씀의 앞부분은 구약성경 이사야 선지자가 한 말이다. 하나님은 고대 선지자를 통해 "내 집은 만민이 기도하는 집이라 일컬음이 될 것임이라"(사 56:7)라고 말씀하셨고, 예수님은 성전을 정화하시면서 이 말씀을 인용하셨다.

그런데 이사야서에는 마가복음이 기록한 예수님 말씀보다 내용이 조금 더 있다. "내 집은 **만민**이 기도하는 집이라 일컬음이 될 것임이라"(사 56:7; 막 11:17 참고). 하나님이 세우시고 예수님이 깨끗하게 하신 기도하는 집은 이스라엘만을 위한 곳이 아니었다. 유대인들만을 위한 곳도 아니었다. 그곳은 **만민**이 기도하는 집이 될 것이다.

예수님은 이사야를 인용하셔서 하나님의 마음이 얼마나 넓은지 보여 주신다. 하나님은 지금 그 아들을 통해 말씀하신 것처럼 오래전에 선지자를 통해 이렇게 말씀하셨다. "내 집은 모든 나라에서 온 사람들이 내 긍휼을 경험하는 장소가 되어야 한다. 이곳에서 너희는 온 세상 사람들이 내 은혜를 알 수 있도록 기도해야 한다."

아버지의 긍휼하심에 이끌려서 예수님의 마음이 움직인다. 그렇게 우리를 불쌍히 여기신 예수님은 조롱과 웃음거리, 채찍질과 십자가의 고통을 기꺼이 견디셨다. 모든 사람 앞에 스스로 낮아지신 예수님 때문에 우리는 하나님의 용서를 경험하고 그분을 통해 영생을 얻게 되었다.

이제 예수님은 우리도 다른 사람들을 위해 스스로 겸비하여 그분의 본보기를 따르라고 요청하신다. 자만심에 이끌려 인정받기 위해 애쓰고 자신의 이득이나 영광에만 눈이 팔린 사람들은 지상 대명령을 성취하지 못할 것이다. 자신을 낮추고 다른 사람을 위해 용기와 결단력과 긍휼을 표현하는 사람들만이 정직하게 복음을 선포할 수 있다. 자신의 유익보다 다른 사람들의 필요를 앞세우고 죽음으로 다른 사람들에게 생명을 주신 구세주의 복음의 우선순위를 선명하게 드러내려면 그런 용기와 결단력과 긍휼이 필요하다.

7.

하나님께 영광을 돌리라

「시카고 트리뷴」(Chicago Tribune)의 한 머리기사가 예상 밖의 영광을 잘 포착했다. "아래쪽 일꾼들을 끌어올리려 애쓰는 시 당국." 기사는 시카고 하수도과 직원 800명을 위한 집회를 다루었다. 새로운 과장은 직원들이 이 힘들고 더러운 일에 열심을 낼 수 있도록 사기를 올릴 기회를 찾고 있었다. 그는 연설 도중에 이렇게 외쳤다. "어쩌다 한번 이기는 것으로는 부족합니다. 우리는 항상 승리해야 합니다!" 기사에 첨부된 사진을 보니 그의 뒤쪽 벽에 이 승리하는 태도의 목표를 알리는 대형 걸개가 걸려 있었다. "하수도과 직원들을 지상으로."[1]

그것이 우리가 지지해야 할 목표인지보다는 그 목표에 영광을 부여하면서 생겨난 열정에 주목하는 것이 중요하다. 하수도과 직원들이 더럽고 냄새나는 이 일이 땅 밑에 숨겨져 있지 않고 대도시의 운영에 중요하게 드러난다고 생각할 때 그들은 자기 일에 열정을 품게 되었다.

우리 일이 하나님께 영광을 돌리기 때문에 그분도 우리에게 일에 대한 열정을 주려 하신다. 그 일이 더럽든 힘들든 단조롭든 상관없이 말이다. 물론, 우리가 하는 일이 하나님께 영광을 돌릴 수 있다고 말만 해서는 그 말이 사실인지가 분명해지지 않는다. 우리가 하나님의 영광이라고 생각하는 것과 우리가 하는 많은 일이 서로 연결되지 않는 경우가 많다. 아무리 명망 있는 일이라도 나름대로 지저분한 구석이 있기 마련이다. 지저분한 것을 치우고, 재고를 조사하고, 변덕스러운 상사를 달래고, 지출 결의서를 작성하고, 분노한 주민을 대하는 일을 좋아할 사람은 아무도 없다. 어떻게 그런 일이 하나님께 영광을 돌릴 수 있을까? 그 답은 우리가 하는 일의 성격이 아니라, 그 일을 하는 사람의 목적에 달려 있다.

영광을 위해 태어나다

하나님이 어떻게 그분의 형상대로 인간을 창조하셨는지는 이미 살펴보았다(1장). 창세기 앞부분은 이렇게 말한다.

하나님이 자기 형상 곧 하나님의 형상대로 사람을 창조하시되 남자와 여자를 창조하시고(창 1:27).

인류는 하나님의 성품과 돌보심, 곧 그분의 영광을 반영하도록 창조되었다. 고대인들은 이런 인간 존재의 측면을 우리 안에 있는 '이마고 데이'(*imago Dei*, 하나님의 형상)라고 부른다.

물론, 인간이 하나님의 형상을 완벽하게 담아내지는 못한다. 우리는 마치 아빠의 잔디 트랙터 뒤에서 잔디 깎기 장난감을 밀고 있는 사진 속 아이 같다. 이 아이처럼 우리도 하나님 아버지의 형상을 불완전하게 반영하지만, 그 형상은 틀림없이 남아 있다. 우리는 하나님의 목적을 제대로 이루어 드리지 못한다는 사실에 지나치게 얽매여서, 우리가 하나님의 '형상을 지닌 자'라는 중요한 사실과 이런 특별함에서 비롯된 일에 대한 열정을 놓치기 쉽다.

하나님은 그분의 형상대로 인간을 창조하겠다고 선언하면서 이렇게 말씀하셨다. "그들로 바다의 물고기와 하늘의 새와 가축과 온 땅과 땅에 기는 모든 것을 다스리게 하자"(창 1:26). 인류는 바다와 하늘과 땅의 동물과 자원을 그저 개인의 이익을 위해서만이 아니라 번영과 재생산을 위해 사용해야 했다. 인류가 하나님을 닮는다는 목적을 달성하기 위해서는 땅의 자원을 이기적으로나 함부로, 혹은 감사한 줄 모르고 사용해서는 안 되었다. 하나님의 형상을 닮으려면 우리도 하나님이 모든 창조물에 베푸시는 긍휼을 드러내야 했다(시 145:9).

창세기 서두에서 아담과 하와는 에덴동산을 경작하고 "지켜야" 했다. 이들의 소명은 청지기로서 동산의 자원을 잘 관리하여 번영하게 하는 것이었다. 하나님의 형상을 닮아야 한다는 인간의 목적은 이 첫 번째 동산에만 국한되지 않았다. 하나님은 다음 말씀으로 최초의 인류를 복 주셨다. "생육하고 번성하여 **땅에 충만하라**"(창 1:28). 한편으로는 이 구절을 남녀가 자녀를 생산하는 친밀한 연합의 축복으로 해석할 수 있다. 다른 한편으로, 이 말씀은 여호와가 우리를 창조하신 더 폭넓은 목적을 계시한다.

하나님의 형상대로 창조된 사람들은 "땅에 충만[해야]" 한다. 하나님의 영광이라는 특징을 우리가 거주하는 모든 장소와 우리가 하는 모든 일에 드러내야 한다. 우리가 그분의 성품과 돌보심을 표현할 때 우리가 하는 일이 타락한 세상의 어둠을 몰아내고 하나님의 영광을 빛 가운데로 드러낸다. 어쩔 수 없이, 그런 일은 망가진 창조 세계의 배수구와 하수구 깊은 곳에서부터 시작하는 경우가 많다. 하지만 우리가 그런 어둡고 음산한 곳에 하나님의 형상을 드러낼 때 그곳에서 그분의 영광이 조금씩 빛을 발하기 시작한다. 그 결과, 그분의 성품과 돌보심을 확장하는 것이 우리의 목적이라면 가장 암울하고 더러운 곳에서조차 모든 장소와 모든 종류의 일이 하나님께 영광을 돌릴 수 있다.

우리가 하는 일의 종류나 기술이 일을 고상하게 만드는 것이 아니다. 하나님이 우리를 통해 이루시려는 목적 때문에 그 일이 고상해

진다. 19세기 시인 제라드 맨리 홉킨스(Gerard Manley Hopkins)는 이렇게 설명했다. "두 손을 높이 들고 하는 기도는 하나님께 영광을 돌린다. 하지만 거름 쇠스랑을 손에 든 남자, 오물통을 든 여자도 그분께 영광을 돌린다. 그분은 너무나 크시기 때문에 **당신이 모든 것이 그분께 영광을 돌려야 한다고 진심으로 생각하기만 하면** 실제로 그렇게 된다."[2]

영광을 위해 창조되다

우리의 일과 기술에 하나님의 형상을 반영함으로써 우리는 이 타락한 세상에 그분의 영광을 점점 더 널리 확장하게 된다. 물이 바다를 덮음같이 여호와의 영광을 인정하는 것이 세상에 가득할 때까지 말이다(합 2:14). 우리는 영광을 위해 창조되었고, 우리나 타인이 우리 일을 어떻게 평가하느냐가 그 목적을 바꾸거나 제한하지 않는다. 실제로, 하나님 백성이 힘들거나 모욕적인 상황에서 그분의 선하심과 은혜를 드러내기 위해 가장 헌신하는 곳에서 그분의 영광이 가장 잘 나타나는 경우가 많다.

미국의 대형 교회 중에 프랭크 바커(Frank Barker) 목사가 세운 교회가 있다. 솔직히 말하자면 그의 언변이 훌륭하다고는 할 수 없는데도, 사람들은 그 교회로 몰려들었다. 하나님께 영광을 돌리는 일이라면 어디든 가서 무슨 일이든 기꺼이 하려는 의지가 그에게 있었기 때문이다.

한번은 그가 토요일 아침에 이웃의 세차를 도우러 왔다. 그다음에도 **여덟 번이나** 토요일 아침마다 그 하찮은 일을 도우러 왔다. 나중에 그 이웃이 프랭크에게 물었다. "목사님, 굳이 이런 일을 하시는 이유가 뭔가요?" 그러자 비누 거품에 쫄딱 젖은 목사가 대답했다. "선생님이 그리스도인이 아니니까요. 저는 선생님께 그리스도를 설명할 기회를 찾고 있습니다."

프랭크는 이제 목회에서 은퇴했지만, 그렇게 생각하기만 하면 무슨 일이든 하나님께 영광을 돌릴 수 있다고 생각한 목사 덕분에 그 이웃은 그 교회에서 신실한 지도자로 살아가고 있다.

16세기 종교개혁가 마르틴 루터는 하나님의 목적이 무슨 일이든 고상하게 만들 수 있다고 주장했다. "아버지가 솔선하여 자기 아이를 위해 기저귀를 빨거나 다른 하찮은 일을 수행하면, 하나님은 모든 천사와 피조물과 함께 미소를 짓는데, 그것은 아버지가 기저귀를 빨기 때문이 아니라 그 일을 믿음으로 하고 있기 때문이다."[3]

우리는 하나님이 그분의 형상을 우리에게 심어 주셨다고 믿는다. 우리가 하는 일 자체가 영광스러워서가 아니라, 우리를 향하신 하나님의 목적 때문에 그 형상이 직장에서 드러나고 우리가 하는 일이 영광스러워진다고 믿는다.

화려한 일이든 초라한 일이든 하나님은 우리가 하는 일 가운데 계신다. 하나님의 형상대로 창조된 사람이 그 일을 하기 때문이다. 우리는 하나님을 일터에 모시고 간다. 우리가 하는 일에 그분을 드러낸다. 가장 어둡고 냄새나고 지루한 작업 가운데 하나님의 형상을 잃지 않으면서 우리 일을 통해 그분을 섬긴다. 그리스도는 우리 성품과 돌봄을 통해 그분을 드러내신다.

미식축구 선수가 터치다운 후에 손가락으로 하늘을 가리키거나 노벨상 수상자가 자신의 신앙을 표현하면서 하나님께 영광을 돌리는 모습을 흔히 볼 수 있다. 하지만 현실은 이 세상에 존재하는 대부분의 일은 무한히 반복되고, 마감의 압박에 시달리며, 사람의 몸을 지치게 하고 마음을 무디게 만들곤 한다. 그렇지만 회의실이나 공장 조립 라인에서 신실하게 그리스도를 드러내는 사람, 수천 번째 불만을 호소하는 환자나 고객을 그리스도와 같이 응대하는 사람, 하나님의 은혜를 알지 못하거나 경험하지 못한 이들에게 그분의 형상을 더 잘 드러내기 위해 모욕과 고립감을 견디는 사람은 하나님의 영광을 전파한다. 이것이 바로 우리가 창조된 목적이다.

영광을 만들다

창조주의 형상을 닮은 우리는 하나님의 영광을 반영하는 한편, 그 영광을 재생산해야 한다. 우리 노동이 하나님의 통치와 명성을 확장함으로써 그분의 영광이 다른 사람들에게 확실히 드러나게 된다. 우리가 만드는 제품과 실천이 하나님을 공경하면 점점 더 많은 사람이 그분의 성품과 돌보심의 효과를 경험할 수 있다.

물론, 우리가 무한한 능력과 거룩과 지혜를 지니신 하나님의 영광을 만들어 낼 수는 없다. 그것은 모든 불완전한 인간의 수준을 초월한다. 그럼에도, 우리는 그렇게 일해서 우리와 함께 일하는 사람들과 우리의 섬김을 받는 사람들이 모든 사람을 향한 하나님의 사랑을 더 많이 보고 경험하게 해야 한다(시 145:17).

고대 교부들은 하나님의 우선순위와 목적을 세상에 분명히 드러내는, 일의 이런 측면을 '라보레 쿰 데오'(labore cum Deo, 하나님과 함께하는 노동)라고 불렀다. 이 명칭은 사도 바울이 예수님의 메시지를 전파하는 일에서 우리의 역할을 묘사한 부분을 떠올리게 한다. "우리는 하나님의 동역자들이요"(고전 3:9).

바울은 사역과 선교에서 하나님의 동료가 되는 것에 대해 말하고 있었지만, 우리가 날마다 하는 일에서 '동역자'라는 개념은 분명한 기독교 메시지를 전달하는 일이나 의도적인 복음 전도에만 국한되지 않는다. 오히려 우리는 우리가 하는 모든 일에서 그분의 형상을 지니고 있기에 하나님의 영광이 온 세상 구석구석까지 미칠 수 있도록 늘 그분과 동역해야 한다. 이런 관점을 지닌다면 모든 일이 사역이요, 선교다.

물론, 인간의 노력으로 신의 영광을 창조할 수 있기라도 한 것처럼 그저 '하나님의 영광을 만든다.'라고만 하는 직무 기술서는 멀리해야 한다. 하지만 하나님이 "내게 영광을 돌려라."라고 말씀하신

후에 "두려워하지 말라 내가 너와 함께함이라 놀라지 말라 나는 네 하나님이 됨이라 내가 너를 굳세게 하리라 참으로 너를 도와주리라 참으로 나의 의로운 오른손으로 너를 붙들리라"라고 말씀하신다면 어떨까? 우리는 하나님이 이렇게 도와주실지 어떨지 고민하지 않아도 된다. 선지자 이사야는 하나님이 정말로 이렇게 약속하셨다고 말해 준다(사 41:10). 우리를 버리지 않고 떠나지 않겠다고 약속하신 바로 그 하나님이 어떤 상황과 과업에서도 그분이 우리를 만드신 목적들을 이루도록 도와주겠다고 약속하신다(히 13:5).

하늘에 계신 우리 아버지는 그리스도를 통해 성령님을 조력자로 보내셔서 우리가 하나님의 영광을 전파하게 하신다. 성령님은 하나님 말씀 가운데 있는 그분의 뜻을 우리에게 알려 주시고, 그분이 가르치신 대로 행하도록 결단하게 하시고, 그 뜻을 실행에 옮길 힘을 주시며, 우리가 하는 일을 우리의 요구나 생각 이상으로 더욱 가치 있게 하겠다고 약속하신다. 그래서 우리는 무엇을 하든지 다 하나님의 영광을 위하여 한다(고전 10:31).

우리는 무슨 일을 하든 하나님께 영광을 돌려야 하고, 하나님이 우리와 함께하셔서 그렇게 할 수 있게 도와주실 것이다. 언뜻 보기에는 간단한 말 같지만, 하나님은 우리가 그분께 더욱 영광을 돌리기 위해 정확히 어떻게 하기를 원하실까?

영광을 사랑하다

하나님은 창세기에서 "땅에 충만하라"라는 인류 최초의 직무 기술서를 주시면서 "땅을 정복하라"라고 덧붙이신다(창 1:28). 앞에서 우리는 하나님의 목적들을 위해 땅의 자원을 지배하라는 이 명령을 하나님의 창조 세계를 이기적이거나 무모하게 혹은 폭력적으로 사용하는 것을 허용하는 뜻으로 이해해서는 안 된다는 것을 살펴보았다. 오히려 땅의 자원은 다른 목적에 사용되어야 한다. 그 목적은 무엇인가?

"율법 중에서 어느 계명이 크니이까"라는 질문에 그리스도 예수께서 답하신 말씀이 우리의 이해를 돕는다. "네 마음을 다하고 목숨을 다하고 뜻을 다하여 주 너의 하나님을 사랑하라 하셨으니 이것이 크고 첫째 되는 계명이요"(마 22:37-38).

우리는 우리가 가진 모든 자원으로 하나님을 사랑해야 한다. 그분이 우리 태도와 노력의 최우선 순위이시다. 우리가 이 땅의 자원을 사용할 때는 여호와를 공경하고 그분에게 우리의 사랑을 표현하는 방식으로 사용해야 한다. 예배드릴 때 우리가 하는 것들을 생각해 보면 이 점이 이해될지도 모르겠다. 우리 말과 음악과 모임 장소는 여호와를 향한 사랑을 표현해야 한다. 행동과 태도는 우리가 사랑하는 분을 공경해야 한다.

물론, 우리의 사랑이 예배 시간에만 국한되어서는 안 된다. 가정에서도, 일할 때와 놀 때도 하나님을 공경해야 한다. 정의와 궁휼, 선을 행함으로써 하나님을 사랑하라는 계명에 순종한다. 하지만 예배 장소 밖에서 정의롭고 자비롭고 선한 행동과 태도란 어떤 모습을 의미할까? 예수님은 첫 번째 계명과 같다고 하신, 두 번째 큰 계명으로 그 질문에 대답하신다. "네 이웃을 네 자신같이 사랑하라"(22:39). 그래서 우리의 모든 것으로 하나님을 사랑하라는 계명이 일상에서는 우리 자신같이 이웃을 사랑하는 형태를 띤다. 이 말은 하나님께 영광을 돌리는 일이 이웃을 향한 그분과 우리의 사랑을 드러내는 일이기도 하다는 뜻이다.

이웃 사랑과 우리가 하는 일은 무슨 관계가 있는가? 목사이자 학자인 댄 도리아니(Dan Doriani)는 직장에서 하나님께 영광을 돌리는 법을 생각할 때 많은 그리스도인이 겪는 어려움을 고통스러울 정도로 솔직하게 잘 보여 주는 사례를 소개한다.

리사와 라이언은 둘 다 정직한 직업을 가지고 있지만, 이들이 다니는 교회에서는 일과 관련한 유익한 논의가 없다시피 하다. 목사님은 모든 일이 하나님께 중요하다고 강조하면서도, 그의 설명은 의사, 교사, 기술자, 농부 등 확실한 **보람**을 느끼는 직업에만 치중하는 듯하다. … [목사님은] 신실한 그리스도인은 열심히 일하고, 도덕적으로 온전하고, 가정을 부양하며, 여유가 있으면 후하게 베푼다고 말한다. 그 말도 일리는 있다. 실제로, 좋은 결실을 맺어 보람을 느끼고 도덕적으로 타협하려는 유혹을 뿌리치는 것은 중요하다. 하지만 직장에서 정직함을 잃지 않는다는 것에는 그보다 더 큰 의미가 있다. …
많은 사람이 자신이 하는 일의 가치를 보지 못한다. 사실, 직장이야
말로 우리가 이웃을 내 몸처럼 사랑할 수 있는 최적의 장소다. … 일
터에서 우리는 굶주리고 목마르고 아픈 사람들을 돌아볼 수 있는 가
장 큰 능력을 소유한다. 우리가 믿음으로 우리 일을 하나님 앞에서
거룩하게 구별하고, 이웃과 고객과 손님을 사랑한다면, 그분[하나님]
은 영원히 기억하실 것이다.[4]

이 단락은 두 가지 놀라운 사실을 말해 준다. 우리 일이 우리가 이
웃을 사랑할 수 있는 최적의 장소이며, 그런 사랑이 영원한 영향력
을 미친다는 것이다. 어떻게 그럴 수 있을까?

도리아니는 자신이 하는 일의 가치를 알아보기 위해 분투한 노동
자 네 사람의 이야기를 들려주면서, 어떻게 일이 이웃 사랑을 표현
하는지 설명해 준다.

식품을 유통하는 기차와 트럭이 없다면 어떻게 소비자가 존재할 수
있을까? 사람들은 직접 차를 몰아 캔자스에 가서 소를 사고, 아이다
호에 가서 감자를 사고, 미네소타에 가서 밀을 사야 한다. 곰곰이 생
각해 보면, 생산망에 있는 모든 사람이 식품 공급에 기여하는 것을
깨닫게 된다. … 공급자가 종자, 비료, 제초제, 농기구 등을 팔면, 농
부는 땅을 갈고 씨를 뿌리고 추수한다. … 추수한 후에는 식품 가공

업자, 포장업자, 트럭 운전사, 물품 관리원, 계산원이 각기 자기 역할을 한다. …

하나님은 모든 사람에게 섬길 장소와 함께 각자의 역할을 주신다. 우리는 "오늘 우리에게 일용할 양식을 주시옵고"라고 기도하고, 하나님은 농부, 트럭 운전사, 계산원이 합력하여 우리의 일용할 양식을 마련하게 하신다. … 우리는 무료 급식소에서 자원봉사를 하면 굶주린 사람들을 먹일 수 있다고 생각하는 경향이 있지만, 그것은 근시안적이다. … 직장에서 우리는 합법적인 인간의 필요를 채워 줄 수 있는 더 큰 능력이 있다. 믿음으로 우리 일을 하나님 앞에 거룩하게 구별하고 동료와 고객을 사랑하려 애쓴다면, 우리는 주님을 섬기고 그분은 그것을 기억하신다.[5]

크리스마스 고전 영화 「멋진 인생」에 나온 '조지 베일리 실험'을 다시 한번 적용하여 어떻게 우리가 하는 일이 이웃에게 사랑을 주는지 살펴보는 편이 도움이 될 것 같다. 조지 베일리를 찾아온 서툰 천사는 그가 태어나지 않았으면 다른 사람들이 어떻게 되었을지 볼 수 있는 특권을 준다. 물론, 그 특권 덕분에 조지는 하마터면 포기할 뻔한 삶을 다시 살게 된다.

우리도 비슷한 방법으로 자신이 하는 일을 생각해 볼 수 있다. 농부나 부동산 업자, 컴퓨터 기술자, 화학약품 제조자가 없었다면, 고객과 직원, 그들의 가족이나 이웃이나 동네는 어떻게 달라졌을까?

잘 생각해 보면, 우리는 모두 누군가가 다른 사람들의 삶을 번영하게 하기 위해 필요하다고 믿는 것들을 하면서 생계를 유지한다. 그래서 우리 일이야말로 이웃 사랑을 보여 주는 최적의 장소인 셈이다. 우리 일을 통해 다른 사람들이 살아가고, 사랑하고, 가족을 부양하고, 아름다움을 발견하고, 즐기고, 존엄을 찾으며, 이 모두가 협력하게 하는 하나님의 일이 필요함을 발견한다.

사도 바울은 "우리는 그가[하나님이] 만드신 바라 그리스도 예수 안에서 선한 일을 위하여 지으심을 받은 자니 이 일은 하나님이 전에 예비하사 우리로 그 가운데서 행하게 하려 하심이니라"(엡 2:10)라고 기록한다. 우리 일의 모든 행위와 의무는 창세 전에 하나님이 우리를 위해 계획하신 그분의 목적이라는 영원한 사슬과 연결되어 있다. 그래서 우리 일에는 영원한 중요성이 있고, 성경은 하나님이 그분의 계획(과 그분을 섬김으로써 우리가 사랑하는 이웃)에 신실한 우리를 기억하실 것이라고 약속한다(시 112:6).

이 말은 세속의 기준에서 모든 일이 화려하다는 뜻이 아니다. 내가 본 어느 조립 라인의 노동자를 앞에서 언급했다. 그가 하는 일은 치즈 조각이 제대로 포장되었는지 확인하는 게 전부였다. 그는 컨베이어 벨트 위로 시시각각 이동하는 수많은 포장 제품을 지켜보다가 불량품을 골라냈다. 내가 그 일을 안 해서 얼마나 다행인가 싶었지만, 그 일 자체를 깎아내릴 권리가 내게는 없다. 나는 그 노동자가 그 일에 얼마나 적합한 지성이나 기질을 지녔는지 알 도리가 없다.

하지만 내가 확실히 아는 것은, 그의 품질 관리 업무가 소비자들을 보호하고, 회사의 명성을 유지하며, 동료들의 급여를 보장하고, 그를 포함한 많은 직원의 가정에 수입원이 된다는 것이다.

영광의 다양성을 인정하다

하나님의 목적에 똑같은 가치를 지니기 위해 우리가 하는 일이 모두 같을 필요는 없다. 예수님이 포도원 품꾼 비유를 들려주실 때(마 20장) 품꾼들은 일한 시간과 업무량이 다 달랐지만 똑같은 삯을 받는다. 그리스도의 목적은 상대적인 실적으로만 인간의 가치를 평가하는 그 어떤 경제 통화도 무력화하는 것이었다.

100미터를 10초에 주파한 우승자와 2시간 넘게 달린 마라톤 우승자가 똑같이 금메달을 받는다. 각 선수는 자신이 부여받은 과제를 완수하여 인정받는다. 세상에서 칭찬받는 일을 하든 인내로 하늘의 목적을 이루든 우리가 하나님의 목적을 성취하면, 하나님께 영광을 돌리고 그분이 우리 이웃을 위해 계획하신 유익을 가져온다.

세상이 우리가 하는 일의 중요성을 알아주지 않을지도 모른다. 하지만 믿는 이들은 우리 일이 하나님께 중요하고 그분이 사랑하시는 사람들의 삶에 변화를 불러온다고 확신한다. 우리는 주님의 형상을 닮은 자들이기에 일을 통해 하나님을 우리 일터로 모시고, 우리 일에 영향을 받은 세상에 그분의 축복을 전한다. 우리가 일할 때 그리스도가 우리 안에 계시고 우리와 함께 계시며, 우리 일을 통해 다른 사람들 가운데 그분이 임재하신다. 이렇게 모든 사람은 유명 교회의 설교자와 목회자만큼이나 그분의 거룩하신 목적을 가지고 일한다.

영광의 제사장

현대 작가 매튜 캐밍크(Matthew Kaemingk)와 코리 윌슨(Cory Willson)은 '만인 제사장'(priesthood of believers)이라는 고대 개념에 다음과 같은 신선한 통찰을 제시한다. "하나님과 이웃을 신실하게 섬길 때 모든 일이 제사장의 예배 행위다. … 일하는 사람들이 성소로 들어갈 때는 단지 그 예배 시간만을 위해 오는 것이 아니다. 그들은 일주일 내내 제사장의 예배에 참여해 왔다."[6]

나는 모든 노동자가 제사장이라는 개념이 대부분의 사람에게 낯설거나 말도 안 되는 개념일 것이라고 생각한다. 이메일 쓰기, 바닥 청소, 음식 배달, 계약서 작성, 트럭 운전, 벌금 징수, 아이들 픽업, 구두 판매, 과목 수업, 환자 치료, 회사 경영 같은 일상적인 일이 제사장의 의무라고 누가 상상할 수 있겠는가? 그러나 우리가 일터를 하나님의 영광을 드러내고 나누는 장소로 본다면, 그곳이 우리 일상의 교구라는 사실을 깨닫기 시작하고, 자신의 제사장직을 진지하게 생각하게 될지도 모른다.

직장에서 우리는 제사장의 의복을 입지는 않지만, 그리스도로 옷입는다(갈 3:27). 손을 들어 기도하지는 않지만, 하나님이 우리 일과 함께 일하는 동료들에게 복 주시기를 기도한다. 설교를 전하지는 않지만, 우리가 하는 일과 그 방식에 그리스도의 성품과 돌보심을 표현한다. 죄인들에게 성찬을 베풀지는 않지만, 상사의 압박이나 동료의 잘못에도 불구하고 우리 믿음의 축복을 나누어 준다. 은밀한 회의실에서 상담을 제공하지는 않지만, 제멋대로인 사람, 낙담한 사람, 거만한 사람, 야심 찬 사람들을 대하면서 그리스도의 인내와 교훈, 긍휼을 준다.

대부분의 노동자는 성직에 종사하지 않지만, 하나님이 그분의 우선순위에 따라 세상을 바꾸실 수 있도록 모두가 실천과 결과물을 통해 하나님 나라의 경계를 확장할 책임이 있다. 우리는 제사장의 의도를 가지고 일함으로써 그리스도의 돌보심을 기도하고 선포하고 사역한다.

고대 예배 때 베푼 성찬의 특징은 노동자와 제사장의 연관성을 더 분명하게 만들었을 것이다. 노동자들은 눈앞 성찬대에서 자신들의 생산품에 그리스도의 축복이 깃들어 있는 것을 볼 수 있었다. 빵과 포도주는 그들이 땅을 경작하고, 곡식을 빻고, 포도를 으깨고, 반죽을 만들어 화덕에 불을 땐 결과물이었다. 제사장과 노동자의 일이 하나가 되어 하나님의 영광과 은혜를 알리고 있었다.

그럼에도, 성속을 구분하려는 본능적인 성향 때문에 우리는 하나님의 구속 역사에서 자신의 역할을 충분히 고려하지 못한다. 그레고리우스 대제 시대의 한 이야기에는 제사장에게 성찬을 받으려고 앞으로 나온 어느 여자가 등장한다. 제사장이 떡을 건네면서 "이것은 당신을 위하여 내어 주신 그리스도의 몸입니다."라고 말하자 여자는 웃음을 터뜨렸다. 이유를 묻자, 여자는 두어 시간 전에 자기 집 그릇과 화덕에서 나온 것을 "그리스도의 몸"이라고 했기 때문이라고 대답했다. 조금 전에 자기 손으로 만든 것이 그리스도가 백성에게 그분을 드러내는 수단이 될 수 있다는 사실이 터무니없다고 생각했던 것 같다.[7]

솔직한 제빵사가 무심결에 내뱉은 이 웃음은 오늘날 많은 사람의 머릿속에도 자리 잡고 있을 것이다. 그들은 일터에서 그리스도의 제사장으로 다른 사람들에게 그분을 나타내는 일로 부름 받았다는 사실이 터무니없다고 여긴다. 그러나 우리가 일상의 노동을 하나님이 그분의 놀라운 일을 행하시는 수단으로 볼 때 그분의 영광이 널리 퍼지고 우리 노동의 축복이 배가된다.

친구 중에 접착제 공장을 운영하는 이가 있다. 사업이 꽤 잘되어서 대기업 경쟁 업체에서 끊임없이 인수 제안을 하거나 성가신 소송으로 그의 회사에 타격을 주려 했다. 그리스도인인 친구는 윤리적으로 일하고, 이윤을 교회에 헌금한다. 그는 회사를 경영한 대부분의 기간에, 이런 책임 의식이 일을 통해 하나님을 공경하는 주요 방식이라고 여겼다. 그런 관점을 유지하면서 그는 왜 하나님이 경쟁 업체의 압력을 없애 주시지 않는지 궁금증이 생기기도 했다. 그러면 하나님 나라 목적들에 더 많이 헌금할 수 있을 텐데 말이다. 가끔은 그런 의문 때문에 깊은 실망감에 빠질 때도 있었다.

최근에 와서야 내 친구의 시각이 달라지기 시작했다. 그는 주님이 윤리적인 회사 경영과 인색하지 않은 헌금을 원하신다고 여전히 믿으면서도, 자기 회사의 (이윤뿐 아니라) 제품이 하나님 나라 목적에 쓰일 수 있다는 사실을 조금씩 깨닫기 시작했다. 미국 남동부를 강타한 몇 차례 허리케인이 그의 관점에 영향을 주었다. 허리케인은 바람에도 창문이 깨지지 않도록 도와줄 접착제를 판매할 새로운 시장을 열어 주었을 뿐 아니라, 자신의 사업이 어떻게 하나님의 영광을 표현할 수 있는지 조금 더 직접적으로 그에게 알려 주었다. 접착제 덕분에 수많은 가정과 기업이 살았고, 수많은 가족과 지역사회가 고통을 덜었다. 그런 면에서, 접착제의 품질과 분량은 하나님의 돌보심을 나누고 있었다. 더군다나, 친구는 (재난을 틈타서 바가지요금을 받는 것처럼) 공정한 관행을 깨뜨리지 않고 하나님의 성품을 잘 드러냈다.

친구는 더는 자기 사업을 회사 내부에서 주님의 증인이 되고 교회에 헌금하는 수단으로만 보지 않는다. 제품 개발과 생산은 지식, 자원, 기회를 활용하여 안정, 긍휼, 평화('샬롬'이라는 신학 개념, 곧 만물을 다스리시는 하나님의 통치가 가져오는 평화) 같은 하나님 나라 우선순위를 확장함으로써 그분께 영광을 돌리는 방편이다.

이 그리스도인 사업가의 회사 경영 방식에 새로운 목적의식뿐 아나라, 그를 괴롭혔던 성가신 소송을 바라보는 새로운 관점도 생겨났다. 내 친구는 하나님이 골칫거리 소송들을 없애 주셔서 교회에 더 많이 헌금하도록 허락하지 않으시는 이유를 묻기보다, 자기 사업을 하나님의 영광을 확장하는 강력한 도구로 보기 시작했다.

그런 시각을 가지니 성공을 방해하는 큰 방해물의 이유를 설명할 수 있었다. 사탄은 자신에게 위협이 되는 사람들만 공격한다는 사실을 깨달은 것이다. 그래서 그의 사업을 도전하는 여러 문제는 사탄이 하나님이 **접착제**를 통해 베푸시는 하나님 나라 축복을 얼마나 중요하게 여기는지를 희한한 방식으로 확인해 주었다.

물론, 여전히 친구는 낙담하기도 하고 그런 문제들이 사라져 주기를 바라기도 한다. 하지만 그리스도가 다시 오시기 전까지는 타락한 이 세상에서 아무도 문제를 피해 갈 수 없다는 것을 안다. 그래서 친구는 하나님의 우선순위와 그 나라의 목적을 위해 생산된 제품을 통해 하나님께 영광을 돌리려는 제사장의 의도를 놓치지 않으려 애쓴다.

영광을 널리 알리다

모든 종류의 정직한 노동이 하나님께 영광을 돌릴 수 있다는 이 관점은 하나님이 언약 백성에게 그분을 공경하도록 지시하신 방식에 놀라운 선례가 있다.

여호와는 이집트 종살이에서 이스라엘 백성을 구원하여 약속의 땅으로 인도하실 때 (늦곡식이나 남은 열매가 아니라) 모든 소산의 맏물을 제단에 바치라고 명령하셨다(신 26장). 농부가 아니라 가축을 치는 사람들도 마찬가지로 첫 소생을 가져오라는 지시를 받았다.

시간이 흐르면서, 신자들은 이 고대의 가르침을 반영하여 하나님께 영광을 돌렸다. 미식축구 선수들이 터치다운 후에 손가락으로 하늘을 가리키는가 하면, 목동, 양치기, 농부, 과수원 농부, 정원사는 가축과 추수를 허락하신 하나님을 인정하는 의미에서 첫 소생을 하늘로 들어 올린다. 이와 비슷하게, 부모들도 어린 자녀들에게 레모네이드 좌판에서 번 첫 수익을 교회에 헌금하고, 새 직장에 들어간 성인 자녀들에게는 첫 월급 일부를 헌금하라고 가르친다.

그런 헌금이 세계 경제에 미치는 영향은 미미하겠지만, 각 노동자가 하나님의 공급하심에 감사하고 그분이 앞으로도 계속해서 공급하실 것을 신뢰한다는 의미를 표현한다. 신자들 사이에서 이런 예배 행위가 흔하기에 이런 습관의 근거가 되는 최초의 예배 행위는 믿음이나 감사의 표현을 의도하지 않았다는 사실이 오히려 놀랍다. 여호와의 교훈에는 이런 말씀이 포함되어 있었다. "네 하나님 여호와께서 너와 네 집에 주신 모든 복으로 말미암아 너는 레위인과 **너희 가운데에 거류하는** 객과 함께 즐거워할지니라"(신 26:11).

고대 제사장들에게 음식을 제공한 노동자의 헌신은 하나님의 언약 백성을 위해 예배를 인도하는 직업인들뿐 아니라, 언약 백성이 아닌 사람들에게도 즐거움을 주었다. 거류하는 객(다른 나라에서 온 여행객)도 각 직업이 제공한 헌물을 통해 하나님의 영광의 증인이 될 수 있었다.

헌물은 이들이 삶을 영위할 수 있게 해 준 제품과 용역이 모두 하나님의 손에서 왔다는 각 노동자의 증언이었다. 하나님이 우리 손이 제공할 수 없는 땅과 씨앗과 계절을 허락하지 않으신다면 인간의 노동은 생계유지나 예배에 턱없이 부족했을 것이다. 그래서 헌물은 언약 백성과 아직 진정한 하나님을 찾고 있는 사람들 모두에게 그분이 우리에게 필요한 것을 공급하신다는 은혜의 증거가 되었다.

다양한 직업군에서 만물과 첫 소생을 바쳐 신자들과 거류하는 객들 가운데서 하나님을 공경하라는 그분의 의도는 우리 직업에 대한 그분의 놀라운 의도를 보여 준다. 우리 일은 모두 하나님께 영광을 돌리고 사람들에게 그분의 은혜를 널리 알리기 위해 의도되었다.

영광의 선교

우리가 만드는 제품과 이익이 궁극적으로는 하나님의 손에서 나온다는 것을 인정하면서 일하러 가는 날마다 우리는 하나님의 영광을 인정하는 사람을 배가하는 그분의 선교에 참여하고 있다. 선교사와 설교자들만이 아니라, 자신의 사업과 기술, 수고, 정치, 창의성, 경영으로 하나님을 공경하려는 의도를 가지고 일하는 모두가 그분의 선교(missio Dei)에 참여하는 것이다.

하나님은 모든 그리스도인이 자기 직업을 떠나 선교사가 되기를 원치 않으신다. 오히려 모든 그리스도인에게 각자의 직업에서 선교적 소명을 주신다. 일과 증거는 하나님의 영광을 세상 모든 사회와 회사와 나라 구석구석에 확장하려는 그분의 목적 가운데 하나로 엮여 있다. 모든 직업군의 모든 사람이 하나님의 선교 대상이고, 우리는 그들 가운데 일하면서 그분을 위해 일하고 있다. 하나님의 영광을 인정하고 고백하고 그 영광에 참여하는 사람들을 확장하는 과업에 동참하는 것이다.

우리는 흔히 '세속' 직업에 대해서는 이런 식으로 생각하지 않지만, 이것이 하나님이 그분의 세상을 계획하시고 그 백성을 세상 모든 영역에서 그분의 대사로 부르신 방식이다. 이전에 자신의 직업을 하나님의 선교적 측면에서 생각해 보지 않았다고 해서 지금도 고려하지 않아도 된다는 뜻은 아니다.

20세기 신학자 레슬리 뉴비긴(Lesslie Newbigin)은 "무엇보다도 우리는 모든 교회의 평신도들이 자신이 날마다 하는 세속의 의무, 곧 철저한 신학적 사고에서 비롯된 통찰로 조명된 과학자, 경제학자, 정치철학자, 예술가 등의 작업에서 깨달음을 구하는 가능성을 만들어야 한다."[8]라고 말했다.

모든 직업군에서 신자들이 "철저한 신학적 사고"에 동참하기를 기대하는 것이 미련한 것처럼 보일 수 있다. 하지만 그런 성찰이 사실은 의미도 없고 중요해 보이지도 않는 판에 박힌 일상에서 벗어나 안도와 구원에 이를 수 있는 길이다. 정직하게 일하는 사람이라면 누구라도 아무 일도 하지 않는 것이 아니다(고전 15:58). 하나님은 그분이 의도하신 직업과 장소에 자기 백성을 두셔서 그분의 은혜의 실상과 필요성을 증언할 사람들이 많아지게 하셨다. 모든 신자의 직업과 일이 중요한 이유는 그들이 세상의 인정과 보상을 받기 때문이 아니다. 그 일을 통해 하나님께 영광을 돌리라는 그분의 명령을 지니고 일하기 때문이다.

우리는 우리가 만든 제품과 행동으로 직장에서 하나님의 선교에 참여하여, 하나님의 영원하신 계획에 따라 그분의 세상에서 할당된 분야에서 크고 작은 생태계의 변화를 돕는다. 더 나아가, 우리가 경험하는 모든 축복은 궁극적으로 하나님의 손에서 나온다는 것을 인정함으로써 하나님께 감사하고, 이웃과 동료와 상사에게는 하나님의 은혜를 증거한다.

하나님은 다양한 직종의 신자들에게 하나님 나라의 영향력을 확장하고, 하나님의 선하심을 찬양하기 위해 그분의 보좌 주위에 모일 사람들을 배가하려는 그분의 주권적 계획을 성취하라고 명하신다. 그런 일은 우리가 알아차리지 못하는 사이에 혹은 죽고 나서 벌어질 수도 있지만, 반드시 일어날 것이다.

예수님이 이 세상에서 우리 존재를 마무리할 심판의 특징을 묘사하실 때 모든 신자가 이 땅에서 (각자의 기준에서조차) 중요한 일을 할 거라고 말씀하시지는 않는다. 그렇지만 그분은 우리 각 사람에게 이렇게 말씀하실 것이다. "내 아버지께 복 받을 자들이여 나아와 창세로부터 너희를 위하여 예비된 나라를 상속받으라 내가 주릴 때에 너희가 먹을 것을 주었고 목마를 때에 마시게 하였고 나그네 되었을 때에 영접하였고"(마 25:34-35).

흥미롭게도, 이렇게 인정받은 사람들은 예수님이 말씀하신 행동을 한 기억을 떠올리지 못한다. 그들이 "주여 우리가 어느 때에 주께서 주리신 것을 보고 음식을 대접하였으며 목마르신 것을 보고 마시게 하였나이까"라고 묻자 예수님은 "내가 진실로 너희에게 이르노니 너희가 여기 내 형제 중에 지극히 작은 자 하나에게 한 것이 곧 내게 한 것이니라"라고 말씀하신다(25:37-40).

이 말은 천국에서 어떤 일이 큰일로 인정받는 이유는 그 행위를 한 사람이나 그 행위를 알아차릴 수도 있고 모를 수도 있는 다른 사람들에게 준 인상 때문이 아니라는 것이다. 우리 일이 중요해지는 까닭은 그 일로 섬김을 받는 분 때문이다. 우리 노동이 예수님을 섬길 때 그 일이 그분의 영원하신 목적들을 이루어 드리기 때문에 중요성을 띠게 된다.

성경의 전체 이야기가 이 목적들을 분명하게 드러낸다. 성경은 맨 처음부터 우리가 세상 어디를 가서 무슨 일을 하든 하나님의 영광을 드러내기 위해 그분의 형상대로 창조되었다고 말해 준다. 성경 마지막에 우리는 우리가 한 일의 결과로 하나님의 영광이 어디까지 퍼져

나가는지 알 수 있다. 사도 요한은 천국의 영광 가운데서 우리의 미래가 시작되는 장면을 묘사한다.

> 이 일 후에 내가 보니 각 나라와 족속과 백성과 방언에서 아무도 능히 셀 수 없는 큰 무리가 나와 흰옷을 입고 손에 종려 가지를 들고 보좌 앞과 어린양 앞에 서서 큰 소리로 외쳐 이르되 구원하심이 보좌에 앉으신 우리 하나님과 어린양에게 있도다 하니 (계 7:9-10).

하나님은 그분의 선교를 완수하라고 명령하신 이들의 삶과 일을 통해 그분이 세상을 위해 주권적으로 계획하신 영광을 완성하신다. 그런 선교는 유능한 설교자의 설교와 고상한 선교사의 희생을 통해서만 이루어지지 않는다. 우리 삶에서 날마다 하는 일을 통해 하나님의 영원하신 사역으로 완성된다.

평범하든 훌륭하든, 의미 있든 견딜 수 없든, 숙련된 일이든 좋은 시도이든, 성공이든 정직한 실패든, 하나님은 자신이 하는 일에서 그분의 이름을 공경하는 신실한 신자들을 통해 그분의 영광을 표현하고 확장하고 계신다.

영광을 위한 관점

2021년 전국 공영라디오 학생 팟캐스트 대회 우승자는 켄터키주

렉싱턴 세이어중학교 8학년 학생들이었다. 이들이 선택한 주제는 왠지 이런 영예와는 어울릴 것 같지 않은데, 바로 학교 관리 부서였다. 한 학생이 자신들의 의도를 이렇게 설명했다. "우리는 학교 관리부와 그분들이 매일 하는 일에 대해 많은 사람과 이야기를 나누었습니다. … **오늘 우리가 이 자리에 있는 것은 모두 그분들 덕분입니다.**"

이런 시각은 바닥을 청소하고 난방기를 점검하고 변기를 뚫는 등 학생들이 배우고 발전하고 직업을 준비할 수 있게 돕는 수많은 '하찮은' 의무를 고귀하게 만든다. 나중에 학생들은 이렇게 얻은 직업을 통해 가족을 부양하고, 공공선을 도모하며, 더 많은 사람이 번영할 수 있는 미래를 보장할 수 있다. 비슷한 관점에서,

- 배터리 연구자와 제조업자는 연료 문제를 해결하고 지구를 구할 수 있다고 믿는다.
- 정치인들은 정의와 국가 안보, 미래의 번영을 앞당긴다고 믿는다.
- 판매업자들은 가족을 보살피고, 우리 경제에 일조한다고 믿는다. 누군가 무엇을 팔지 않으면 아무 사업도 발전할 수 없기 때문이다.
- 의사들은 반복되는 병원 진료의 스트레스 너머 그들의 노동으로 건강해지는 생명과 가족, 지역사회를 본다.

- 고속도로 노동자들은 자신들이 일하지 않으면 모든 이동이 위험해지고 국가 전체가 정지하고 경제가 붕괴하고 우리의 고통이 전 세계로 퍼진다는 것을 안다.
- 영유아를 기르는 엄마들은 그저 기저귀를 갈고, 레고를 쌓고, 지친 하루하루를 견디는 것이 아니라, 영원한 영혼이 깃든 작은 신체의 즐거움과 건강과 믿음을 빚고 있다.
- 그렇다. 상투적일 수도 있는 옛날이야기로 돌아가자면, 벽돌공은 자신이 단순히 벽돌을 쌓고 있는 것이 아니라, 대성당과 미래 세대의 집, 백신 연구 센터, 이웃의 안전을 위한 경찰서, 아름다움을 보존하는 미술관을 짓고 있다고 믿어도 좋다.

그런 관점은 상투적이기만 한 것이 아니라, 들을 귀가 있는 사람들을 위한 성경의 가르침이기도 하다. 하나님은 모든 일과 직업을 그 백성과 세상의 번영에 꼭 필요하게 만드셔서 거기에 고귀함을 부여하신다.

우리가 동료들에게 기꺼이 주님의 증인이 되어 정직하고 양심적으로 일하면 하나님께 영광을 돌리지만, 그 일 자체가 영광이다. 우리 일을 통해 지역사회가 성장하고, 사람들의 삶에 활력이 돌고, 선한 일에 땅의 자원이 사용되고, 가정이 복을 받고, 문화가 발전한다. 또한 "주께 하듯 하고 사람에게 하듯 하지 [않는]"(골 3:23) 사람들이 나누는 하나님의 은혜의 손길을 통해 그 삶이 번영하는 모든 이들에게 믿음이 전해진다.

그런 일을 통해 다른 사람들이 우리 선행을 보고 하늘에 계신 우리 아버지께 영광을 돌리게 된다(마 5:16).

8.

악을 알아차리라

이 장은 이 책에서 가장 쓰기 힘든 장이 될 것이다. 개념은 어렵지 않지만, 이 내용을 읽으면 모든 노동자를 무던히도 괴롭히는 진실을 마주해야 하기 때문이다. 나는 독자들을 이 길로 인도함으로써 일이 우리에게 주는 영광에 대해 오해가 없기를 바란다. 하나님이 우리 노동을 통해 이루시려는 것에는 좋은 점이 많지만, 일의 세계에는 하나님의 의도를 거부하고 우리가 이루려는 선에 반하는 악도 충만하다.

사도 베드로는 하나님이 주신 힘으로 그분께 영광을 돌리려는 모든 사람에게 경고한다. "너희를 연단하려고 오는 불 시험을 이상한 일 당하는 것같이 이상히 여기지 말고"(벧전 4:12). 일을 통해 하나님의 영광을 높이고 널리 전한다는 앞부분의 내용은 모두 사실이다. 그럼에도, 타락한 세상에서 하나님의 영광과 우리의 선행이 어떤 반대에 직면할지 알지 못한다면, 우리는 일의 존엄성이나 어려움에 제대로 준비되지 않은 것이다.

타락의 악

성경 앞부분에 세상과 우리 일을 구속하시겠다는 하나님의 모든 약속이 주어져 있다. 잡초와 가시, 약함과 비난, 속임수와 죽음으로 하나님 나라의 오심을 저항하는 세상 가운데 그 약속은 등장한다. 하나님은 최초의 인류에게 그들의 자손 중에 사탄의 영향을 짓밟을 존재가 나오리라는 확실한 소망을 주셨다. 우리는 악을 이기신 그리스도라는 최초의 복음 약속을 주신 하나님을 찬양한다. 그러나 그 선지자적 소망에 섞여 있는 불길한 경고도 잊지 말아야 한다. 사탄은 구세주의 발꿈치를 상하게 할 것이다(창 3:15).

결국에는 사탄의 머리가 상하겠지만, 그리스도도 상처를 입으실 수 있다. 그리스도의 영원한 나라가 사탄을 완전히 물리칠 때까지 악한 자는 그리스도의 형상을 닮은 사람들, 세상에서 자신이 하는 일로 그를 상하게 할 사람들에게 상처를 주려 애쓸 것이다.

그런 상처는 어떤 모습일까? 일하는 사람이라면 누구나 다 안다. 나를 비하하는 상사나 조롱하는 동료들. 비윤리적인 행동으로 나를 제치고 승진한 사람. 잘못은 자기가 해 놓고 나를 추궁하는 고객. 다른 사람의 거짓말로 일자리를 잃거나 경제 불황이나 변화하는 기술 환경에서도 회사를 유지해야 한다는 끊임없는 압박에 시달리는 상황.

사탄은 하나님 백성이 옳은 일을 하다가 일자리를 잃을 때 타격을 준다. 사탄은 선동적인 인터넷 게시물을 통해 최선을 다하는 사람들에게 부정적인 메시지를 전하거나, 반대로 선한 사람들의 명성을 무너뜨리려고 중상모략하는 사람들을 옹호하여 타격을 준다. 사탄은 세속의 일을 하는 사람들이 자신의 영적 가치를 잊어버릴 때나 영적인 일을 하는 사람들이 성공하려고 세속적인 우선순위를 취할 때 타격을 준다.

하지만 우리가 지금 직장에서 겪는 상처가 순전히 현존하는 악의 의도나 잘못 때문만은 아님을 분명히 할 필요가 있다. 하나님은 최초의 인류가 죄를 짓고 난 후에, 그분을 저버린 행위가 땅에 미친 결과를 보여 주시고 우리가 영원히 그분만을 의지하게 하시려고 땅을 저주하셨다. 따라서 우리가 지금 직장에서 겪는 상처의 많은 부분은 오랜 시간에 걸쳐 사탄의 영향으로 인한 망가짐을 경험하는 세상에서 일한 결과다.

하나님이 지으신 창조 세계의 본래 영광은 그리스도가 다시 오실 때야 비로소 회복될 것이다. 이는 우리가 겪는 어려움이 다 악한 선택을 한 상사와 동료, 경쟁자 때문만은 아니라는 의미다. 하나님이 창조 세계를 저주하셔서 생겨난 잡초와 가시야말로 오래전에 하나님의 다스림을 버린 세상 모든 복잡한 문제들의 원인이다. 그 잡초와 가시가 현대의 일하는 공간까지 침입했다.

예견된 악

하나님의 원래 창조 세계를 지배하는 질서와 축복이 없다면, 많은 사람이 다른 사람을 위해서나 인생의 일정한 기간에 하는 일은 영광과는 전혀 거리가 멀고, 오히려 비참해 보일 것이다. 하나님의 선교가 우리 일에 어떻게 품위와 목적을 줄 수 있는지 논의하는 것은 옳지만, 타락한 세상에서 일하면서 많은 사람이 겪는 깊은 슬픔과 굴욕을 무시하면 안 된다. 많은 직업에서 진정한 영광은 그 일의 비참함에도 불구하고 일하면서 하나님께 신실할 때 드러난다.

타락한 세상의 악은 매일 하는 일의 품위를 떨어뜨릴 수 있다. 일을 스트레스받고 추악하고 건강하지 못하고 불공정하고 억압적이며 한없이 지루하고 반복적이고 도덕적으로 타협하며 영혼을 병들게 하는 것으로 만들어 버린다. 당신이 하는 일이 보람과 의미가 있고 지적으로 도전이 되며 영적으로 유익하다면 하나님께 감사하자. 하지만 타락한 세상에서 사람들이 하는 일은 대부분 그런 것과는 거리가 멀다.

좋은 학위와 여러 차례 승진으로 정당한 자격을 갖춘 일자리조차도 같은 업무를 오랫동안 하다 보면 지루하거나 불만족스러울 수 있다. 성공의 사다리 꼭대기까지 올라가고 보니 엉뚱한 건물에 기대어져 있었다는 것을 알게 될 수도 있다. 회의와 또 다른 전략 계획, 고객 불만에 지친 경영진과 의료 종사자들은 돈을 좇느라 의미 있는 삶을 낭비하지는 않았는지 의구심을 품으며 장인, 농부, 교사 등을 부러운 시선으로 바라본다.

이 책의 나머지 장들은 신자들이 가족을 돌보거나 개인적으로 먹고살기 위해 해야 하는 힘들고 하찮은 일 가운데서도 하나님께 영광을 돌리는 방법을 보도록 돕기 위해 의도되었다. 하지만 이 장은 다음과 같이 요약할 수 있는 사도 베드로의 경고를 떠올리게 한다. "당신의 일이 예수님이 주신 힘으로 그저 그 일을 견디는 것뿐이어도 놀라지 말라"(벧전 2:20과 4:11-16 참조).

유비무환이라고 했다. 하나님이 그 백성에게 상향 이동과 편한 삶을 약속하셨다고 전제하는 현대적 관점을 취한다면 우리는 이생의 시험과 시련에 대비하지 못할 것이다.[1] 예수님은 제자들에게 날마다 십자가를 지라고 말씀하셨다(마 16:24). 그리고 이 세상의 악 때문에 그분의 형상을 지닌 이들이 많은 시험을 당할 때 놀라지 말라고 하셨다(요 16:33).

대부분의 신자는 일용할 양식을 얻는 정도의 직업 안정성을 경험할 뿐이다. 재정이나 직업적 성공이라는 축복을 경험하는 일부 그리스도인들은 하나님의 목적에 따라 넉넉하게 베푸는 특별한 의무를 받기도 한다. 그럼에도, 하나님이 우리 각 사람을 성공이나 재정적 안정, 심지어 일용할 양식이 위태로워질 정도로 악에 맞서도록 부르시는 때가 온다는 것을 알지 못한다면, 우리 중 누구도 타락한 세상의 타락한 피조물에 불가피하게 닥치는 도전에 대비하지 못할 것이다.

용인된 악

국제 경제 정세로 인해 내가 목회하던 지역의 농업과 광업이 무너지기 시작했을 때 대형 인쇄 회사가 등장하여 많은 사람을 고용하자 살길이 보이는 듯했다. 하지만 경쟁사의 위협을 받게 된 이 회사는 평판 있는 회사가 해서는 안 될 인쇄물, 곧 음란물에서 활로를 찾았다.

회사는 그 지역 모든 마을과 교회로부터 사람들을 고용했다. 시절이 힘들고 가족을 먹여 살려야 하니 어쩔 수 없다는 설명을 모두가 용인했다. 하나님도 달리 기대하시지는 않을 것이다, 그렇지 않은가? 그 질문에 대한 대답은 그 지역 밖에 있는 사람들에게는 분명했지만, 실업과 가족의 안정, 지역 경제 전체의 생명줄을 잃을 위험에 처한 사람들에게는 아니었다. 지역 목회자들이 지위를 내려놓을 위험을 감수하고 한데 뭉치고 나서야 교회 핵심 지도자들도 더 용감한 태도를 보일 수 있었다.

동료와 가족들의 반대에도, 평신도 지도자들은 가족의 생계유지보다 영혼이 더 중요하다는 확신에 따라 행동했다. 이 지도자들은 악이 실재하고 하나님은 우리가 그 악을 거부하기를 원하신다고 믿었기에 이 땅에서 자신들에게 소중한 모든 것을 내려놓았다. 공장에서 음란물을 제작할 때마다 생산 설비를 비웠다.

외부인들은 이들이 더 좋은 결정, 더 힘들거나 더 빠른 선택을 했을 수도 있다고 생각할지 모르겠다. **당신이** 잃을 게 없을 때 타인의 행동을 판단하기는 쉽다. 하지만 가족의 행복과 대대로 농업이나 광업에 종사하면서 살아온 지역사회의 지속성을 담보로 한 이들에게, 사탄의 영향력을 짓밟으려는 조치는 곧 일터에서 십자가로 나아가는 조치였다. 악을 진정한 영적 위협으로 평가하고 악에 대한 거부를 성경적 책임으로 간주했기에 그런 행동을 취할 수 있었다.

국제 경쟁과 급변하는 과학기술, 인터넷 음란물 때문에 그 인쇄소는 결국 문을 닫았다. 그 무렵에는, 교회마다 확실한 태도를 보여서 신실한 그리스도인들은 대개 은퇴하거나 회사를 떠났다. 그리고 다행스럽게도, 부모들이 더 거룩한 선택을 한 덕분에 자녀 세대는 다른 회사나 산업에서 자리를 잡았다. 이 지역은 계속해서 경제적으로 어려움을 겪었지만, 땅의 안정감을 내려놓은 하나님 일꾼들의 용기 있는 행동은 하나님을 사랑하고 악에 맞서 십자가의 영광을 견뎌 낸 이들에게 영원을 보장하는 그분의 수단이 되었다.

타인의 악

예수님은 세상의 악이 그분을 따르는 이들을 위협할 것이라고 솔직하고 분명하게 말씀하셨다. "내가 너희에게 종이 주인보다 더 크지 못하다 한 말을 기억하라 사람들이 나를 박해하였은즉 너희도 박해할 것이요"(요 15:20). 그 악은 다양한 형태로, 예수님의 경고가 없었다면 우리가 예상하지 못한 곳에서 올 수 있다.

제임스 콘(James Cone)은 미국 남북전쟁 이후 남부의 예배 환경에서 아프리카계 미국인이 경험한 내용을 다음과 같이 남겼다.

> 백인 사회 통치자들에게서 아무것도 아닌 존재로 취급받는 엿새가 지나고 일주일의 첫날인 안식일에 흑인들은 교회에 가서 전혀 다른 인간성의 정의를 경험했다. … 흑인들은 교회에 가서… [예수님이] 백인들이 빼앗아 갈 수 없는 의미를 자기들의 삶에 부여하신 것을 깨달았다. … 그런 확신 덕분에 흑인들은 월요일 아침에 또다시 '윗사람'을 마주할 수 있었다.[21]

원래 이 흑인들에게 그들이 하나님의 형상대로 창조되고 구세주의 사랑을 받았다고 가르친 사람들은 노예들의 설교자, 때로는 노예 자신이기도 했다. 주인들은 일터에서는 노예가 인간이며 하나님의 형상을 지녔다는 사실을 부인했다. 예배를 드릴 때는, 말이 안 될지언정 어쩔 수 없이 둘 다 인정했다.

물론, 스스로 그리스도인이라고 고백하는 사람이든 아니든, 죄인들에게서 일관성을 기대하는 것이 무리인지도 모른다. 오히려 모든 그리스도인은 관심이나 안정감으로 둔갑한 악을 경험한 아프리카계 미국인들을 타산지석으로 삼아야 한다. 악이 억압, 괴롭힘, 거짓 가치관으로 위장할 수 있고, 우리에게 안정감을 준다고 철석같이 믿고 있는 바로 거기에서 우상 숭배의 유혹이 비롯될 수 있음을 알아야 한다.

우리 교회 건물이 손볼 수 없을 정도로 낡게 되자, 교인들은 자신들의 형편을 넘어설 정도로 새로운 시설을 짓기 위해 애썼다. 성경적 우선순위에 충실한 새 건물은 아름다운 예배 공간만이 아니라 그리스도의 마음으로 지역사회를 섬길 수 있는 시설을 제공해 주었다.

이미 다른 교회를 여럿 건축했던 계약자는 우리 교회의 가치관에 공감했고, 우리는 기초가 놓이고 벽체가 올라가는 모습을 보며 기뻐했다. 그다음으로 배선과 배관 작업이 시작되어 도시에서 감독관이 왔다. 그는 건물이 지역 건축법 규정을 어겼다면서 비용이 많이 들어가는 대대적인 조정이 필요하다고 알려 주었다.

교회 건축위원회에서는 그 즉시 건축업자를 만나 어떻게 이런 실수가 생겼는지 조사했다. 그의 반응은 모두를 경악하게 만들었다. "아, 여러분이 건축물에 대한 요구 사항과 비용을 말씀하셨을 때 건축법을 지켜야 한다는 말씀은 없으셨잖아요. 그런 문제를 해결할 방법은 다 있거든요. 교회 제직회에 시의회 의원은 안 계십니까?"

그는 영리한 사람이었지만, 그가 전하려는 메시지는 분명했다. 이

가격에 건물을 짓고 싶다면, 시 관계자들에게 부적절한 방법으로 영향력을 행사해서라도 안전 규정을 피해 갈 방법을 찾으라는 것이었다. 도덕이나 안전이나 그리스도를 증언하는 것 따위는 신경 쓰지 말고, 어떻게든 건물을 짓기만 하면 된다.

수십 년이 지나고 나니, 우리가 내린 결정이 확실하고 쉬워 보인다. 우리는 다시 교인들을 만나 문제점을 이야기하고 일부 교인들에게서 분노와 비난을 들어야 했다. 그런 다음, 신실한 교인들에게서 기금을 더 모아서 안전하고 제대로 된 방법으로 문제를 해결했다. 하지만 당시에는, 불확실성과 압박이 너무 컸던 탓에(교인들이 추가 비용을 감당하려고 할까? 교인들을 이런 어려움에 빠뜨린 지도자들을 지지해 줄까? 이런 상황까지 끌고 온 목회자를 계속해서 신뢰해 줄까?) 원래 계약자의 제안이 솔깃하기도 했다.

교회 건물을 지어 우리의 예배를 보장해 주리라고 믿었던 바로 그 사람이 우리의 원칙을 내던지고 교회의 증거와 가족의 행복을 위태롭게 만들도록 유혹한 사람이었다니. 교회 지도자들이 이 계약자의 제안을 악하다고 판단하고 다른 길을 선택한 것에 대해 하나님께 감사한다. 또한 하나님의 백성이 기꺼이 그 길을 걷기로 한 데 대해서도 하나님께 감사드린다. 하지만 나로서는 이런 이야기가 항상 좋은 결말로 끝난다고 장담하기 힘들다.

악의 시험

타락한 세상에서는 늘 그럴 것이다. 최후의 승리는 하나님께 있다 하더라도 악이 번성할 수 있다. 그날이 오기까지는 (우리와 함께 일하는 사람들의) 속임수와 부정직, 불성실과 난관에 끊임없이 부딪힐 것이다.

우리는 우리에게 맞서는 악이 우리 안에 있는 잘못이나 약함 때문이라고 생각하려는 경향이 있다. 그럴 수도 있다. 하지만 세상에서 우리의 잘못이나 실패로 간주하는 것은 대부분 우리가 초래하지 않은 결과라서 이생에서는 어찌해 볼 수 없는 문제인 것도 사실이다. 목회자, 사업가, 전문직 종사자, 부모, 교육가, 장인 등은 그리스도가 다시 오실 때까지 그리스도인의 삶에서 "불같은 시험"이 당연히 존재한다는 사실을 모두 알아야 한다.

그래서 우선은 분명한 사실은, 그리스도를 위하는 사람들은 악에 맞서야 한다는 것이다. 예수님은 그것이 불가피하다고 말씀하셨다. 또한 분명한 사실은, 직장 생활의 문제점이나 직업상의 시련이 반드시 그리스도인이 무슨 일을 잘못했거나 하나님이 실패하셨다는 표시는 아니라는 것이다. 우리는 타락한 세상에 살고 있고 악은 우리에게 상처를 줄 수 있으므로 신실한 그리스도인이라면 박해와 시험과 비극을 만날 것이다. 예수님께 그런 일이 생겼다면, 그 길을 따르길 원하는 우리에게도 당연히 그런 일이 생길 것이다.

악은 온 세상에 만연하기에 우리 일은 악을 거부할 의무와 기회를 줄 뿐 아니라, 우리를 영적으로 공격하는 사탄의 무기고에 늘 자리한 무기이기도 하다. 하나님의 영광을 널리 전파하도록 계획된 우리의 직업이 사탄이 우리 삶에 악을 확장하는 수단이기도 하다는 말이 이상하게 들릴지도 모르겠다. 하지만 우리는 그것이 사실임을 안다.

변형된 악

모든 직업에는 구세주와의 영적 연대를 형성하고 변형할 기회가 있다.[3] 악을 거부하고 하나님 나라 목적들을 전파하며 그리스도를 공경하는 관계를 세우려 애쓰고 거룩한 성품을 드러냄으로써 성령님은 우리를 습관과 마음이 그리스도를 닮아 가는 그분의 제자로 빚어 가고 계신다. 반대로, 우리가 직장에서 악한 세력에 굴복할 때는 하나님의 계획을 왜곡하는 변형된 모습이 점점 더 우리를 지배하게 된다.

타락한 세상에 악이 만연하기 때문에 우리는 이런 기형적인 모습이 타락으로 인한 우리와 일의 왜곡된 관계의 결과일 때가 많다는 점을 인식해야 한다. 다른 사람들의 우선순위가 하나님이 우리의 유익과 그분의 영광을 위해 만드신 일을 지배할 수 있다. 그런 미묘한 악을 경계하지 않으면 거기에 미혹되기 쉽다.

우리가 부지런히 일하고 하나님이 주신 재능과 기술을 잘 관리하면서 마땅히 취해야 할 즐거움이 가족이나 하나님의 안식, 인생의 아름다움과는 동떨어진 일 중독자를 양산하는 야망으로 왜곡될 수 있다.

우리가 열심을 내서 하나님께 영광을 돌리고 가족을 부양해야 하는 좋은 일이 이기적인 자만심이나 인정 중독을 만족시키려는 수단이 될 수 있다.

하나님의 자비로우신 선물인 힘과 지능이 남과 경쟁하여 이기는 수단에 그치고, 인내는 약함으로, 긍휼은 마케팅으로, 온유함은 쓸모없는 것으로 여겨진다.

생산성과 창의성의 대가로 받는 소득과 공급이 하나님의 돌보심을 찬양하는 원인에서 자기 중요성을 채워 주거나 더 가진 자의 소유를 탐내는 우리를 괴롭히는 비교의 근거로 바뀐다.

나는 기독교 지도자로 단체와 교회의 기금을 모으는 일을 하면서 세계 최고의 부자들을 만날 기회가 자주 있었다. 사역 초기에, 온당한 정신을 유지하려는 기금 모금자라면 누구나 염두에 두어야 할 격언을 배웠다. "기부자의 생활 방식을 탐내지 말지어다." 부유한 사람들을 만날 때면 하나님이 왜 '나처럼 선한' 사람은 똑같이 선대하시지 않았는지 의문을 품는 덫에 빠지기 쉽다. 여러 기독교 단체의 생명줄과도 같은 자산가들에게서 성격 결함을 자주 목격할 때는 더더욱 그런 생각이 든다.

세 가지가 내게 도움이 되었다. (1) 하나님이 복 주셔서 그분의 사역을 돕게 하셨다고 믿는 진짜 겸손한 부자들을 목격한 것, (2) 하나님의 목적을 위해 부자가 된 사람들에게는 남들은 감당하기 힘든, 하나님 나라의 관심사와 자신들의 재산을 유지할 책임이 있음을 발견한 것(그렇지 않았다면 하나님은 그런 부를 허락하시지 않았을 것이다), (3) 사회에서 얼마나 큰 부자든 간에, 그들도 나와 똑같이 집에서 보내는 시간의 95퍼센트는 침대와 냉장고, 디지털 화면 사이를 오간다는 사실을 기억하는 것.

미국에서는 가난하다고 생각되는 사람들도 다른 지역이나 다른 시대 사람들과 비교하면 상대적으로 풍요를 누리며 산다. 그렇지만 당신이 일하는 사무실이나 단체의 모든 사람이 직급과 인정과 소득을 위해 경쟁하는 상황에서 그 점을 기억하기란 쉽지 않다.

다른 사람이 당신의 행복에 대한 기준을 세우도록 내버려 둔다면, 하나님이 우리를 보살피시려고 공급하시는 물질이 우리 마음의 우상이 되기 쉽다. 스티븐 스미스(Stephen Smith)는 노골적이고 고통스러울 정도로 솔직하게 설명한다.

내가 여기서 하려는 말은 평생 함께 일했던 수많은 지도자의 마음속에서 긁어모은 것들이다. 그들은 재계나 일부 기독교 사역에서 지도자 위치에 있는 사람들이었다. 이 선한 사람들도 일하다가 어느 순간 난관에 봉착했다. 어떤 사람은 실수를 저지르고, 어떤 사람은 엄청난 참상을 남겼다. … 미끄럽고 위험천만한 성공의 비탈길을 오르려 애쓰는 지도자들을 보면서 수많은 절망을 목격했다. 사실 그들은 바닥에서 지옥 같은 기분을 느끼고 있다. 실제로, 그들은 지옥에서와 같은 아픔을 느낀다.

나도 그렇게 길을 잃은 사람 중 하나였음을 이 책에서 고백하려 한다. 성공을 약속하는 약을 곧이곧대로 삼켰다. 수년간 직업이라는 독주를 들이켠 나머지 리더십에 취해 버렸다. … 내 삶에는 일밖에 없었다. 일은 내게 모든 것을 약속하지만 결국에는 나를 빈털터리로 만든 정부(情婦)였다.[4]

스미스가 말하려는 내용을 이해하는 핵심은 이렇게 비뚤어진 욕망으로 일한 이들이 "일부 기독교 사역"에 종사한 "선한 사람들"이었다는 언급이다. 그들도 살다가 "실수"를 저지르고, 타인의 삶에 "참상"을 남길 수 있다는 것이다.

선한 사람들의 악

우리는 어떻게 악이 부도덕한 행위, 불공정한 승진, 억압적인 감독, 맹목적 야망, 무자비한 부당 이득, 부정직한 사업 행위 등의 형태로 승리할 수 있는지 이해할 수 있다. 우리가 인정하기 힘든 사실은 이 모든 일이 "선한 사람들"에게서 나올 수 있(고 대개 그렇)다는 것이다.

나는 경력 대부분을 기독교 단체 지도자로 일했다. 그런 환경에서 도둑질과 거짓말, 억울한 고소와 협박을 받고, 단체나 이사회에서 쫓겨나고, 신뢰했던 사람들과 친구들에게 배신당하고, 다른 사람의 잘못된 행동으로 비난을 받았다. 이런 사연은 끝없이 이어진다.

두려움 때문에 자기 의무를 내팽개치고 도망친 친구, 질투심 때문에 원칙을 무시한 동료, 정욕 때문에 결혼 생활이 무너진 지도자도 보았다. 중요한 사람이 되고 싶은 갈망 때문에 경건한 협력자가 중상모략자로 변하고, 야망 때문에 온유한 목자가 음모를 꾸미는 늑대로 변한다. 이들은 개인의 승진을 위해서라면 단체와 친구들, 자기 가족마저 희생하는 것을 마다하지 않는다.

이 목록을 만들면서 연관된 사람들을 떠올리면 두 가지가 생각난다. (1) 이런 악행을 저지른 사람 중 한 사람도 빠짐없이 모두가 스스로 그리스도인이라고 고백했다. (2) 이 목록을 본 독자들이 나를 단체를 망가뜨린 형편없는 지도자로 결론을 내리는 것도 무리가 아니라고 생각한다. 어쨌든 내가 일을 제대로 했다면, 사람들이 하나님을 공경하면서 살도록 격려할 수 있지 않았을까? 좋은 경영이 좋은 결과를 내지 않았겠는가? 간단하게 답하자면, 꼭 그렇지만은 않다. 그러나 악에 대한 건전한 신학이 없다면, 우리는 그렇게 대답할 준비가 되어 있지 않을 것이다. 그 신학의 한 가지 핵심 측면은 이렇다. "하나님 한 분 외에는 선한 이가 없느니라"(막 10:18). 예수님이 하신 말씀이지만, 그 말은 내가 믿고 싶은 신학과 정면으로 충돌한다.

선한 사람들은 악에 정복되지 않는다고 믿고 싶다. 그들의 잘못과 두려움과 편견이 그들을 이기지 못할 것이라고 믿고 싶다. 내가 제대로 관리하고 사람들을 공정하게 대하고 충분히 격려하고 훌륭한 본보기를 마련하면, 주님이 항상 성공을 허락하시리라 믿고 싶다. 직업 세계는 그래야 한다는 것이 내 직감이다. 그래서 회사에서 대표를 쫓아내거나 교회에서 목사를 쫓아낼 때, 이사회에서 회장을 거부할 때, 조직에서 오래된 단체장을 반대할 때, 혹은 회사가 도산할 때 나는 그 지도자가 무능하거나 뭔가 잘못했다고 가정한다.

내가 직접 그런 거절이나 실패를 경험하고 나서야 비로소 이런 상황에서 악을 고려하게 되었다. 물론 내 부족함이 우리 조직과 직원들이 어려움을 겪는 한 가지 확실한 이유일 테지만, 유일한 이유는 아니다. 성경은 성공과 실패에 대한 흑백논리에 반박하는 이야기들로 하나님 백성의 복잡한 성격과 그 지도자들이 맞닥뜨리는 더 큰 도전을 주의 깊게 일깨워 준다.

민수기에 나오는 이스라엘의 반역에 이르기까지 모세는 40년간 언약 백성을 인도했다. 그는 그들을 종살이에서 건져 내 홍해를 건너 광야를 지나 수많은 적과 수많은 전쟁을 치르면서 여기까지 왔다. 모세는 이스라엘 백성을 위해 왕족의 지위를 포기하고, 무력한 사람들을 변호하고, 리더십을 공유하고, 용기를 보여 주고, 겸손히 하나님과 동행했다.

그는 우상을 숭배한 사람들을 살려 달라고 하나님께 애원하기도 하고, 하나님과 함께 우상 숭배를 처벌하기도 했다. 하나님 백성을 선하고 안전한 길로 인도할 율법을 전달했다. 백성이 율법을 어길 때 속죄하기 위해 성막을 세웠다. 그의 기도로 굶주린 자들에게 만나가, 불평하는 자들에게 고기가 내렸다. 그의 순종으로 광야 바위에서 물이 나와 반역한 자들이 갈증을 풀었다.

그러나 그의 모범적인 리더십에도 불구하고, 모세가 친히 그 백성에 대해 증언한다. "회중이 물이 없으므로 모세와 아론에게로 모여 드니라 백성이 모세와 다투어 말하여"(민 20:2-3). 그전에는, 모세가 그들을 바로의 손에서 구해 냈는데도 그들은 광야 생활이 힘들다는 이유로 모세를 죽이려고 위협했다(민 14장). 백성이 모세를 다른 지도자로 교체하거나 다른 신을 찾거나 애굽으로 돌아가려 한 경우는 수도 없이 많다. 하지만 이 모든 반역과 거부 행위보다 더 실망스러운 것은 문제의 근원이었다. 모세에게서 돌아선 사람들은 단순한 폭도와 변절자들만이 아니라, 신뢰받는 지도자들과 모세의 가족, 곧 아내와 형제자매였다. 이들은 돌아가면서 모세에게 의구심을 품고 그를 힐난하며, 다른 사람들이 모세를 배신하게 하거나 모세가 하나님을 배신하게 만들려 했다.

물론 모세가 지도자로서 부족한 부분도 있었겠지만, 이런 성경 본문들이 강조하는 것은 지도자로서 그의 실패가 아니라, 다른 사람들의 악에 신실한 인내로 맞서는 모범적인 리더십이다. 요즘 상황에서도 리더십 문제가 조직의 위기를 초래할 수도 있겠으나, 타락한 세상의 현실 때문에 지도자와 단체는 (지도자가 초래하거나 그들의 잘못 때문이 아닌) 타락한 세상의 악과 도전을 대면하기도 한다.

악의 종말

주님은 (끔찍한 방해처럼 보이는 일들도 포함하여) 조금 약한 악의 도전을 사용하셔서 지도자들이 앞으로 다가올 더 큰 도전에 대비하게 하실 수도 있다. 기독교 지도자들은 대개 말년에 큰 문제에 봉착하는 경우가 많은데, 우리가 보기에는 뜻밖일 수도 있다. 경험 많은 지도자라면 다양한 도전을 겪으면서 조직을 이끄는 전문 지식을 습득하기에 사역 후반으로 갈수록 생산적이고 평탄할 것으로 생각되기 때문이다. 사실은 정반대인 경우가 많다.

유능하고 노련한 지도자들이 성공의 보상과 함께 실패 가능성도 가장 큰 경력의 정점에서 가장 큰 도전에 봉착할 때가 자주 있다. 개인의 능력과 경험이 아무리 뛰어나더라도, 타락한 세상의 현실은 그 누구의 지혜와 기술도 뛰어넘는 경제력과 인간성과 악이 존재한다는 사실을 늘 우리에게 가르칠 준비가 되어 있다.

내가 재계와 교계에서 매우 존경하는 지도자들은 말년에 큰 도전에 부딪힌다는 사실 때문이 아니라, 그 도전의 잦은 원인 때문에 놀라곤 했다. 이 기독교 지도자들은 방심하다가 당혹감을 느꼈다. 악에 대한 신학을 알고 있음에도, 자신들의 경험을 믿고 마지막 모험의 성공을 위해 필요한 리더십을 제대로 갖추었다고 확신했기 때문이다. 이들은 자신들이 무엇을 기대하고 그것을 어떻게 다루어야 할지 잘 안다고 생각했다.

느지막이, 공격적으로, 뜻밖에 찾아오는 악의 원인은 바로 하찮은 문제나 질투, 야망, 탐욕의 지배를 받은 선한 사람들이었다. 훌륭한 리더십이라 해도 삶의 모든 위기와 악의 도전을 막지는 못한다. 그런 리더십은 신실한 순종으로 반응하고, 하나님이 그분의 시간에, 그분의 방식으로 단체(와 그 지도자들)에 가장 좋은 것을 공급하실 것을 신뢰한다. 이것은 우리의 기술로, 혹은 고통 없이 모든 악을 극복할 수 있다는 뜻이 아니다. 이 망가진 세상에서 얼마간의 패배와 실망, 고통은 피할 수 없다. 예수님은 십자가로 가셨다. 좋은 리더십이라고 해서 다 성공하거나 살아남는 것은 아니다.

내 안의 악

어떻게 우리는 세상의 악과 타인의 배신을 견딜 수 있을까? 악의 평범함을 고백하고 하나님의 신실하심을 신뢰하는 것, 이 두 가지가 답이다.

우리는 악으로 고통당할 때 더 많은 악의 유혹에 빠지기 쉽다. 물론, 우리가 저지른 모든 잘못에 변명을 늘어놓고, 상처와 실패를 남 탓만 할 수도 있다. 그렇게 하는 타당한 이유가 있기도 할 것이다. 하지만 혹여 그렇더라도 그런 관점을 계속 키우면서 고통 가운데 허우적거리기만 한다면, 고립과 의심, 절망, 냉정한 마음, 하나님과 다른 사람에 대한 불신 같은 또 다른 유혹으로 이어질 수 있다.

배신당하고 상처받고 상실로 인해 당혹스러울 때 우리는 자연히 쉴 곳을 찾게 된다. 치유의 시간이 꼭 필요할 수는 있지만, 깊은 관계에 영구적으로 마음을 닫는다면 그리스도가 우리에게 맡기신 재능과 은혜를 사용하지 못하게 된다. 우리에게 상처를 준 일의 소득과 특권을 누릴 만한 일을 다시 할 수 없다고 해도, 세상에는 우리의 경험과 돌봄, 하나님의 은혜에 대한 지식이 필요한 상처 입은 영혼이 많다. 우리가 자기 연민에 빠져 반복해서 자신의 상처를 핥기만 한다면, 필시 하나님의 섭리를 의심하고 그분의 돌보심을 왜곡할 것이다.

인간에게 고난이 있다는 사실이 하나님의 선하심이나 그 종들의 쓸모를 부인하지 않는다. 성경에서 선지자와 사도, 하나님의 뜻을 행한 사람들은 이 세상의 악 때문에 큰 고난을 받았다. 모세는 자기 동족에게, 다윗은 친구들과 가족에게, 바울은 선교 여행 동료들에게, 예수님은 제자들에게 배신당했다. 성경에 나오는 가장 이상적인 아버지(하나님을 표현한다)는 두 아들 모두에게 무시당했다(눅 15:11-32). 우리 중에 이 성경 인물들에게 가서 "당신이 더 좋은 리더나 관리자, 하나님의 종이었다면 이런 끔찍한 일은 없었을 겁니다."라고 말할 만큼 대담한 사람은 없을 것이다.

실패 경험도, 믿었던 사람들의 이중성도, 우리가 하나님이 원하시는 일을 하지 못했거나 여호와가 더는 우리에게 아무 목적이 없으시다는 것을 증명하지 못한다(시 41:9). 토저(A. W. Tozer)는 "하나님이 어떤 사람에게 큰 시련을 주시기 전까지 그에게 정말 큰 복을 주실 수 있는지 의심스럽다."라고 썼다.[5] 그런 상처를 통해 우리는 자신의 연약함과 근거 없는 자신감을 의지하지 않고, 그리스도를 떠나서는 아무것도 할 수 없다는 거룩한 인정에 도달할 수밖에 없다(요 15:5 참조). 그런 고백이야말로 우리 삶을 향한 하나님의 부르심을 의지하는 영적 능력의 진정한 근원이다.

악의 해독제

우리는 그리스도와 영적으로 하나 될 때만이 악의 시험을 통과하여 하나님의 부르심을 성취할 수 있다. 마음이 분노로 가득하거나 냉담과 불신이 가득하다면 도저히 악을 이길 수 없다. 깊은 상처로 인해 지혜를 얻고 인간관계에 신중해질 수는 있지만, 우리가 다시 사랑하고 신뢰할 수 없다면 기쁨을 재발견하거나 예수님을 드러내지 못할 것이다.

우리가 당하는 시험과 위기는 모든 것이 가능한 그분만을 의지하라고 가르쳐 준다(빌 4:13). 성경이 우리에게 "가까운 친우"나 "귀인들을 의지하지" 말라고 하는 이유는 악은 모든 사람의 마음속에 있어서, 누구라도 남을 배신하고 포기하고 이기심을 드러낼 수 있기 때문이다(시 55:13; 146:3). 우리는 어떤 직업이나 인물, 지위를 우상으로 삼아서는 안 된다. 그런 것이 기쁨의 근원이라거나 하나님의 사랑을 보장해 준다고 생각해서는 안 된다.

그렇다고 해서 다시는 다른 사람을 믿거나 소중히 생각해서는 안 된다는 뜻은 아니다. 과거의 아픔에도 불구하고, 우리는 하나님이 다른 사람들의 삶에서 하고 계신 구속 사역에 감사하고 거기 참여하는 일로 부름을 받았다. 우리 자녀는 우리의 다정한 보살핌이 필요하고, 우리 이웃은 우리 안에서 그리스도를 보아야 하며, 우리 원수는 그리스도가 우리를, 혹은 우리가 그리스도를 버리지 않았다는 사실을 우리가 믿는다는 것을 보아야 한다.

다른 사람들이 또다시 우리의 신뢰를 남용하거나 우리의 보살핌을 악용할 수도 있다. 누군가는 반드시 그렇다는 것을 거의 확신할 수 있다. 하지만 악한 세상에서 예수님을 드러내기로 부름 받은 사람들은 예수님의 가슴에 있는 사랑을 확장한다. 그렇게 해서 언젠가는 우리 가슴을 아프게 하는 일이 반드시 생기더라도 말이다. 사도 베드로는 이렇게 설명한다. "이를 위하여 너희가 부르심을 받았으니 그리스도도 너희를 위하여 고난을 받으사 너희에게 본을 끼쳐 그 자취를 따라오게 하려 하셨느니라"(벧전 2:21).

우리는 다른 사람들의 신실함에 행복의 근거를 두지 않을 만큼 인간의 결점에 충분히 현실적이어야 한다. 또한 하나님의 섭리와 영원한 보살핌을 절대 의심하지 않을 만큼 십자가에 집중해야 한다.

악의 부정

우리는 그 백성의 일부가 예수님을 포기했기 때문에 그분이 우리를 버리셨다고 믿어서는 안 된다. 환경이 변했기 때문에 구세주가 우리에게서 등을 돌리셨다는 거짓말을 믿어서는 안 된다. 하나님의 돌보심을 의심하려는 유혹이 들 때마다 우리는 갈보리로 눈을 돌려 거기서 증명된 부정할 수 없는 진리에 우리 영혼을 맡긴다. "그분은 나를 사랑하신다!"

처음 사역을 시작했던 노동자 계층 교회에서, 나는 광부와 농부들의 고단한 삶을 통해 그리스도의 십자가가 매일의 시험과 반복되는 비극에 그들을 어떻게 대비시켜 주는지 배웠다. 그들은 회사의 과실로 인한 탄광 사고로 일을 못 하게 된 어느 젊은이의 이야기를 들려주었다. 동료들이 성공해서 집을 짓고 가정을 꾸리는 동안, 이 남자는 그런 축복을 누리지 못하고 누추한 집에서 나이를 먹으며 무너져 내리고 있었다.

어느 날, 한 청년이 이 노인에게 와서 물었다. "이렇게 큰 상처를 준 악한 일들에도 불구하고 왜 어르신은 하나님이 어르신을 사랑한다고 믿으십니까?" 노인이 미소를 지으며 대답했다. "때로 사탄이 내 방에 찾아와 전에 함께 일했던 사람들을 창밖으로 가리키곤 하는 건 사실입니다. 그들은 내게는 없는 가족도 있고, 집도 있고, 건강도 있죠. 그러고 나서 사탄이 묻습니다. '정말로 예수가 당신을 사랑한다고 믿어?'"

그의 솔직함이 청년의 허를 찔렀다. 놀란 청년이 다시 물었다. "사탄이 그런 질문을 던지면 무어라고 말씀하십니까?"

노인이 대답했다. "제가 사탄의 손을 잡고 갈보리라는 언덕으로 인도합니다. 거기에서 이마의 가시와 손과 발에 박힌 못, 창에 찔린 옆구리를 가리켜 보여 주고는 이렇게 말하죠. '예수님이 나를 사랑하시지 않는다고!'"

악의 고백

우리는 하나님의 영원하고 변치 않는 돌보심을 보여 주는 갈보리의 생생한 이미지가 필요한데, 다른 사람들뿐 아니라 우리도 그리스도의 목적들을 배신하기 때문이다. 이 장의 많은 부분은 직장에서 남이 우리에게 저지를 수 있는 잘못을 다루었다. 하지만 우리는 다음과 같은 성경의 진리도 마주해야 한다. "사람이 감당할 시험밖에는 너희가 당한 것이 없나니"(고전 10:13).

그리스도인으로 첫발을 내디뎠을 무렵, 나는 세상에 있는 다른 사람들도 내 안에 있는 분노와 절망과 정욕을 다 가지고 있다고 믿으면서 이 구절에서 위로를 얻었다. 그 말은 사실이고, 어느 정도 위안이 되기도 한다. 어쨌든 비극은 함께할 친구를 좋아하니 말이다. 나는 이런 식으로 죄를 짓는 사람이 나 혼자가 아니라서 좋다. 하지만 사도 바울의 이 말씀에는 훨씬 더 큰 위로와 확신이 있다는 것을 배워야 했다.

사람이 감당할 시험밖에는 죄가 없다고 한다면, 다른 사람들도 내 분노와 절망, 정욕을 가지고 있을 뿐 아니라 나도 그들의 죄를 가지고 있다는 것이 사실이다. 우리는 죄를 **공유한다**. 죄는 보편적이다. 모든 사람이 실제로 살인이나 불륜을 저질렀다는 말이 아니다. 하지만 예수님은 누군가를 미워하는 것은 영적 살인이고, 정욕을 품는 것은 마음의 간음이라고 말씀하셨다(마 5:21-30).

육신이나 영혼의 어떤 죄도 특정인에게만 존재한다거나 누구도 거기서 완전히 면제되지 않는다. 모든 사람이 죄의 모든 형태와 정도를 표현하지는 않지만, 모든 죄의 씨앗은 모든 사람의 마음에 이미 존재한다. 이 말을 받아들이기 어렵다면, 예수님의 동생 야고보 사도의 말씀을 다시 한번 곰곰이 생각해 볼 필요가 있다. "누구든지 온 율법을 지키다가 그 하나를 범하면 모두 범한 자가 되나니"(약 2:10).

이제 시작하는 단계든 아주 격렬한 형태든, 아무도 자기 안에 존재하지 않는 죄를 경험하지는 않는다. 씨앗 단계든 만개했든, 모든 죄의 정수는 이미 내 마음속에 자리하고 있다.

타락한 우리의 본성 때문에, 남의 잘못을 판단할 준비가 된 사람은 누구라도 같은 차원의 죄를 범하게 될 것이다(마 7:2). 언제나 열심히 일하는 직원이나 관리자는 없다. 업무 시간에 소셜 미디어를 열어 보기도 하고, 간식 시간은 길어지기 마련이다. 유명 기업가든 윗사람이 엉망진창으로 만들어 놓은 데크를 청소하는 선원이든, 우리는 모두 어떻게든 남을 이용할 방법을 찾는다.

우리 중에 가장 부지런한 사람들은 일중독과 주말을 위한 삶 사이를 오간다. 경비 지출 내용은 대충 얼버무리고 사소한 불평을 늘어놓는다. 배우자를 사랑하면서도 매력이 넘치는 동료나 배달원에 정욕을 품는다. 다른 직업이나 더 좋은 상사, 더 높은 게임 점수를 상상하면서 일의 압박에서 벗어나려 한다.

인간의 공통된 결점을 이해하면 두 가지 중요한 진리를 알 수 있다. 첫째, 나를 배신하고 버리고 아프게 한 사람들만큼이나 나도 예수님의 정결케 하시는 보혈이 필요하다. 유명하고 널리 존경받는 어느 기독교 지도자가 겉으로 드러나는 행동을 한 꺼풀 벗어 내고 자신에게도 계속해서 구세주가 필요하다고 고백하자 친구들은 충격에 빠졌다.

쉰다섯 살 나이에 이 글을 씁니다. 지난 10년 또는 12년 동안 저는 그 어느 때보다 진지하게 제 삶의 과정을 되돌아보았습니다. 생각과 태도, 행동의 특정한 패턴이 드러났고, 그중 일부는 상당히 충격적이었습니다. 내면의 생각과 갈등과 두려움을 정복하고, 미성숙과 자기 중심성에 맞서 싸우고, 다른 사람들과 진실하고 풍요로운 관계를 맺고, 끊임없이 나를 괴롭히는 죄를 정복하고, 거룩함과 하나님과의 교제 가운데 성장하려는 노력에서 번번이 실패한 모습을 되돌아보게 되었습니다. 이제 저는 제 인생의 모든 시기가 투쟁으로 점철되어 온 것을 압니다. 그러나 과거를 더 잘 이해하게 되면서, 계속된 실패는

최근 몇 년간의 투쟁을 유독 강렬하고 고통스럽게 만들었습니다.[6]

그런 죄는 나와 당신의 마음속에 있다. 그 죄는 우리가 다른 사람들의 악 때문에 겪는 아픔과 슬픔 이상으로 계속해서 구세주를 아프게 하고, 그분의 영을 슬프게 한다. 그들만큼이나 우리도 예수님의 은혜가 날마다 필요한 존재다.

두 번째 진리는 구세주는 우리에게 악한 일을 한 이 신자들도 우리만큼 사랑하신다는 것이다. 누구라도 죄를 지을 수 있다는 이 사실 때문에 우리는 남을 판단하고 미워하고 하찮게 여기려는 마음을 덜 먹게 된다. 그들도 우리와 똑같이 은혜가 필요하고, 예수님의 보혈이라는 대가로 그 은혜를 받았다.

사람들이 짓는 죄의 정도는 다 다르지만, 모든 사람의 구원에 그리스도의 은혜가 필요하다는 사실은 동일하다. 자신을 희생하신 구세주의 크신 사랑 때문에 우리는 희생이 따르더라도 그분이 사랑하신 사람들을 사랑하게 된다. 예수님이 우리를 위해 생명을 주셨기에 우리도 자신의 비통함과 증오, 분노, 아픔, 되갚아 주고 싶은 욕구를 그분의 목적이라는 제단 위에 내려놓는다.

다음 그리스도의 말씀에 그리스도인 순종의 핵심이 담겨 있다. "너희가 나를 사랑하면 나의 계명을 지키리라"(요 14:15). 우리는 그리스도를 사랑하기에 그분의 명령에 순종하기를 원한다. 그러면 그분의 가장 큰 계명은 무엇인가? 예수님이 우리에게 말씀해 주셨다.

"네 마음을 다하고 목숨을 다하고 뜻을 다하여 주 너의 하나님을 사랑하라"(마 22:37).

우리의 순종은 다른 무엇보다 더, 표현할 수 있는 가장 큰 사랑으로 그리스도를 사랑하는 데 달려 있다. 그래서 우리가 그리스도를 다른 무엇보다 더 사랑한다면, 그 사랑의 특징은 무엇이겠는가? 우리는 그분이 사랑하시는 것을 사랑할 것이다. 예수님은 누구를 사랑하시는가? 소외된 자, 억압받는 자, 세리와 창녀, 외국인, 도둑과 살인자, 우리 이웃과 상사, 우리의 배신자와 원수를 사랑하신다. 예수님을 사랑한다면 그들도 사랑해야 한다(마 5:44). 그래서 예수님은 두 번째로 큰 계명이 첫째 계명과 같다고 말씀하셨다. "네 이웃을 네 자신같이 사랑하라"(마 22:39).

나도 죄인의 한 사람인 까닭은 우리가 죄를 공유하기 때문만이 아니라, 모두가 구세주와 그분의 사랑이 필요한 존재이기 때문이다. 그런 관점에서 본다면 내 마음에서 자존심과 비통함이 빠져나가고, 끊임없이 재연하는 고통과 앙갚음하려는 욕구를 그리스도의 용서의 메아리가 밀어낸다. 그리스도를 향한 사랑을 불러일으키는 나를 향한 그분의 크신 은혜 그리고 그분의 죽음으로 구원하신 사람들을 기억할 때 그 용서의 메아리는 아픔과 상처의 소리를 가라앉힌다.

내가 구세주를 공경하기 위해서 정의에 대한 욕구나 판단을 포기할 필요는 없지만, 그것들을 추구하는 과정에서 그분의 목적을 해칠 수 있는 비통함이나 분노를 마음속에서 제거해 달라고 그분의 도우심을 구해야 한다.

　용서하지 않는 마음은 그 마음을 품은 당사자를 망가뜨리는 산(酸)과 같다는 말이 있다. 그러니 의나 보상을 바랄 때는 분노하는 마음이 없어야 한다. 어떤 형태의 증오든(부당하고 불의한 상처에서 비롯된 것조차도) 우리를 망가뜨려서 마음을 강퍅하게 하고, 우리에게 상처를 준 사람들이 우리 관계까지 망치도록 허용하게 된다.

악의 용서

　용서(forgiveness)와 사면(pardon)을 혼동했다는 이유로 용서하지 않는 일이 없도록 해야 한다. 성경적 용서는 우리나 다른 사람들에게 상처를 준 사람들에 대한 사면(즉 모든 결과로부터 보호해 주는 것)을 요구하지 않는다. 성경적 용서는 잘못한 사람의 영원과 우리 공동체의 번영에 가장 좋은 것을 찾으려 한다. 그리스도는 우리가 구원받지 못하고 자격 없는 이들에게 하나님의 축복을 전하고 싶은 마음에서 용서하라고 요구하신다. 그러니 정의와 다른 사람들의 안전을 위해 그들의 잘못에 대한 모든 결과를 용서하지 않더라도 우리는 여전히 그들을 용서한다. 그런 용서는 악을 무시하거나 변명하는 것으로 정의되지 않고, 다른 사람들의 영원한 유익과 하나님의 마음 표현에 가장 좋은 것을 바라는 마음의 태도를 견지하는 것이라고 할 수 있다. 용서한다는 것은 **은혜를 베푸는** 것이다.

성경적 용서라고 해서 잘못에 대한 모든 처벌을 없애는 것이 아니라, 처벌 과정에서 모든 악의를 비워 내는 것이다. 개인적인 상처에 대응하는 과정에서, 우리는 잘못의 결과가 무겁거나 가볍거나 완전히 사면해 주는 것이 잘못한 사람의 유익과 공공선에 최선인지를 고려한다(미 6:8; 벧전 4:8). 성경적 용서는 악을 처단하거나 물리치기 위해 애쓸 권리를 부정하지 않는다. 그러나 우리가 추구하는 정의로운 결과는 악을 행한 사람의 궁극적인 유익을 염두에 두지 않은 채 보복으로 행해져서는 안 된다.

이렇듯 악에 복음적으로 반응한 결과, 그것이 우리를 지배하지 않게 된다. 내가 억울하게 당한 것에 어떻게 보복하거나 보상받을지 곱씹어 생각하지 않을 때 상대에게 들은 말이나 내가 미처 하지 못한 말, 내가 하고 싶은 칼 같은 복수의 말이 끊임없이 꿈에 나타나 숙면을 방해하지 않는다. 온종일 끊임없이 앙갚음할 방법만 생각하지 않고, 과거에 내게 해코지한 사람들에 대한 증오로 마음이 무너지는 법이 없다. 본질적으로, 성경적 용서는 우리에게 상처를 준 사람들에게조차 가장 좋은 것을 바란다. 그러면서 우리는 주님이 우리의 정당성을 입증하시고 그분께만 속한 복수를 실행하실 것을 믿는다(시 138:8; 롬 12:19).

이 장을 마무리하면서 이 점을 언급하는 것이 중요할 것 같다. 나는 직장에서 개인적 차원의 악에 대해 주로 설명했다. 그러나 악은 그런 한계를 모른다는 점을 분명히 해 두어야 할 것이다. 악이 사회의 노동 전통, 편견, 구성원, 시장 정책 등을 통해 사회에 만연할 수 있음을 인식하지 못하면, 우리는 앞으로 맞닥뜨리고 맞서야 할 악에 대비하지 못하게 된다.

우리는 개인, 가족, 기회, 직업에 영향을 미치는 부동산 차별, 기업 대출 관행, 투표 제한, 교육 불평등, 수감률 등으로 피부색이나 인종이 다른 사람들에게 부과되는 끔찍한 부담에 눈을 감아서는 안 된다. 그런 악의 문제를 조상 탓을 하거나 정치인과 대기업에 책임을 돌리고 싶은 유혹은 늘 있지만, 다른 사람보다 우월하고 싶은 악한 욕망은 모든 사람의 마음속 어두운 곳에 자리하고 있다.

하나님 백성은 악이 개인의 영혼에 어떻게 침투하는지만 이해하는 것이 아니라, 사회 전체의 제도와 관습에 어떻게 촉수를 뻗치는지 인식함으로써 악에 맞선다. 우리 사회에 만연하고 널리 수용된 악은 눈에 띄기 어려울 뿐 아니라, 그 뿌리를 근절하기는 더욱 어렵다. 구세주가 우리에게서 근절하신 악을 알아차리고, 그 일에 그분과 함께 애쓰는 이들이야말로 이 일에 가장 잘 준비된 사람들이다.

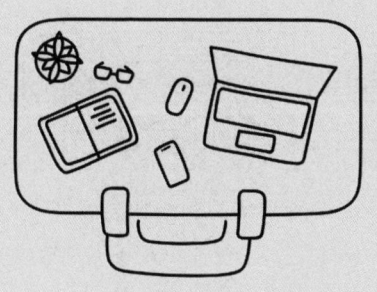

9.

성경적 리더십

　어떤 사람이 레이건 대통령의 전직 군사 보좌관 여덟 명을 모아 인터뷰를 진행했다. 각 보좌관은 교대로 '풋볼'(football)을 지켜야 했다. 풋볼은 대통령 곁에 늘 따라다니는 서류 가방인데, 거기에는 핵무기를 발사할 수 있는 버튼이 들어 있다.

　레이건 대통령의 리더십은 의사소통 기술뿐 아니라 유머 감각으로도 유명했다. 그래서 인터뷰 진행자가 "사람들이 그 가방에 뭐가 들어 있느냐고 물으면 대통령은 어떻게 대답하셨나요?"라고 물었을 때 보좌관들은 다들 미소를 지었다.

　"늘 같은 말씀을 하셨죠. '이 안에는 빨간 단추와 초록 단추가 있습니다. 빨간 단추를 누르면 핵무기가 발사되고, 초록 단추를 누르면 발사가 멈춥니다.' 그리고 나서 잠깐 말씀을 멈추고는 약간 어리둥절한 표정으로 이렇게 묻곤 하셨죠. '아니, 그 반대던가?'" 이 이야기를 들으면 리더십에 뒤따르는 책임만큼이나 각자의 리더십 스타일과 분위기도 다양하다는 생각이 든다.

지도자의 자질

이 장을 쓰면서 내 책장에서 리더십에 관한 책을 모두 살펴보다가 기운이 빠지기 시작했다. 할 말도 너무 많고, 사람들의 기대도 너무 크고, 지도자들에게 요구되는 것도 너무 많기 때문이다.

전설적인 경영 전문가 피터 드러커(Peter Drucker)가 중요하다고 말한 자격을 생각해 보자. 좋은 지도자는 열심히 일하고, 자신의 높은 지위를 특권보다는 책임으로 여긴다. 그런 지도자들은 강하고 능력 있는 동료들을 원하고, 회사나 조직 전체에 힘을 불어넣는 비전을 제시함으로써 그들에게 동기를 부여한다.

드러커는 지도자가 조직에 설득력 있는 비전을 제시하는 것이 중요하다고 강조했다. 하지만 이 비전 있는 지도자들이 지속해서 성공하기 위해서는 변화무쌍한 사업 환경의 운세를 해석하는 것 이외에 다른 것을 의지해야 한다는 점도 명백하다. 기업 컨설턴트 마이런 러시(Myron Rush)는 진정한 지도자는 독자적으로 나서서, 남들이 원치 않는 결정을 내려야 한다고 덧붙인다.

그 밖에도 다른 저자들이 꼽은 지도자의 자질에는 이런 것들이 있다. 지도자는 최선을 얻기 위해 분투해야 한다. 항상 감정을 잘 다스려야 한다. 열심히 일해야 한다. 조직의 에너지, 고객 인식, 직원 지원, 자기 관리 사이의 균형을 유지해야 한다.

이 목록을 읽다 보니(물론, 추가할 수 있는 항목은 무궁무진하다) 이런 자질을 완벽하게 갖춘 지도자가 있을까 싶다. 이런 높은 기준을 고려한다면, 도대체 누가 지도자가 될 자격이 충분할 것인가? 또한 이 목록이 세계 최고의 지도자, 곧 우리 죄를 위해 돌아가시려고 나귀를 타고 예루살렘에 입성하신 분과 어떻게 비교되는지도 궁금하다.

나는 성공한 사람들의 특징과 미덕을 잘 정리한, 경험이 풍부한 지도자들의 통찰을 소중하게 생각한다. 그러나 리더십의 자질에 대해 더 많이 생각할수록, 성경적 지도자는 개인적인 대가나 불리한 환경에도 불구하고 하나님이 주신 은사를 활용하여 그분의 뜻을 지키려는 사람이라는 것을 점점 더 깨닫게 된다. 그런 리더십은 어떤 성공 공식이라기보다는 매일의 일상에 충실한 삶이라고 할 것이다. 기독교 평론가 칼 토머스(Cal Thomas)는 자신이 알았던 그런 지도자에 대해 쓴다.

그는 믿음이 대단했지만, 아내는 알코올의존증이고 딸에게는 심리적 문제가 있었다. 그도 건강이 좋지 않을 때가 자주 있었다. 하지만 시간이 흘러도 그는 절대 불평하는 법이 없었다. 그는 항상 얼굴에 미소를 띠고 나를 만날 때마다 안부를 물었다. 시각장애인 청년이 교회에 오는 길을 성실하게 도와주고, 찬양할 때 그의 귀에 가사를 들려주곤 했다. 그 사람이야말로 진정한 그리스도인 지도자였다.[1]

그 그리스도인 지도자의 본보기를 통해 칼 토머스는 '하나님, 저를 그리스도인 지도자가 되게 하지 마옵소서'(Dear God, Please Don't Let Me Be a Christian Leader)라는 제목의 유명한 글을 쓰게 되었다. 지도자가 다른 사람을 위해 고통과 고난과 희생을 견뎌야 한다면, 우리는 하나님이 계획하신 대로 사람들을 이끌기 위해 큰 대가를 치를 준비가 되어 있어야 한다. 바울은 데살로니가전서 5장 12-15절에서 날마다 신실함의 대가를 치르는 그리스도인 지도자에 대해 이야기한다.

형제들아 우리가 너희에게 구하노니 너희 가운데서 수고하고 주 안에서 너희를 다스리며 권하는 자들을 너희가 알고 그들의 역사로 말미암아 사랑 안에서 가장 귀히 여기며 너희끼리 화목하라 또 형제들아 너희를 권면하노니 게으른 자들을 권계하며 마음이 약한 자들을 격려하고 힘이 없는 자들을 붙들어 주며 모든 사람에게 오래 참으라 삼가 누가 누구에게든지 악으로 악을 갚지 말게 하고 서로 대하든지 모든 사람을 대하든지 항상 선을 따르라.

지도자에 대한 우리의 의무

흥미롭게도, 사도 바울은 조직의 리더십을 논하면서 지도자의 자격부터 이야기하지 않는다. 오히려 사람들이 지도자에 대해 어떤 의무를 지니는지부터 이야기한다. 좋은 리더십이 성장할 토양을 마련해 주는 의무에는 어떤 것들이 있는가? 데살로니가전서 5장 12절은 그 질문에 답을 제시한다. "형제들아 우리가 너희에게 구하노니 너희 가운데서 수고하…는 자들을 너희가 알고." 좋은 지도자를 원한다면, 우리의 첫 번째 의무는 하나님이 허락하신 지도자들을 알아주는 것이다.

조직이 번영하기 위해서는 지도자들을 당연히 존중해야 한다. 나는 군대 장교인 동생과 군용차를 같이 타는 일이 가끔 있었다. 장교와 함께 군부대 정문을 통과하면 보초들이 당신에게 경례한다. 그렇게 경례를 받는 게 얼마나 좋던지! 물론, 군인들이 나를 보고 경례하는 것이 아니라는 것쯤은 안다. 동생을 보고 경례하는 것도 아니다. 군용차의 휘장을 보고 인사하는 것이다. 군인들은 군대가 제대로 돌아가려면 특정 인물이나 그 인물의 자질이 아니라 직위에 존경을 표시해야 한다는 것을 안다.

정치 영역에서도 마찬가지다. 우리가 특정 정치인의 정책에 반대하더라도, 국민이 지도자를 존중하지 않으면 나라가 제대로 돌아갈 수 없다는 건 안다. 그래서 성경은 높은 지위에 있는 사람들을 위해 기도하고 그들을 존중하라고 말한다(딤전 2:1-3). 조직의 목적을 달성하기 위해서는 우리가 지도자들을 존중해야 한다.

앞서 인용한 본문에서 바울은 데살로니가 교인들에게 교회 지도자들을 "그들의 역사로 말미암아 사랑 안에서 가장" 귀히 여기라고도 말한다. "가장"이라는 번역은 원래 그리스어 동사 세 단어를 하나로 압축한 것인데, 마치 "나는 너희가 그들을 매우 엄청나게 귀히 여기기를 원한다!"라는 말과도 같다. 바울이 여기(와 에베소서 3장 20절에)서 사용한 단어는 모든 그리스어 문헌 가운데서 처음으로 등장한다. 바울은 교회가 본연의 기능을 제대로 하기 위해서 우리가 지도자들을 얼마나 귀히 여겨야 하는지 강조하기 위해 이 단어를 만들어 냈다.

다양한 삶의 맥락에서 지도자들을 알아주고 귀히 여긴다는 것은 어떤 의미일까? 까다로운 지도자들이 나오는 구약성경의 두 예시가 그 성경적 의미를 잘 보여 준다.

첫 번째 예는 다니엘서에 나온다. 다니엘 선지자는 오만하고 콧대 높은 독재자 느부갓네살을 섬겼다. 느부갓네살은 하나님 백성이 바벨론에 포로로 잡혀간 시기에 그들을 다스렸다. 그런데 다니엘은 하나님이 그 왕을 심판하시는 꿈을 해석할 때 그를 "내 주"라고 부르고 나중에는 그의 "큰 권세와 영광과 위엄"을 언급하면서 깊은 존경심을 표했다(단 4:19; 5:18). 하지만 이런 존경을 표현하는 한편, 다니엘은 왕에게 죄를 회개하여 끔찍한 결과를 면하라고 촉구했다. 선지자는 담대한 긍휼과 존경하는 마음으로 왕에게 말한다.

두 번째 예는 시리아의 나아만 장군에게 포로로 잡힌 이스라엘 소녀다. 나아만이 나병에 걸린 것을 알게 된 소녀는 여주인에게 이렇게 말했다. "우리 주인이 사마리아에 계신 선지자 앞에 계셨으면 좋겠나이다 그가 그 나병을 고치리이다"(왕하 5:3). 자신을 노예 삼은 장군을 불쌍히 여기고 존경하는 마음에서 소녀는 하나님의 이름으로, 그분의 목적을 위해 일하기 시작했다.

때로는 우리를 이끄는 사람들을 존경하고 귀히 여기기가 쉽지 않다. 하지만 그런 때도 이런 것들이 지도자들이 잘 성장할 수 있는 바탕임을 기억해야 한다. 하나님 백성이 그분의 성품을 닮고 지도자들을 존중할 때 지도자들은 하나님의 기준을 존중하고 그분의 목적을 성취할 수 있다. 또한 바울은 그의 독자들에게 "너희끼리 화목하라"(살전 5:13)라는 말로 좋은 리더십이 자라날 토양을 마련한다. 교회나 기업, 교육 기관 등 사람을 미치게 만드는 데 재능 있는 사람들은 어디에나 있기 마련이다. 그들에게는 문제를 일으키는 특별한 능력이 있는 데다, 그러면서 재미를 느끼는 듯하다. 하지만 사람들이 뭉치지 않고 흩어지기 시작하면, 지도자들은 자신이 해야 할 일을 하기 힘들다.

그래서 바울은 좋은 리더십은 조직에 속한 사람들이 화목하려는 의지, 곧 모욕을 받아들이고 악을 악으로 갚지 않으며 교회, 회사, 조직을 망가뜨리는 불화에 반대하는 의지에서 유익을 얻는다고 일깨워 준다. 지도자들은 자신이 이끄는 사람들이 화목하기에 성공할 수 있다.

「후지어」(Hoosiers), 「라디오」(Radio), 「루디 이야기」(Rudy) 같은 스포츠 영화들은 오합지졸인 팀에 새로운 감독이 부임하면서 시작된다. 시간이 흐르면서 위기가 찾아오는데 그 상황에서 감독은 팀의 신뢰를 얻고, 팀원들은 서로 차이를 내려놓고 지도자의 인도를 따른다. 그들은 하나로 뭉쳐 감독을 지지하고 나서야 비로소 자신들의 잠재력을 한껏 발휘하게 된다.

예수님이 나사렛 근방에서 사역하실 때 거기서는 능력을 행하실 수 없었다고 한 말씀을 기억하는가? 성경은 고향 사람들이 그분을 믿지 않거나 존경하지 않았기 때문이라고 이유를 밝힌다(마 13:58). 분명히 예수님께서는 신적인 능력이 있으셨지만, 이 본문은 하나님이 그분과 같은 방향으로 마음이 움직이는 사람들 가운데서 역사하시기로 선택하셨다고 말해 준다. 하나님 백성이 서로 화목하고 그들의 마음이 공통된 목적으로 하나가 될 때 교회와 지도자 모두 성장할 수 있다.

교회에 좋은 리더십을 세우는 조직 문화는 교회만 위한 것이 아니다. 그리스도인들은 교회에서 그리스도의 제자일 뿐 아니라 직장에서도 빛과 소금이 되어야 한다. 따라서 지도자들을 존중하고 동료들과 화목하여 그들을 지지하는 것은 직장에서도 우리의 사명이 되어야 한다. 그렇게 해야 이치에 맞는다. 좋은 지도자는 조직, 회사, 기업, 교회를 공통된 목적으로 하나로 묶어 주기에 그 목적에 일조하는 사람들은 모든 이의 성공을 돕는 리더십을 세운다. 우리 모두에게는 그런 종류의 리더십에 투자할 역할과 의무가 있다.

리더십의 요건

바울은 데살로니가인들에게 보내는 메시지에서, 지도자들에게 필요한 덕목도 묘사한다. "형제들아 우리가 너희에게 구하노니 너희 가운데서 **수고하고**"(살전 5:12). 바울은 지도자들이 수고하기를 기대한다. 그리스도인 지도자가 갖추어야 할 첫 번째 자질은 바로 열심히 일하는 것이다. '수고하다'라는 단어는 '지쳐서 거의 탈진할 정도로 일한다'라는 뜻이다. 지도자들은 교회와 직장에서 다른 사람들을 위해 자신을 내어놓아야 한다.

수고하다

데살로니가전서 5장 12절에서 "수고하고" 다음에 나오는 두 단어는 "너희 가운데서"인데(영어 성경을 기준으로 한 내용으로 한국어 성경과는 순서가 다르다-역주), 이 단어들은 리더십의 또 다른 특징을 나타낸다. 바울은 그리스도인 지도자들이 다른 사람들의 삶의 맥락에서 일하고 자기 자신을 볼 수 있기를 기대한다. 성경적 지도자는 다른 사람들과 상관없이 독자적으로 열심히 일하거나 다른 사람들의 필요에 눈감지 않는다.

지도자라면 자신만 돌보아서는 안 된다.

자신의 승진이나 자기 이익만 추구해서는 안 된다.

지도자는 다른 사람들을 섬기는 일에 부름 받았다. 성경적 리더십은 다른 사람들의 유익을 위해 존재하고, 하나님은 지도자들이 다른 사람들의 삶에 축복의 도구가 되기를 원하신다는 것을 이해해야 한다.

종교개혁가들은 하나님이 교회 전체에 리더십의 은사를 맡기신다는 것을 깨달았다. 그들은 이를 '만인 제사장'이라는 문구로 표현했다. 하나님이 설계하신 교회에서는 제사장만 영적 책임을 지지 않는다. 모든 신자가 제사장으로서, 다른 사람들에게 하나님을 가리켜 보여 준다.

이 제사장 역할에는 교회에서 다른 사람들을 위해 기도하고 사역하는 것도 포함되지만, 우리가 영향을 미치는 모든 영역에서 다른 사람들의 필요와 발전을 돌아볼 책임도 있다. 우리는 교인들 사이에서만 제사장이지 않고, 하나님이 그분의 소유로 부르시고 그분의 은혜로 다가가려 하시는 모든 사람 가운데 제사장이다. 목회자든, 회사 중역이든, 도로 공사 감독이든, 당신의 사명은 다른 사람들의 삶에 그리스도의 목적을 전하기 위해 그들의 필요를 기억하는 것이다.

마르틴 루터는 교회를 '하나님의 입의 집'(God's mouth house), 곧 하나님 말씀이 그 백성에게 선포되는 곳으로 불렀다. 하지만 교회는 세상을 향해서 밖으로도 말해야 한다. 교인들이 직장에서 그리스도의 가치를 드러내야 하는 것이다. 존 칼빈(John Calvin)은 설교자도 그런 선포에 책임이 있는 한 사람에 불과함을 보여 주기 위해 다른 교인들과 함께 신도석에 앉아 있다가 강단에 올라 설교하곤 했다. 그는 설교자도 다른 사람들과 똑같이 그리스도의 복을 전할 책임이 있다고 주장하고 있었다. 자신의 공동체와 회사, 동료들에게 제사장으로 부름 받은 것을 아는 그리스도인 지도자들은 하나님이 의도하신 대로 사람들이 번영하도록 돕기 위해 자기 사람들 "가운데서" 수고해야 한다.

이끌다

물론, 모든 신자가 제사장이라고 해서 하나님이 교회 지도자들에게 주신 권위가 사라지지는 않는다. 데살로니가전서 5장 12절은 이렇게 이어진다. "너희 가운데서 수고하고 **주 안에서 너희를 다스리…는** 자들을 너희가 알고." 여기서 지도자들이 "너희를 다스린다"라고 말할 때 사용한 권위를 나타내는 그리스어 단어에는 자신이 책임지고 있는 사람들에 대한 목양, 보호, 돌봄의 개념이 들어 있다. 이 특별한 단어는 지도자들이 타인의 유익을 위해 자신의 권위를 사용해야 함을 다시 한번 일깨워 준다. 그들의 감독 행위는 절대 자기중심적이어서는 안 된다.

바울은 12절에서 지도자들에게 "주 안에서" 다스려야 한다고도 말한다. 우리와 그리스도의 연합을 묘사한 이 표현은 바울서신에 300번 가까이 사용되어 예수님의 정체성이 어떻게 우리 자신의 정체성이 되는지를 묘사해 준다. "주 안에서" 사람들을 다스릴 때 우리는 그분을 대신하여 그분의 우선순위와 성품, 의로우심을 드러내게 된다.

물론, 우리 의지와 결심만 의존한다면 그런 다스림은 몹시 힘들 것이다. 하나님께 반하는 가치와 행동을 지닌 사람들에게 제사장 사역을 하려면 다른 누구도 이해하기 힘든 강인한 사랑이 필요할지도 모른다. 그리스도와 연합하여 그분의 말씀과 영을 통해 그분께 반하는 세상에서 그분을 나타내는 쉽지 않은 결심을 할 수 있게 되면, 우리는 진정한 리더십에 뒤따르는 제사장의 고통에 대비할 수 있을 것이다.

그리스도인 작가이자 목회자인 윌리엄 윌리몬(William Willimon)은 이런 제사장적 관점이 없는 많은 지도자가 성경적 리더십이 요구하는 고통을 견디지 못하는 이유를 다음과 같이 설명했다.

> 고등학교에 다닐 때 망해 가는 어느 스포츠용품 판매장에서 일한 적이 있다. 젊은 시절의 이 경험 덕분에 나는 상업과는 맞지 않는다고 확신하게 되었다. 사장들은 사람을 고용하고 해고하고, 비용을 깎고, 생산성이 낮은 직원은 질책하고, 불편한 대화를 해야 한다는 것을 깨달은 것이다. 그런 일을 하기에는 나는 사람이 너무 좋았다. … [하지만] 20년 후에 교회의 위기에 깊이 빠져 보니, 리더십은 조직에 목적이 있고 생존보다 더 중요한 사명을 책임질 때만… 필요한 것을 [알게 되었다]. … 진정한 지도자는… 조직이 애써 피해 온 고통을 유도할 수밖에 없다.[2]

솔직히, 이것은 그리스도인답지 않은 이야기 같다. 조직을 관리하기 위해서, 아니 더 나아가 조직을 **이끌기** 위해서는 우리가 사람들의 삶에 고통을 안겨 주기 위해 부름 받고 있다는 사실을 인식해야 한다.

어떤 조직이든 현재와 같이 계속 운영(되거나 쇠퇴)될 수 있다. 지도자의 소명은 현재의 한계, 곧 지금 바로잡지 않으면 결국에는 이 조직의 숨통을 조를 관습, 정책, 우선순위로 인한 한계 너머로 조직을 확장하는 것이다.

하지만 이런 확장은, 다양한 이유(반드시 악한 이유는 아닐 수 있다)로 변화를 원치 않는 조직 내 사람들이 이런 한계를 신중하게 보호하는 동시에 일어나야 한다. 이는 조직의 유익을 위해서는 지도자가 다른 사람들을 위해 거절과 희생을 감수해야 한다는 의미다. 그것이 진정한 리더십을 그리스도답게 만들고, 그리스도인 지도자들이 그리스도의 우선순위와 사람들을 염두에 두고 그리스도의 목적을 이루어 드리는 변화의 정도와 시기와 강도를 저울질하기 위해 주님을 알고 의존하도록 요구한다.

하나님은 지도자들에게 그분의 백성을 "주 안에서" 인도하라고 요구하신다. 이 말은 성경적인 지도자들은 그리스도의 목적과 성품과 하나가 되어야 한다는 의미다. 그들의 행동은 의로워야 한다. 그들은 사려 깊고 이타적이어야 한다. 그리스도의 기준과 도우심이 없이는 자신의 리더십이 그들 자신이나 그들이 이끄는 사람들을 망치게 된다는 사실을 잘 알고, 기도하면서 수고해야 한다.

권하다

12절 마지막 부분은 지도자가 "주 안에서 너희를 다스[릴]" 뿐 아니라 "권한다"라고 하나님 백성에게 말한다. "권하다"라고 번역된 단어는 그리스어 '누데테오'(noutheteo)에서 왔는데, '마음을 잡다'라는 뜻이다. 반대 의견을 만났을 때 우리는 '사람들의 생각을 바로잡아' 주거나 그들의 마음을 바꾸어서 우리 의견을 주장할 필요성에 관해 이야기하곤 한다. 이것이 이 그리스어 단어 배후에 있는 핵심 개념이다. 이 개념이 권면적 상담(nouthetic counseling)이라는 기독교 상담의 기초이기 때문에 이미 익숙한 그리스도인들도 있을 것이다. 권면적 상담은 성경적 원리를 활용하여 사람들의 생각과 습관을 교정한다.

바울은 이 본문에서 때로는 지도자들이 자신이 돌보는 이들이 다른 방향으로 마음과 습관을 정하도록 권면해야 한다고 말하고 있다. 그렇다고 해서 지도자들이 다른 사람들을 상관하지 않는다는 뜻이 아니다. 오히려 그리스도인 지도자들은 자신의 권위 아래 있는 사람들에게 관심이 있기에 그들이 조직의 유익과 하나님의 가치와 일치하는 목표에 다시 마음과 생각을 맞출 수 있도록 애쓴다.

지도자들은 자기 사람들이 재능이나 힘을 제대로 적용하지 못하면 하나님이 그들의 삶이나 그들이 섬기는 단체에 계획하신 일을 할 수 없다는 것을 안다. 그래서 책임감 있는 지도자들은 무책임, 부정직, 게으름, 좋지 않은 태도를 책망한다. 즉, 조직이 그 사업이나 다른 사람들의 필요를 처리하는 데 유익하고 필요한 기준에 미치지 못하는 잘못된 관행이나 실적의 결과를 바로잡아야 할 수도 있다.

우리가 살펴보고 있는 같은 단락에서 바울은 "형제들아 너희를 권면하노니 게으른 자들을 권계하며"(5:14)라고 말한다. 아무도 이 일을 하고 싶어 하지는 않지만, 데살로니가후서에서 바울은 더 강하게 말한다. "누구든지 일하기 싫어하거든 먹지도 말게 하라"(살후 3:10). 와, 엄청난 결과다! 일하지 않으면, 먹지도 못한다니. 이것이 바로 권면이다!

이런 일을 좋아할 사람은 아무도 없지만, 경건한 지도자라면 다른 사람들의 유익을 위해 필요할 때는 그런 책임을 회피하지 않는다. 자신과 타인의 건강을 책임지고 있는 개인이나 단체는, 잘못되거나 무책임하거나 무능한 일을 무시하는 리더십에서는 아무것도 얻을 수 없다.

예전에 교육계에 종사할 때 다른 동료 교수들의 투표로 내가 학부장이 되었다. 다시 말해, 그들의 상사가 된 것이다. 독자들도 알다시피, 예전에 동료(와 심지어 내 교수)였던 이들을 감독하는 자리야말로 상사 노릇 하기 가장 힘든 곳 중 하나일 것이다. 그들은 여전히 날 사랑하겠지만, 그들이 한 행동의 결과를 직면하게 해야 한다면 좋아할 사람은 별로 없을 것이다.

내가 사랑했던 한 동료가 생각난다. 권면하기도 하고 지시하기도 하고 질책하기도 해 봤지만, 그는 자기 할 일을 하지 않았다. 그 사람의 터무니없는 행동을 어떻게 다루어야 할지 고민하느라 여러 날

잠을 이루지 못했다. 밤을 하얗게 새우면서, 온갖 질문이 떠올랐다. '이 사람을 어떻게 해야 할까? 이 상황을 어떻게 해결할 수 있을까?' 너무 힘들었다. 어쨌든 그도 믿는 사람 아닌가. 나는 그를 사랑했다. 그를 불쌍히 여기고 귀하게 여기고 싶었다. 하지만 그는 할 일을 제대로 하지 못했고, 변화하려는 의지도 없었다!

결국 총장이 나를 찾아와 말했다. "교수님은 신앙인이 아닙니까? 하나님이 그 사람을 그의 재능에 어울리는 자리에 두실 수 있다고 믿지 않으십니까? 하나님이 부르시지 않은 자리에 어떤 사람을 계속 두는 것은 사랑이 아닙니다."

그때 나는 내가 애써 보호하려는 사람이 **나 자신**이었다는 사실을 깨달았다. 물론, 직원들도 보호하고 학교의 평화도 원했지만, 무엇보다도 내가 고통을 피하고 싶었다.

잘못을 지적하는 고통을 피하고 싶었다.

바로잡아 주는 힘든 일을 피하고 싶었다.

친구를 훈계하거나 해고해야 하는 어색한 순간을 피하고 싶었다.

그러나 그가 학교에서 요구한 일을 해낼 능력이 없다는 것이 사실이었다. 그래서 하나님이 그 사람을 부르시지 않은 자리에 그를 묶어 두는 것은 사랑이 아니라는 진실에 직면해야 했다. 하나님이 그에게 그분의 목적에 맞는 다른 소명을 주셨다는 것을 믿고 행동해야 했다(엡 2:10). 더 나아가, 다른 사람들이 나를 싫어하더라도 하나님은 여전히 나를 사랑하신다고 믿어야 했다. 다른 사람들의 지속적인 인정보다 하나님의 지속적인 돌보심을 확신해야 했다.

격려하다

성경적 리더십은 쉽지 않은 결정을 요구하기도 하지만, 그렇다고 해서 늘 다른 사람을 질책하기만 하는 것은 아니다. 바울은 지도자들에게 게으른 자들을 권계할 뿐 아니라, "마음이 약한 자들을 격려"하라고 말한다(살전 5:14).

"마음이 약한 자"에 해당하는 그리스어 단어는 '작다'와 '영혼'을 뜻하는 두 단어로 되어 있다. 따라서 어떤 의미에서 바울은 영혼이 작은 사람들을 격려하라고 말하고 있다. 비유적으로 말하자면, 때로 인생에서 겪은 여러 압박이 사람의 영혼을 쪼그라들게 만들 수 있다. 절망 때문에 믿음이 사라지거나 기쁨이 오그라든다. 사람을 다시 일으켜 세우거나 살려야 할 정도로 직장이나 가족 문제로 큰 상처를 입기도 한다. 상황이 달라질 수 있다는 희망이 필요할지 모른다. 이 모든 이유와 다른 여러 이유로, 지도자들은 마음이 약한 자들을 격려해야 한다.

또한 바울은 지도자들에게 "힘이 없는 자들을 붙들어 주라"라고 말한다(5:14). 때로 훈련이 더 필요한 사람이 있다. 자원이 더 필요한 사람, 코칭이 더 필요한 사람, 자신을 지지해 줄 다른 사람들이 필요한 사람도 있다. 성경적인 지도자라면, 사람들이 자기 인생을 향한 하나님의 부르심을 이루어 드리는 데 필요한 격려와 도움을 받도록 어떻게 도울 수 있을지 이해하려고 애쓸 의무가 있다.

오래 참다

마지막으로, 바울은 지도자들에게 "모든 사람에게 오래 참으라"라고 말한다(5:14). 우리는 사람들이 바뀌고 성장할 수 있는 시간을 주어야 한다. 우리가 감독하는 사람들에게 오래 참을 때는 우리가 섬기는 하나님의 성품을 드러내야 한다. 하나님은 우리를 오래 참아 주신다. 노하기를 더디 하고 인자와 진실이 많으신 하나님이시다(출 34:6).

직장에서 인내는 대개 일관된 공정함으로 표현된다. 우리는 오래 참는 리더십을 발휘할 때 우리 자신에게 필요한 은혜를 드러내게 된다. 교정이 필요할 때 그리스도인 지도자들은 실적을 객관적으로 평가하고 사람들에게 변화할 기회를 주고 나서 그들을 재평가한다(이 주기를 언제 다시 시작할지를 평가하는 것까지 포함하여). 인내가 필요한 과정이다.

먼저, 상대에 대한 기대를 분명히 하고 평가 과정을 설명하고 잠재적 결과를 경고하고 가능할 때마다 격려하며 가능한 한 오래 참으면서 성공을 위해 도움을 제공하지 않고서 책망만 해서는 안 된다. 왜 이토록 많은 에너지를 쏟아부어야 하는가? 하나님은 우리가 사람들에게 성장과 변화의 기회를 주길 원하시기 때문이다. 우리는 직장에서 하나님이 귀히 여기시는 사람들을 위한 제사장들이다. 그분은 우리가 남에게 대접받길 원하는 대로, 주님이 우리를 대해 주시길 원하는 대로 다른 사람들을 대접하길 원하신다(마 7:12).

사람들의 번영을 돕기

사도 바울이 이야기한 리더십 원리(본을 보인다, 게으른 자를 책망한다, 마음이 약한 자를 격려한다, 힘없는 자를 돕는다, 모든 사람에게 오래 참는다)를 요약하면, 이 모두가 사람들이 하나님이 주신 소명 가운데 번영할 수 있도록 돕기 위해 계획된 것임을 알 수 있다.

브라이언 피커트는 『헬프』에서 다음과 같이 쓴다. "인간 번영의 목표는 사람들을 회복하여 인간 됨을 온전히 표현하고, 하나님과의 올바른 관계에서 그분이 우리를 창조하신 본연의 모습을 찾는 것이다."[3] 많은 경영대학에서는 리더십을 이런 식으로 생각할 것 같지 않지만, 신자 된 우리 책임은 사람들이 하나님과 올바른 관계를 맺도록 도와서 그들이 이생과 영생에서 모두 번영할 수 있게 하는 것이다. 그리스도의 뜻을 받들려 한다면, 이것이 당신의 사명이 되어야 한다.

이런 생각이 들 수도 있다. "하지만 내가 모시는 형편없는 상사는 믿음이 약한 사람을 격려하지도 않고 힘없는 사람을 돕지도 않고 직원들을 오래 참아 주지도 않는걸." 물론 그럴 수 있다. 그래서 바울은 이런 명령도 덧붙인다. "삼가 누가 누구에게든지 악으로 악을 갚지 말게 하고"(살전 5:15). 다른 사람들에게 상처받거나 무시당하거나 피해를 봤다면, 그렇게 하기가 몹시 힘들다. 상대가 한 것과 똑같이 다른 사람들에게 되갚아 주려는 것이 인간의 당연한 반사 작용이다. 하지만 그렇게 해서 무슨 이익이 있겠는가?

용서하고 싶지 않은 마음이 들기 시작한다면, 당신 영혼을 좌지우지할 힘을 다른 누군가에게 넘겨준 셈이다. 이제 그들의 죄가 당신의 생각과 꿈과 태도를 지배하기 시작한다. 그들의 악이 당신의 마음을 움직이기 시작한다. 그러나 우리에게 상처 준 사람들을 용서할 때 우리는 자기 자신과 하나님 백성에게 이렇게 말하는 셈이다. "나는 악의 지배를 거부하겠다." 학대 행위와 불공평한 대접은 당연히 맞서서 고쳐야 하지만, 그럴 때조차도 복수보다는 정의의 법칙이 목표가 되어야 한다.

내가 아는 두 그리스도인이 함께 작은 사업을 하고 있다. 그들은 작은 회사를 대상으로 소송을 거는 것이 대기업의 사업 계획 중 하나인 것을 알게 되었다. 이 공격적인 사업가들은 작은 회사들에서 시간과 에너지, 돈을 충분히 빼낼 수만 있다면 결국 소송으로 그 회사들을 무너뜨려 큰 회사의 제품을 팔 수 있는 시장을 열 수 있다는 것을 안다.

처음에 이 그리스도인 사업가들은 다른 사업체들을 증오하여 자기들 회사 내에서 그들에 대한 혐오 분위기를 조성하려 했다. 그러다가 이들은 직원들이 회사의 손실을 자기들의 성과나 생산성보다는 대기업 탓으로 돌리고 있다는 것을 깨닫기 시작했다. 더 중요한 점은, 이 사업가들이 그리스도인으로서 그리스도의 용서를 가르치고 보여 주어야 함을 깨달았다는 것이다. 그저 직원들이 열심히 일하도록 만들기 위해서가 아니라, 그리스도의 성품을 드러내기 위해서 말이다.

이는 바울이 그리스도인들과 그리스도인 지도자들에게 요구하는 마지막 기준으로 이어진다. "서로에게, 모든 사람에게, 항상 좋은 일을 하려고 애쓰십시오"(5:15, 새번역). 바울이 "애쓰십시오"라는 단어를 사용한 점이 마음에 든다. 이것은 우리가 달성하고자 하는 **목표**다. 우리는 자신이 몸담은 사회나 회사, 기관에서 빛과 소금이 되어 하나님의 우선순위를 세상에 드러내기 위해 최선을 다한다.

우리는 자주 실패할지도 모른다. 하나님이 원하시는 것을 모두 이루어 드리지는 못할 수도 있다. 그래도 그분의 목적을 계속해서 추구한다. 그것이 바로 우리 마음이 간절히 바라는 것이다. 다른 사람들의 유익을 위해 **애쓴다**. 그렇게 해서 그들이 하나님이 원하시는 대로 번영하고 인류를 향한 그분의 마음을 발견할 수 있도록 말이다.

제임스 데이비슨 헌터(James Davison Hunter)의 『기독교는 어떻게 세상을 변화시키는가』(To Change the World)는 최근 그리스도인 지도자들에게 가장 영향력 있는 책이 아닐까 싶다. 묵직한 제목의 이 책에서 그는 그리스도인 지도자들에게 이렇게 묻는다. "하나님은 당신을 어떤 일로 부르고 계시는가?" 물론, 수많은 경제경영서에서 리더십의 자질을 살펴볼 수도 있고, 그 내용이 일상의 습관과 의무에 유용한 조언을 제공할 수도 있다. 하지만 헌터는 하나님은 우리 각 사람이 각자의 일터에서 "신실한 현존"(faithful presence)을 드러내기를 원하신다고 말한다.[4]

위대한 그리스도인 학자이자 정치인인 아브라함 카이퍼가 남긴 유명한 말이 있다. "인간 존재의 모든 영역에서 **만물**의 주권자이신 그리스도께서 '내 것이다!'라고 주장하지 않으시는 곳은 단 한 치도 없다." 신자인 우리는 이렇게 말해야 한다. "하나님이 내게 어떤 한 치를 맡기시든 간에, 그곳에서 신실한 현존을 드러내야 한다. 그 말은 나는 그리스도를 믿어야 할 뿐 아니라 그분의 겸손과 용기, 용서, 인내, 각 사람을 향한 그분의 뜻에 따라 모든 사람이 번영하기를 원하시는 그분의 바람을 드러내도록 부름 받았다는 뜻이다."

그것이 우리 목적일 때 우리는 한 번에 한 치씩 세상을 바꿀 수 있다.

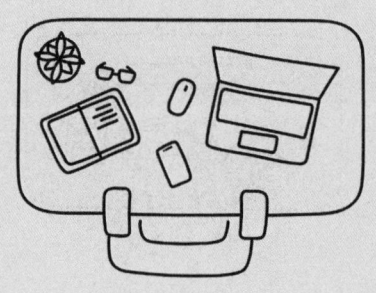

10.

균형 잡힌 삶

　어느 초등학교 교사가 수업 시간에 아이들에게 "아버지가 날마다 하는 일을 한 가지만 그려 보세요."라고 말했다. 한 아이가 문으로 달려가는 아버지만 빼고 다들 아침 식탁에 앉아 있는 막대 모양 가족을 그렸다. 식탁에 앉은 아이들 머리 위에는 각자 풍선 표시가 있고, 그 안에는 똑같은 말이 쓰여 있었다. "얼른 가세요, 아빠! 빨리요!"

　그림을 그린 아이는 내 아들이고, 문으로 헐레벌떡 뛰어가는 아버지는 바로 나였다. 아들의 그림은 아이가 나를 어떻게 보는지 잘 드러내 주는 동시에 내 폐부를 찔렀다. 나는 이렇게 물을 수밖에 없었다. '왜 아들과 다른 가족들을 두고 서둘러 떠나는 모습이 나에 대한 아들의 가장 생생한 이미지인가?'

그 이유를 설명해 줄 좋은 구실은 얼마든지 있다. 나는 교회 지도자로서 중요한 일을 맡고 있었다. 가족을 먹여 살리기 위해 바빠 일하고 있었다. 사역자를 훈련하는 중요한 소명도 다하고 있었다. 그럼에도 마음속 깊은 곳에서는, 아버지가 바빠 떠나는 모습이 아들에게 중요하게 각인되어 있다면 내 삶에 무언가 균형이 깨져 있다는 것을 알 수 있었다.

이런 내 이야기를 읽으면서 독자들도 각자가 균형 잡힌 삶을 유지하기 위해 나름대로 분투하고 있다는 것을 깨달았을지도 모르겠다. 사실, 이 책 전체가 그런 고민을 키워 줬는지도 모른다. 우리 일이 회의나 중요한 프로젝트, 전화 통화 등 우리가 하는 모든 행동에서 그리스도를 공경하는 거룩한 부르심이라고 내가 강조했으니 말이다. 그리스도의 이름을 지닌 우리에게는 직장에서 그분의 성품을 드러내야 할 의무가 있다. 그 점이 더 큰 부담을 줄 수도 있다! 그리스도인으로서 막중한 소명을 느낀 한 친구는 내게 이렇게 말하기도 했다. "나는 잠시 자리에 앉을 때마다 죄책감을 느껴."

물론 하나님이 그런 것을 원하시지는 않을 것이다. 그래서 이 장에서는 하나님의 우선순위에 집중함으로써 삶의 균형을 찾는 내용의 시편 127편을 살펴보려 한다.

여호와께서 집을 세우지 아니하시면 세우는 자의 수고가 헛되며 여호와께서 성을 지키지 아니하시면 파수꾼의 깨어 있음이 헛되도다 너희가 일찍이 일어나고 늦게 누우며 수고의 떡을 먹음이 헛되도다 그러므로 여호와께서 그의 사랑하시는 자에게는 잠을 주시는도다 보라 자식들은 여호와의 기업이요 태의 열매는 그의 상급이로다 젊은 자의 자식은 장사의 수중의 화살 같으니 이것이 그의 화살통에 가득한 자는 복되도다 그들이 성문에서 그들의 원수와 담판할 때에 수치를 당하지 아니하리로다.

무의미한 주제

이 시편의 주제는 1절에 나와 있다. "여호와께서 집을 세우지 아니하시면 세우는 자의 수고가 헛되며." 이 주제에 담긴 핵심 진리는 무엇인가? 하나님이 복 주시지 않으면 우리가 하는 일이 무의미하다는 것이다.

당신은 재능을 연마하고 힘을 키우면 성공할 것이라고 생각할 수도 있다. 그러나 경제에 약간의 문제만 생겨도, 장부에 조금만 실수가 있어도, 환경이 잠시만 변해도(차가 살짝만 중앙선을 넘거나 당신이 미세 바이러스를 흡입하거나 자녀가 잘못된 길을 가면) 평소에 누리던 삶은 상상 이상으로 금세 흐트러지기 시작한다.

주님은 이 시편에서 그런 현실을 다루시면서, 사실상 이렇게 말씀하신다. "너희는 세상에서 필요한 일 혹은 그 일을 이루시는 하나님께 헌신할 수 있다." 그분을 "여호와"로 지칭하는 서두에서부터 그분은 우선순위를 분명히 하신다. 대부분의 영어 번역본에서, 이 시편의 "여호와"(LORD)라는 단어는 모두 대문자를 사용했다. 이는 히브리어 여호와(Jehovah)를 번역한 것이다.

여호와는 전능하신 하나님이시다.

여호와는 하늘과 땅의 창조주이시다.

하늘은 여호와의 보좌요, 땅은 그분의 발판이다.

여호와의 손이 만물을 붙들고 계신다.

예수님은 여호와의 영광을 분명히 나타내시고, 언젠가 모든 무릎이 그분 앞에 꿇고 모든 입이 그분을 주라 시인할 것이다(빌 2:10-11).

만물의 주 예수

예수님이 정말로 만물의 주님이시라면, 창조 세계의 모든 것이 그리스도께 속했다는 아브라함 카이퍼의 말에는 더 큰 의미가 있다. 우리는 언젠가 하늘에서 예수님을 만물의 주님으로 모실 뿐 아니라, 지금도 날마다 만물을 다스리시는 그분의 통치를 인정해야 한다.

이 말은 삶의 어느 공간이나 시간에서도 그분을 배제할 수 없다는 뜻이다. 우리는 이렇게 말하지 않는다. "예수님, 예수님은 교회에서는 제 주님이시지만, 직장은 제 영역이에요. 직장에서는 제가 제 할 일을 합니다." 아니다. 모든 것의 주님이 아니시면, 아무것에도 주님이 아니시다.

하나님의 목적에 헌신하는 데서 비롯된 진정한 분주함도 있다. 그러나 그분을 배제한다면 헌신이 아니다. 성경적으로 균형 잡힌 삶은 하나님께 언제나 열려 있다. 건강하지 못한 분주함은 하나님께 시간을 내어 드리지 못한다. 이런 생각은 잘못되어도 한참 잘못된 것이다. '너무 바빠서 하나님을 공경할 시간이 없어요. 기도까지 할 시간이 없다니까요. 일정에 경건의 시간이나 예배까지 끼워 넣을 여유가 없습니다. 이 결정에 하나님이 뭐라고 말씀하실지 고려할 시간까지는 없죠.'

아니다. 성경적으로 균형 잡힌 분주함이라면, 하나님께 기도로 말씀드릴 시간이 늘 있어야 한다. 아니면, 적어도 중요한 대화가 오갈 전화를 받기 전에, 회의 자료를 만들기 전에, 동료와 대화하기 전에 도움을 요청하는 화살기도라도 드려야 한다.

내가 내린 사업상의 결정 때문에 하나님 말씀이나 그리스도인 친구에게서 조언을 얻을 시간이 없다면, 하나님을 내 삶의 열외로 취급하는 일정의 지배를 받고 있는 셈이다. 그렇게 되면 무슨 문제가 생길까? 시편 127편 서두를 다시 한번 읽어 보자. "여호와께서 집을 세우지 아니하시면…." 성경적 분주함은 성경적 습관이나 영적 훈련을 내팽개치지 않는다.

우리 모두에게는 스스로 이렇게 질문할 기회가 필요하다. '내가 하려는 일은 정말로 하나님을 공경하는 일인가? 이 일이 내 상사나 직원들에게 하나님의 우선순위를 드러낼까? 내 행동은 하나님의 성품과 돌보심을 적절하게 표현하고 있는가? 나는 일할 때처럼 하나님께도 충분히 시간을 드리고 있는가? 내가 하고 있거나 하려는 일은 성경의 원리를 벗어나지 않는가?'

우리는 일에 너무 몰두한 나머지, 그 일을 가능하게 하시고 열매 맺게 하시는 하나님께 시간을 드리지 못할 수도 있다. 그래서 시편 기자는 우리에게 도전한다. 하나님이 집을 세우지 아니하시면 재능과 노력을 아무리 쏟아붓는다고 해도 우리가 하는 모든 일이 헛되다고 말한다.

여정을 위한 노래

직장에서 하나님과 동행하지 않으면 죄책감을 느낀다는 것 이외에, 어떤 동기가 있을 수 있을까? 시편 127편 표제에서 그 답의 일부를 찾을 수 있다. 표제는 '성전에 올라가는 노래'다.

시편 127편은 솔로몬이 매우 구체적인 목적을 위해 쓴 시다. 순례자들이 예루살렘으로 들어가 시온산에 오르기 시작할 때 하나님을 예배하고 찬양하기 위해 성전에 올라가는 동안 불렀던 노래 중 하나다. 이스라엘 백성은 자기 일에 대해 노래하고 있지만, 실제로는 예배하기 위해 일상의 노동을 벗어나 있었다.

이 시편의 맥락은 여호와께서 끊임없이 백성에게 자신을 내어 주시기 때문에 그들이 예배할 시간을 따로 떼어 놓을 수 있다는 것을 우리에게 일깨워 준다. 하나님이 그들과 늘 함께하셨기에 그들은 그분을 만나는 시간을 최우선 순위로 여겼다. 그들도 죄를 짓고 실패하기도 했지만, 하나님은 문제와 시련 가운데서도 그들을 붙드셨다. 그분의 변함없는 임재야말로 이들이 하나님을 찬양하고, 그분을 공경하기 위해 일을 내려놓고 쉴 수 있다고 확신하는 이유였다.

하나님은 우리 일터에서도 우리와 함께하신다. 그래서 직장에서도 그분께 영광을 돌리기에 충분한 시간 동안 기도하고 일을 쉬면서 언제나 그분을 만날 수 있다. 우리가 예배하는 동안 그분이 책임져 주신다. 하나님께 헌신하면 불이익을 당하는 것이 아니다. 하나님을 찬양하는 시간은 공연한 낭비가 아니다. 주님이 우리 생계와 가족의 안녕을 책임지시기 때문에 그분께 마음을 드리는 것보다 더 중요한 일은 없다. 우리가 그분의 사랑받는 존재요, 그분이 우리의 영원한 유익을 위해 만사를 돌보심을 기억하는 것은 혈압에 좋을 뿐 아니라, 염려에 휘둘리지 않는 직원과 고용주가 필요한 회사에도 유익하다.

우리 삶에서 균형을 찾기 위해 필요한 확신은 이 시편이 한마디로 잘 정리한 복음이다. 우리를 사랑하시는 여호와께서 우리가 그분께 나아갈 길을 만드셨다. 그 진리를 깨닫기 시작하면 당신 마음속에 놀라운 경외감이 일어난다. '그분은 나 따위는 상관하지 않으실 거야. 온 우주를 다스리시는 분이잖아. 그런데도 주님이 나를 사랑하시고 내가 그분께 나아갈 길을 만들어 주셨어. 게다가, 주님은 내가 삶의 모든 영역에서 그분을 모시도록 초대하고 계셔. 그래서 내가 까다로운 문제와 사람들도 모두 그분 손안에 있다는 확신 가운데 쉴 수 있도록 말이야.'

하나님이 당신을 위해 하신 일을 당신이 소중히 여기기 시작할 때 그제야 비로소 (죄책감이 아닌 다른 이유로) 일터에서 하나님이 함께하시기를 원하게 된다. 하나님은 당신에게 가장 좋은 것을 염두에 두고 계신다. 그분은 당신을 너무 사랑하셔서 당신을 위해 그 아들을 보내셨다. 당신이 이 땅에서 무슨 일을 하든, 그분은 당신의 영원한 유익을 위해 역사하겠다고 약속하신다. "내가 알아서 할게."라고 말씀하며 약속하신다. 그래서 당신은 매 순간 모든 일을 스스로 해결해야 한다는 생각에서 벗어나 분주함을 내려놓고 쉴 수 있다. 당신이 하나님이 맡기신 힘든 일을 넉넉하게 감당할 수 있는 이유는 그분의 돌보심 가운데 잘 쉬었기 때문이다.

경이로운 잠

우리 부부에게는 필리핀 무슬림 거주 지역에서 일하는 선교사 친구들이 있다. 때로 그들의 사역은 힘들 뿐 아니라 위험하기까지 하다. 얼마 전, 르네 퀴보(Rene Quimbo)라는 선교사에게서 매우 감동적인 편지를 받았다. 그는 편지에 이렇게 썼다.

며칠 전에 사역 센터 근처에서 총성과 함께 사람들이 우르르 달려가는 소리를 들었습니다. 커피 농장과 고무 농장이 불길에 휩싸였습니다. 방화로 추정된다는 소식을 듣고 우리는 놀랐습니다. 너무 혼란스러운 상황이었지만, 만물을 붙들고 계시는 주님께 모든 일을 맡겼습니다. 쉴 새 없이 눈물을 흘리면서도, 사람들이 계획한 악한 일을 하나님이 선으로 바꾸어 주시기를 기도했습니다. 어떻게 그럴 수 있는지 우리는 모르지만, 하나님은 선하시기에 그렇게 하실 줄 믿었습니다. 그래서 우리는 잠을 청할 수 있었습니다.

마지막 말을 읽으면서 시편 127편 2절이 떠올랐다. "여호와께서 그의 사랑하시는 자에게는 잠을 주시는도다." 나는 이런 말을 듣기 좋아한다. "걱정 때문에 힘들었는데, 그러다가 주님께 맡기기로 결심했어요." (당신을 향한 그분의 사랑을 굳게 믿고) 만물을 창조하시고 다스리시는 분께 당신의 염려를 정말로 맡겨 드릴 때 당신 삶에 놀라운 결과가 나타나는데, 바로 잠을 잘 수 있다는 것이다.

시편 기자는 경외가 염려의 해독제라고 말한다. 전능하신 하나님이 우리를 사랑하시고 우리에게 가장 좋은 것을 주시려고 만물을 다스리고 계신다는 사실에 감탄하면, 우리는 정말로 염려에서 벗어날 수 있다. 이사야 26장 3절은 "주께서 심지가 견고한 자를 평강하고 평강하도록 지키시리니 이는 그가 주를 신뢰함이니이다"라고 말한다. 놀라운 말씀이 아닌가? 우리가 여호와께 생각을 집중할 때 마음에 평안을 얻을 수 있다.

두 부류의 사람들

물론, 걱정거리에 접근하는 다른 방식도 있다. 시편 127편 2절은 두 부류의 사람들이 보여 주는 다른 접근법을 묘사한다. 어떤 사람들은 행동 중독에 빠진다. 2절 앞부분에 나오는 일 중독자들이다. "너희가 일찍이 일어나고 늦게 누우며… 헛되도다." 이 사람들은 일찍 일어나고 늘 남들보다 앞선다. 저녁에도 일하느라 늦게까지 깨어 있다. 일에 빠져서 늘 기진맥진한 상태다.

역사에는 이런 일 중독자가 많았다. 데모스테네스(Demosthenes)라는 고대 그리스인의 이야기를 떠올리면 절로 미소가 지어진다. 그는 그리스의 부패 척결을 위해 힘쓴 정치인이었다. 자신이 잠시라도 일을 쉬면 세상이 무너질 것이라는 생각으로 밤낮없이 일했다. 심지어 머리카락 절반을 밀어 버렸다. 밖에 나가면 망신을 당할 테니 집에서 일에만 몰두할 수 있었다.

그러나 일중독만이 균형이 무너진 삶을 보여 주는 것은 아니다. 어떤 사람들은 염려에 중독되어 있다. 이들은 염려를 먹고 산다. 염려가 그들 앞에 놓인 과제를 처리하는 데 필요한 에너지를 주기 때문이다.

몇 년 전에 우리 가족이 함께 참석한 기독교 집회에서 해변에 있는 콘도를 제공해 준 적이 있었다. 현관에 들어서자마자 아름다운 풍경을 담은 창이 우리를 반겼다. 숨이 멎을 것 같은 장관이었다. 그런데 우리 딸이 그 너머 바다를 보더니 이렇게 말하는 것이 아닌가. "아! 허리케인이 덮칠 수도 있겠는데요." 우리는 이구동성으로 답했다. "허리케인 따위는 없어. 그러니 바다를 즐기렴." 그런데 어찌 되었는지 아는가? 그 주말에 허리케인이 발생했다!

때로는 염려가 성공할 때도 있다. 염려가 생기면 그 걱정거리가 동기가 되어 아주 세밀한 계획을 세우거나 미친 듯이 일하게 되고, 그런 방식이 잠깐은 효과가 있는 때도 있다. 하지만 절대 걱정을 멈출 수 없는 사람들도 있는데, 그들의 염려가 강박을 주입하기 때문이다. 그러는 사이 이들의 영혼에서 행복이 빠져나간다.

열심히 일하거나 문제를 진지하게 검토하는 것, 꼼꼼한 해결책을 계획하는 것 자체는 아무 문제가 없다. 그러나 성경은 일중독과 염려 중독을 불러오는 믿음 없음에 대해 경고한다.

두려움으로부터의 해방

책임 있는 계획과 파괴적인 염려의 차이가 우리 행동의 원동력일 때가 자주 있다. 그래서 그 차이를 알 수 있도록 자신의 유형을 파악하는 것이 중요하다. 일중독이든 염려 중독이든, 무언가를 잃는다는 두려움이 가장 크다. "이 집을 짓지 못하면 근사한 물건들을 가지지 못할 거야. 이 사업을 시작하지 못하면 생계를 잃을 거야. 내 명성을 쌓지 못하면 존경심을 얻지 못할 거야." 무언가를 쥐고 잃지 않으려는 압박이 뭔가를 해야 한다는 동기를 불러일으키고, 우리가 소중히 여기는 모든 것은 우리 소유나 지위를 보장하는 실적에 달려 있기에 부담은 커져만 간다.

이런 종류의 일중독이나 염려에 대한 해독제는 하나님이 온 우주와 우리의 지경을 다스리고 계신다는 믿음이다. 뭇 산의 가축을 다 소유하신 분이 우리를 귀히 여기신다. 열방을 이끄시는 분이 우리 가족을 먹여 살리신다. 그분은 우리보다 더 우리 자녀들을 사랑하신다. 내가 다 헤아리기 힘들 정도로 나를 사랑하신다. 그분이 나의 주님이시기에, 나의 영원한 유익을 위해 내게 가장 필요한 것을 허락하실 것이다.

지위를 잃어버릴 것 같은 두려움이 추진력이 될 때 우리는 실제로 자신의 중요성을 의심하게 된다. "계속 버티지 못하면 중요한 승진에서 탈락할 거야. 그 자리나 인지도를 얻지 못하면 부모님이 나를 부끄러워하시겠지. 배우자가 나를 존중하지 않을 거야. 동료들에게 인정받지 못하겠지." 구세주가 우리의 소중한 지위를 보장하신다는 확신 가운데 안식하기보다 남들 앞에서 자신의 중요성을 유지해야 한다는 생각이 동기가 되어 버린다.

영화 「라이어 라이어」(Liar Liar)와 「브루스 올마이티」(Bruce Almighty)에 출연한 코미디언 짐 캐리(Jim Carrey)는 골든글로브 시상식에서 개인의 중요성에 대해 굉장히 통찰력 있는 말을 남겼다. 그는 상을 받기 전에 자신에 대해 이렇게 말했다.

저는 골든글로브를 두 번 수상한 짐 캐리입니다. 제가 밤에 잠이 들 때는 그냥 평범한 남자가 잠드는 것과는 다릅니다. 골든글로브를 두 번씩이나 수상한 짐 캐리가 숙면을 위해 잠드는 것이니까요. 그리고 제가 꿈을 꿀 때는 그냥 오래된, 아무 꿈이나 꾸는 게 아닙니다. 아니죠. 저는 골든글로브를 세 번 수상한 배우 짐 캐리가 되는 꿈을 꿉니다. 그제야 저는 충분하다고 느끼겠죠. 마침내 꿈이 현실이 되면, 그제야 이 말도 안 되는 여정을 멈출 수 있겠죠. 하지만 결국은 저 자신이 만족스럽지는 않을 겁니다.[1]

짐 캐리는 솔직함을 내비치는 사이에 진실을 말했다. 우리가 끊임없이 남의 생각이나 자신의 소유에서 중요성을 찾으려 애쓴다면, 결국 칭찬과 성취로는 절대 지속적인 만족을 얻을 수 없음을 발견할 것이다.

목사이자 작가인 팀 켈러는 우리가 하는 "일 아래에 있는 일"을 고려하라고 권한다.[2] 그저 당신이 하는 일만 생각하지 말라. 무엇이 당신을 움직이고 있는가? 중요성을 잃어버릴 것 같은 두려움인가? 명성이나 부, 관계, 존경을 잃어버릴 것 같은 두려움인가?

그게 무엇이든, 그런 두려움은 우리에게 끊임없이 이렇게 말씀하시는 하나님을 잊어버리는 데서부터 시작되기에 복음의 상실을 가져온다. "네가 쌓은 업적 때문에 너를 사랑하는 것이 아니란다. 너를 위해 내 아들을 내주었고 네가 그 아들을 믿었기 때문에 너를 사랑한단다. 네가 예수를 믿고 내 앞에서 그의 정체성을 소유했기 때문이란다. 너는 내 소중한 자녀다. 이 땅과 영원에서 네게 가장 좋은 게 무언지 알기에 내가 너를 돌보겠다. 너는 내 것이기에 나는 그저 너를 사랑하지만 않는단다. 네 삶에 목적과 소명이라는 중요성을 부여하겠다. 그래서 내 마음이 네게 주장하는 경이에 감사할 수 있도록 말이다."

소유나 지위를 잃어버려 아무것도 아닌 존재가 될 수 있다는 두려움에서 복음이 우리를 해방하게 해야 한다. 하나님이 우리를 사랑하시기 때문에 우리는 잠시 일을 내려놓고 균형 잡힌 우선순위를 취할 수 있다. 우리가 염려하는 문제가 무엇이든, 그분이 아는 것이 우리의 영원에 가장 좋은 것이기에 얼마든지 그 문제를 해결해 주실 것이다.

그러니 염려 때문에 일에 몰두하기보다는, 자신에게 이렇게 말할 특권이 있는 셈이다. '하나님이 알아서 하실 거야. 모든 게 그분 손 안에 있어.' 좀 쉬고 개운한 몸과 마음으로 깨어서, 하나님에 대한 확신에서 나오는 용기와 힘으로 삶의 도전에 맞설 준비를 하자.

쉬는 법 배우기

삶의 불균형을 드러내는 한 가지 증거는 쉬지 못하는 것이다. 이 사회에는 우리를 쉬지 못하게 만드는 것이 무궁무진하다. 그 중요한 원인 중 하나가 첨단 기술이다. 기술은 인간의 삶을 더 편하게 만들어 주어야 하는데, 어떤 면에서는 그렇기도 하다. 하지만 솔직하게 고백해 보자. 예전에는 비행기 타는 게 그렇게 좋을 수가 없었는데, 기내에는 전화기도, 문자 메시지도, 이메일도 없기 때문이었다. 내 비행기 좌석은 일하는 동안 정신적·감정적 여유를 가질 수 있는 유일한 장소였다. 그런데 이제는 항공사에서 어떤 서비스를 제공하는가? 기내에 와이파이를 설치했다! 더는 도망갈 구석이 없어졌다. 쉼을 찾기는 더더욱 힘들어진다.

옥스퍼드대학교 연구자들은 과학기술로 인해 우리가 상사뿐 아니라 소셜 미디어 친구들에게 24시간 이용할 수 있는 존재가 되었다고 말한다. 자러 가기 전에 가장 마지막으로 하는 일이 무엇인가? 메시지를 확인하는 일이다. 한밤중에 잠이 깨면 무엇을 하는가? 페이스북이나 인스타그램 같은 것을 확인한다. 핸드폰에 너무 중독되어 있어서 밤에도 핸드폰을 끄지 못한다. 최근에 '예수님이라면 스마트폰을 어떻게 하셨을까?'라는 제목의 기사를 읽었다. 확실히는 알 수 없지만, 가끔은 핸드폰을 끄셨을 것 같다.

우리는 안식일의 쉼이라는 성경적 개념의 진정한 지혜를 점점 더 발견하고 있다. 하나님은 우리가 이레 동안 쉬지 않고 일해서 할 수 있는 것보다 엿새 만에 우리 삶에 더 좋은 일을 많이 하실 수 있다. 무엇보다도, 안식일은 자유의 선언이요, 균형 잡힌 삶의 표지다.

사람이 쉬지 않으면 일할 수 없다는 사실을 기업들도 잘 알기 때문에 직원들에게 휴가를 권장한다. 사장들은 일정을 살펴서 직원들이 휴가를 다녀왔는지 확인하기도 하는데, 충분히 쉬지 못하면 생산성이 떨어진다는 것을 회사에서도 알기 때문이다. 기업들의 이런 관행은 사실 하나님이 오래전부터 우리에게 권면하신 성경적 원리, 곧 쉼 없이는 일할 수 없다는 원리를 반영하는 것이다. 안식을 취하는 것은 인생의 균형을 잡는 데만 유익한 것이 아니라, 직업상의 탁월한 성취에도 유익하다.

어떻게 하면 쉴 수 있을까? 우주를 창조하시고 우리를 위해 그 아들을 보내실 정도로 우리를 사랑하신 주님이 우리에게 가장 좋은 것을 아시고, 우리 상황을 통제하고 계신다는 사실을 기억하는 것이다. 우리에게 괴로움과 어려움을 안겨 주는 것이 무엇이든, 모두 하나님의 통제 아래 있다. 하나님은 늘 우리에게 자신을 내어 주시며, 우리를 보살피고 계신다. (무슨 문제가 됐든) 하나님이 알아서 하실 것이기에 당신은 그분의 능력과 공급하심을 확실히 믿고 쉴 수 있다.

삶의 다양한 주기

또한 하나님이 우리를 인도하시는 삶에 다양한 주기가 있다는 사실을 이해하면, 자신의 성격이나 압박에도 불구하고 안식할 수 있다. 대학원에 다니거나 가족 구성원이 늘어나거나 사업을 확장하는 시기처럼 치열한 주기가 있다. 그럴 때는 한동안 정신을 바짝 차려야 한다. 하지만 이것이 하나님이 우리에게 계획하신 장기적인 삶의 형태는 아니다. 삶의 주기마다 다른 우선순위가 필요하다.

얼마 전에 아내가 사역자 아내들로 구성된 패널에 참석했는데, 어떤 청중이 이런 질문을 던졌다. 목회자 아내의 의무는 무엇입니까?

패널 중에 가장 먼저 입을 연 사람은 우리 교파에 소속된 원로목사의 아내였다. "목회자의 아내라면 교회 문이 열려 있는 동안에는 항상 교회에 있어야 합니다. 사실, 교회 문 열기 전에 가서 문 닫을 때까지 자리를 지켜야죠. 배우자가 하는 모든 사역을 일일이 뒷받침하는 것이 여러분의 책임입니다."

그녀가 말하는 동안, 다른 패널들은 걱정스러운 표정으로 서로 쳐다보기 시작했다. 결국, 다른 사역자 아내들은 이렇게 말했다. "하신 말씀에 대해 저희도 할 말이 있습니다." 나머지 패널들이 말하는 동안, 청중은 맨 처음 대답한 사람이 자녀를 다 키워서 떠나보낸 중년 여성이라는 점을 알아차렸다. 그녀는 어린아이를 양육하지도 않고, 운전해서 아이들을 통학시키지도 않고, 축구 경기에도 갈 필요가 없었다. 부부는 자신들의 삶의 주기에 따라 교회 사역에 전념할 수 있었다. 다른 패널들은 전혀 다른 삶의 주기를 살면서 전혀 다른 요구 사항을 겪고 있었다.

삶의 다양한 주기는 우리가 자신이 받는 압박을 재평가하고 우선순위를 재고해야 할 매우 적절한 이유다. 시편 127편은 그중에 한 삶의 주기를 언급한다. "보라 자식들은 여호와의 기업이요 태의 열매는 그의 상급이로다 젊은 자의 자식은 장사의 수중의 화살 같으니 이것이 그의 화살통에 가득한 자는 복되도다"(3-5절). 시편 기자는 자녀 양육에 집중하는 삶의 주기가 있다는 것을 알고 있다.

여호와의 기업

시편 기자는 자녀가 "여호와의 기업"이라고 말한다. '기업'이라는 단어는 '유산'이라는 개념과 같은 단어다. 대개 사람이 죽어야 유산을 얻지만, 하나님은 당연히 죽지 않으신다. 오히려 그분은 우리가 그분에게서 받은 자녀들이 그분의 것임을 일깨워 주고 계신다. 하나님이 우리 가족에 허락하신 소중하고 영원한 영혼을 우리가 잠시 맡은 것이다. 하나님은 우리에게 이 유산을 돌보아야 할 책임을 주셨다.

이 일을 효과적으로 감당하려면, 우리의 우선순위를 평가하고 적절한 삶의 균형을 유지해야 한다. 사업의 발전보다 가족이 더 중요하다고 확신해야 한다. 은행 계좌보다 가족이 더 중요하다. 개인의 안락이나 승진보다 자녀가 더 중요하다. 왜 그런가? 은행 계좌와 사업은 영원하지 않지만, 자녀의 영혼은 영원하기 때문이다.

시편 기자는 "젊은 자의 자식은 장사의 수중의 화살 같으니 이것이 그의 화살통에 가득한 자는 복되도다"(127:4-5)라고 말한다. 솔직히 말해, 화살통에 "화살"이 몇 개나 있어야 하는지는 잘 모르겠다. 성경이 구체적으로 숫자를 언급하지 않는 데는 다 이유가 있다고 생각한다. 만약 그랬다면, 우리는 그 숫자를 제시하며 자녀를 몇 명 가져야 한다고 사람들을 압박하거나 그만큼 자녀를 낳지 않은 사람들에게 죄책감을 안겨 주었을 것이다.

성경은 그렇게 하지 않는다. 나이, 건강, 수입에 따라 화살통의 용량이 다르고, 이런 것들이 우선순위에 영향을 줄 수 있다. 모든 사람이 많은 자녀를 가져야 하는 삶의 주기나 위치에 있지 않다. 우리는 가족 계획 문제에서 기독교적 신중함을 반드시 고려해야 한다. 성경은 자녀는 하나님이 축복으로 허락하실 때만이 우리 소유이며, 이 복을 귀히 여김으로써 우리가 삶의 진정한 기쁨과 영적 우선순위를 발견할 수 있다고 주장한다.

시편 기자에 따르면, 자녀는 그저 소중한 존재일 뿐 아니라 이 땅의 원수와 사탄으로부터 우리를 보호해 주기도 한다. 사탄은 우리가 그리스도의 영광을 위해 싸우면서 삶의 균형을 깨뜨리기를 바란다. 하나님은 우리를 보호하시려고 영적 화살통에 귀한 "화살"을 주셔서 우리가 균형 잡힌 우선순위를 지키게 하신다. 하나님은 자녀를 향한 우리의 사랑이 동기를 부여하여 그분이 우리에게 맡기신 이들을 책임 있게 양육하게 하신다.

자녀를 그리스도의 사랑으로 양육하기 위해 우리가 추구하는 영적 우선순위는 이기적이거나 무책임하거나 일 중독적인 삶 같은 영적 위험에서 우리를 보호하는 데 정말로 도움이 된다.

죄책감으로부터의 해방

경건한 가정이 가져다주는 영적 유익은 우리 삶의 모든 영역에서 신실함과 균형을 격려하기 위한 것이다. 하지만 솔직히 말해서, 나는 부모가 자녀에게 져야 할 책임에 대해 들을 때마다 죄책감을 느낄 때가 많다. 내가 늘 균형 잡힌 삶을 살지는 못하며, 오랫동안 균형을 유지할 수 없다는 것도 잘 안다. 누군들 안 그러겠는가. 그래서 사랑하는 자녀들을 위한 하나님의 공급하심을 이야기하는 시편 127편을 기억하는 것이 중요하다. 하나님은 이토록 자주 일을 그르치는 사람들을 어떻게 사랑하실 수 있는가? 성경 전체가 가리키는 그 답은 하나님이 예수 그리스도를 통해 우리를 용서하셨다는 것이다.

이 장 앞부분에서 내가 언급한 아들 그림이 내가 가지고 있는 유일한 그림은 아니다. 아들이 내가 문으로 달려가는 그림을 그리고 나서 10년쯤 뒤에, 막내딸이 똑같은 과제를 받아 왔다. 그런데 이번에는 표현이 바뀌었다.

이전 교사는 아들에게 "아버지가 날마다 하는 일을 한 가지만 그려 보세요."라고 했는데, 우리 딸은 "내가 가장 좋아하는 아빠 모습을 그려 보세요."라는 주문을 받았다.

나는 이 질문이 더 마음에 든다. 조금 더 안전하달까. 게다가 딸은 그림에 "얼른 가세요, 아빠! 빨리요!"라고 쓰지도 않았다. 첫 번째 말풍선에는 "아빠는 나와 놀아 줍니다."라고 쓰여 있었다. 두 번째 말풍선에는 "아빠는 맛있는 오트밀을 만들어 줍니다.", 세 번째 말풍선에는 "저녁 먹기 전에 나랑 같이 달리기를 합니다."라고 썼다. (무릎 수술을 받기 전에는 그랬다.)

내가 아침마다 운동하는 자리 옆에 이 그림들을 붙여 둔 이유가 있다. 하나님의 은혜로 균형 잡힌 삶에 약간의 진전이 있었기에 그것을 기념하고 싶어서다. 변화가 필요한 잘못도 많이 있었다. 하지만 하나님의 은혜는 내게 새로운 우선순위를 주고 자녀들과의 관계를 개선하는 데 도움을 주기에 충분했다.

나는 우리 마음속에 있는 하나님의 은혜가 자녀와 손주, 이웃, 직장 동료들에게 흘러넘치는 분수가 될 수 있다는 것도 발견했다. 그들이 하나님의 사랑에 대한 믿음이 우리 삶에 가져다주는 평안과 기쁨과 균형을 볼 때 구세주와의 관계가 주는 축복에 끌린다. 하나님의 은혜로 우리는 균형 잡힌 삶의 축복을 얻고, 우리가 그것을 나눌 때 다른 사람들도 하나님의 안식이 주는 선함을 누릴 수 있게 된다.

11.

하나님을 증거하라

우리 교회 한 여성이 성탄절 기간에 동네 은행에서 창구 직원으로 일하고 있었다. 그녀는 동료들에게 얇은 기독교 묵상집을 선물하기로 했다. 그녀가 알기로는, 선물을 받은 동료들의 삶에 아무런 변화도 없었다. 하늘이 열리는 일도 없었고, 회개하면서 무릎을 꿇는 이도 없었다.

그런데 5-6년쯤 지나 한 젊은 여성이 그녀를 찾아와 말했다. "저, 기억하시겠어요?" 은행 일을 그만둔 성도는 솔직하게 "기억이 나지 않는데요."라고 대답했다. 젊은 여성이 그녀에게 말했다. "저는 선생님이 동료들에게 묵상집을 나눠 주신 날에 대타로 일했던 직원입니다. 그 묵상집을 읽고 나서 주 예수 그리스도를 구세주로 모셨어요."

이 만남에는 두 가지 놀라운 점이 있다. 첫째, 주님은 우리가 그분의 일하심을 보지 못할 때도 막후에서 계속해서 일하신다는 사실을 일깨워 준다. 둘째, 묵상집을 건넸던 그리스도인 여성은 나중에 이렇게 솔직하게 털어놓았다. "이 친구가 묵상집에 마음이 움직였다는 것보다 하나님이 저를 그녀의 인생에 사용하셨다는 사실이 더 놀랍습니다. 요즘에는 주님과 그렇게 친밀하게 동행하고 있지 않았거든요." 이 이야기는 우리가 하나님께 강력하게 쓰임 받기 위해 반드시 완벽한 증인이 될 필요는 없다고 말해 준다.

이 책에서 나는 우리가 일하는 모든 곳이 거룩한 땅이요, 우리에게는 직장에서 구세주를 드러낼 소명이요, 부르심이 있다고 강조했다. 직업은 훈련과 증거라는 두 가지 측면에서 우리가 일하고 고백하는 장이다.

그런데 우리가 공개적으로 신앙을 고백하면, 성경은 우리가 다른 사람들과 하나님에게서 무엇을 기대할 수 있다고 말하는가? 예수님의 산상수훈 말씀이 그 질문에 대한 답변에 도움이 된다. 마태복음 5장 10-16절에서 예수님은 말씀하신다.

의를 위하여 박해를 받은 자는 복이 있나니 천국이 그들의 것임이라 나로 말미암아 너희를 욕하고 박해하고 거짓으로 너희를 거슬러 모든 악한 말을 할 때에는 너희에게 복이 있나니 기뻐하고 즐거워하라 하늘에서 너희의 상이 큼이라 너희 전에 있던 선지자들도 이같이 박해하였느니라 너희는 세상의 소금이니 소금이 만일 그 맛을 잃으면 무엇으로 짜게 하리요 후에는 아무 쓸데 없어 다만 밖에 버려져 사람에게 밟힐 뿐이니라 너희는 세상의 빛이라 산 위에 있는 동네가 숨겨지지 못할 것이요 사람이 등불을 켜서 말 아래에 두지 아니하고 등경 위에 두나니 이러므로 집 안 모든 사람에게 비치느니라 이같이 너희 빛이 사람 앞에 비치게 하여 그들로 너희 착한 행실을 보고 하늘에 계신 너희 아버지께 영광을 돌리게 하라.

하나님의 약속이 우리의 문제보다 크다

이 본문이 가장 먼저 말하는 내용은 하나님의 약속이 우리의 문제보다 더 크다는 것이다. 직장(이나 다른 곳)에서 증인으로 살아가면 문제가 생기기 마련이다. 예수님은 설교 첫머리에 분명히 말씀하신다. "의를 위하여 박해를 받은 자는 복이 있나니 천국이 그들의 것임이라." 그분은 우리가 옳은 일을 하더라도 힘들거나 가혹한 결과가 나올 수 있다는 사실을 알기를 원하신다.

왜 그럴까? 세상이 하는 일이나 기대하는 일에 역행하면 분란이 커지기 때문이다. 예를 들어, 미국 도서관협회에서는 매년 공공도서관에서 가장 많이 반대한 책 열 권을 수집하여 목록을 만든다. 이 목록은 학교나 도서관에서 이런 자료를 빼 달라고 요청한 결과를 모은 것이다. 그런데 최근 이 목록에 『그레이의 50가지 그림자』(Fifty

Shades of Grey)와 『투 보이스 키싱』(Two Boys Kissing)과 함께 『성경』이 이름을 올렸다. 왜 성경이 여기 포함되었는가? 우리 사회에서 점점 더 인기를 잃어 가는 '종교적 관점' 때문이었다.[1]

직장에서 그리스도인들이 그리스도의 기준에 반하는 사회적 흐름에 맞설 방법은 많다. 예를 들어, 다른 동료들은 모두 경비를 부풀려 추가 수입을 얻는데 당신만 그런 관습을 따르지 않기로 한다면 어떻게 될까? 당신의 윤리적 입장 때문에 다른 사람들이 나쁜 사람처럼 보일 수 있으므로 분란이 생길 것이다.

병원 내 모든 사람이 보험 수가를 올리기 위해 불필요하거나 부정확하게 입력된 절차에 동의한다면 어떻게 될까? 당신이 그런 관습을 거부한다면 분란을 만들게 된다.

공장의 동료나 상사가 품질 관리 문제를 은폐하고 있다면? 당신이 그런 눈속임에 반대한다고 나선다면 분란을 일으킬 수 있다. 사람들은 당신을 그저 문젯거리로만 여기지 않고 위협으로 생각할지도 모른다. 그랬다가는 자칫 일자리를 잃을 수도 있다.

이런 것들은 단순히 가상의 예가 아니다. 내가 이 본문으로 설교했을 때 우리 교회 한 성도가 찾아와 이렇게 말했다. "이런 일들에 동조하지 않으면 사람들은 제가 조직에 맞지 않는 사람이라고 말할 겁니다. 다른 사람들을 따라 하지 않으면, 옳은 일을 했다는 이유로 해고될 수도 있고요."

당신도 직장에서 이와 비슷한 어려움을 겪고 있다면, 예수님의 말씀을 기억하자. "나로 말미암아 너희를 욕하고 박해하고 거짓으로 너희를 거슬러 모든 악한 말을 할 때에는 너희에게 복이 있나니"(5:11). 예수님은 우리가 그분을 위해 박해받을 것을 아시지만, 하나님의 약속이 우리의 문제보다 더 크다고 확인해 주신다.

예수님의 세 가지 약속

이 본문은 일과 증거를 통해 그리스도를 공경하는 사람들에게 세 가지, 곧 복과 하나님 나라와 좋은 친구를 약속한다.

"복이 있나니"라는 단어는 10절과 11절에 두 번 쓰인다. 여기서 말하는 복은 무엇인가? 그중 하나가 민수기 6장 24-26절에 언급된 복에 반영되어 있다.

> 여호와는 네게 복을 주시고 너를 지키시기를 원하며 여호와는 그의 얼굴을 네게 비추사 은혜 베푸시기를 원하며 여호와는 그 얼굴을 네게로 향하여 드사 평강 주시기를 원하노라.

예수님이 그 나라를 지키시고 그분을 위해 박해받은 자들에게 보상하겠다고 약속하실 때 우리의 영원에 가장 좋은 것으로 우리를 복 주시고 지키시겠다는 하나님의 헌신을 유지하고 계신 것이다.

하나님이 그분의 자녀를 버리신 경우는 역사에 단 한 번뿐이다.

주 예수님이 우리 죄를 지시고 십자가에 달리셨던 때다. 하늘이 어두워지고 예수님은 "나의 하나님, 나의 하나님, 어찌하여 나를 버리셨나이까"라고 크게 소리 지르셨다(마 27:46). 예수님이 십자가에 달리신 동안 아버지의 축복의 얼굴은 어두워지셨다. 그렇게 해서 그 얼굴이 우리에게 영원히 빛을 비춰 주실 수 있도록 말이다. 남들은 다 우리를 외면해도 그분은 우리를 외면하지 않으신다.

예수님이 약속하신 두 번째 복은 하나님 나라다. "의를 위하여 박해를 받은 자는 복이 있나니 천국이 그들의 것임이라." 현재형을 눈여겨보자. "천국이 그들의 것임이라"(마 5:10). 이것은 미래의 약속, 머지않아 곧 천국에서 받을 보상이 아니다. 하나님이 다스리시는 곳이 천국이다. 그래서 예수님은 하나님 나라가 지금 바로 영향을 미치고 있다고 말씀하신다. 우리가 항상 전체 그림을 이해하는 것도 아니고, 최후의 복이 아직 다 임하지도 않았지만, 모든 것이 합력하여 온전한 목적을 이루게 하시는 하나님을 믿는다면 우리는 이 약속을 영원에서뿐 아니라 지금 여기에서도 경험할 수 있다.

한 가지 비유가 이 복을 이해하는 데 도움이 될지 모르겠다. 우리 부부는 얼마 전에 유언장을 작성하기 위해 변호사 사무실을 찾았다. 당장은 유언장이 필요할 일이 없기를 바라지만, 아이들의 안전한 미래를 고려한 것이다. 우리는 아이들이 앞으로 복을 받을 것이라고 믿는다. 하지만 아이들이 미래의 안전과 안정을 위해 지금 우리에게서 정말로 필요한 것이 있다고 한다면 우리는 이렇게 말해 줄 것이다. "우리가 가진 모든 게 이미 너희 것이란다."

하나님도 그렇게 말씀하고 계신다. "내 나라는 미래에 너희 것이 되겠지만, 내가 가진 모든 게 이미 지금 너희의 영적 건강에 적용되고 있단다." 주님은 모든 것이 합력해서 그 나라의 통치와 자원이 우리의 영원한 유익에 적용되도록 일하고 계신다.

하나님의 세 번째 약속은 이것이다. "너희가 힘든 시간을 통과할 때 좋은 친구가 함께할 것이다." 하나님은 모든 시험이 그분이 우리를 버리시거나 우리가 죄를 지은 결과는 아니라고 확인해 주신다. 믿음 때문에 학대나 괴롭힘을 당할 때 예수님은 우리에게 말씀하신다. "너희 전에 있던 선지자들도 이같이 박해하였느니라"(마 5:12).

우리는 천국에서 주님 앞에 서 있는 모습을 상상해 볼 수 있다. "하나님, 주님 편을 들려고 하면 삶이 괴로워졌습니다." 그러면 하나님은 이렇게 대답하실지도 모르겠다. "그래, 그렇다면 저기 식탁에 가서 예레미야와 다니엘과 스데반과 함께 앉도록 하렴."

"하지만 주님, 그냥 힘들기만 한 게 아닙니다. 주님을 변호하면 사람들이 미친 듯이 화를 내면서 저를 없애려 했다고요. 그러고는 저에 대해 거짓말을 하기 시작했습니다." 하나님은 우리에게 이렇게 말씀하실 것이다. "그러면 저쪽 식탁에 가서 요셉과 바울과 예수와 함께 앉도록 하려무나. 네게 좋은 친구들이 많구나. 네가 이상하거나 별난 게 아니란다. 너는 혼자가 아니야."

우리가 주님을 위해 박해받을 때 하나님이 주시는 복과 하나님 나라의 약속, 우리에게 좋은 친구가 있다는 사실로 힘을 얻을 수 있다. 이 진리를 통해 우리는 현재의 고난 가운데서도 하나님의 영원한 신실하심을 증거함으로써 세상에 기쁨과 평안을 드러낼 수 있다.

빛과 소금으로 살아가기

하나님이 우리에게 복을 주시고 우리를 지키시는 이유가 있다. 예수님은 제자들에게 "너희는 세상의 소금"(마 5:13)이라고 말씀하신다. 미량의 소금으로도 아주 오래 영향을 줄 수 있기에 예수님은 이렇게 말씀하고 계신다. "너희는 너희 생각보다도 훨씬 더 큰 영향력을 미치면서 내 사명을 감당하고 있다. 우리는 이 일에 동역하고 있어. 너희 눈앞에 닥친 악이 무시무시해 보일지라도, 소금 한 꼬집으로도 내 아버지의 요리에 유의미한 영향을 줄 수 있지. 그 요리를 통해 다른 사람들이 그분을 맛볼 수 있단다."

예수님은 그리스도인들이 세상의 빛이라고 말씀하시면서 더 강력한 이미지를 제시하신다. 예수님이 산상수훈을 전하신 장소에 가 본 적이 있다. 그곳은 갈릴리 바다 위쪽으로 나지막한 언덕 위에 있다. 나는 그곳에서 예수님이 이렇게 말씀하시는 장면을 상상할 수 있었다. "너희는 세상의 빛이라 산 위에 있는 동네가 숨겨지지 못할 것이요"(5:14).

나는 예수님이 가리키고 계신 곳도 마음속에 그려 볼 수 있었다.

갈릴리 바다 주변에는 언덕이 많은데, 아르벨(Arbel)이란 곳이 가장 주목을 받는다. 아르벨 산꼭대기에는 마을이 하나 있는데, 밤에 갈릴리 바다에서 배를 탄 사람들은 위를 올려다보고 그 마을에서 비추는 불빛으로 방향을 잡을 수 있었다.

갈릴리 해변에 가버나움이라는 동네도 있었다. 가버나움은 예수님이 공생애의 많은 시간을 보내신 곳이었다. 그곳은 로마 세계 그 지역에서 육로 교통의 주요 교차로였다. 이 교차로를 찾으려는 사람들도 언덕 위의 빛을 보고 길을 찾을 수 있었다.

그렇게 많은 상상력을 동원하지 않더라도 우리는 예수님이 아르벨을 사용하여 제자들에게 말씀하신 이유를 이해할 수 있을 것 같다. "너희는 나에 대해 알아야 할 사람들을 위해 땅이나 바다에서 빛이 될 능력이 있다." 다른 곳에서 예수님은 그분이 세상의 빛이라고 말씀하신다(요 8:12). 하지만 여기서는 우리에게 모든 사람을 위해 그분의 빛을 비추라고 권면하신다.

1990년대 초반에 복음주의 사절단이 중국을 찾아, 당시 주석이었던 장쩌민에게 중국 내 그리스도인들에 대한 정치적 탄압을 줄여 달라고 부탁했다. 사절단과의 만남 도중에 어떤 사람이 이렇게 말했다. "저희가 성경 요한복음을 한 권 드리고 싶은데 괜찮으실까요?"

장 주석이 성경을 받겠다고 하자 그 사람이 다시 이렇게 물었다. "성경을 읽어 보시겠습니까?" 장주석은 이렇게 대답했다. "물론이죠. 읽을 겁니다. 어릴 적에 나를 돌봐 준 유모가 그리스도인이었습니다. 그녀를 생각해서라도 꼭 읽겠습니다."

여러 달이 지나고, 중국에서 그리스도인들에 대한 탄압이 수그러들기 시작했다. 그리고 최근 정부의 단속이 있기 전까지, 중국의 기독교는 초기 기독교 이래로 유례를 알 수 없을 정도로 번성했다.

왜 기독교가 이렇게 번성했는지 그 이유를 내가 속속들이 안다고 주장하는 것이 아니다. 하지만 수십 년 전 하나님이 장쩌민 집안의 젊은 그리스도인 유모에게 이렇게 말씀하신 것만큼은 확실히 안다. "너는 이 아이에게 빛과 소금이 되어 주거라." 자신이 하는 일에서 증인이 되려는 그녀의 의지가 중국과 전 세계 기독교의 미래를 변화시키는 도구가 되었다.

하나님은 여전히 우리 각 사람이 자신의 일터에서 빛과 소금이 되라고 부르고 계신다. 예수님은 우리에게 담대히 증거하라고 말씀하신다. "사람이 등불을 켜서 말 아래에 두지 아니하고 등경 위에 두나니 이러므로 집 안 모든 사람에게 비치느니라"(마 5:15). 이 말씀을 보면 "이 작은 나의 빛 비추게 할 테야"라는 아이들 찬양 가사가 떠오른다. 하지만 이 진리는 아이들에게만 적용되지 않는다.

우리가 일터에서 그리스도의 진리와 그분의 성품을 비출 때 그분의 빛을 우리(와 동료들)의 세상에 비추는 것이다. 어떻게? 우리는 슬픔을 당한 동료에게 이렇게 말을 건넬 수 있다. "당신을 위해 기도해도 좋을까요?" 자녀 문제로 힘들어하는 사람에게는 이렇게 말할 수 있다. "우리 교회에 청소년부가 있어요. 아이가 거기 있는 친구들과 대화가 통할지도 모르겠네요."

일 때문에 칭찬받을 때도 당신은 이런 말로 영적인 소금을 퍼뜨리고 복음의 빛을 전할 수 있다. "주님께 감사드릴 따름입니다. 저를 이곳으로 보내셔서 우리 회사가 하는 일에 동참할 수 있게 해 주셨으니까요." 우리가 하는 말이 꼭 직장에서 빛과 소금이 되라는 설교처럼 들릴 필요는 없다.

일은 말 못지않게 중요하다

예수님은 어떻게 해야 우리의 증거가 효과가 있는지도 말씀하신다. "이같이 너희 빛이 사람 앞에 비치게 하여 그들로 너희 착한 행실을 보고 하늘에 계신 너희 아버지께 영광을 돌리게 하라"(마 5:16). 구세주의 성품과 사랑을 증거하는 일에 있어 우리가 하는 일은 우리가 하는 말만큼 중요하다.

물론, 태도도 중요하고 말도 중요하다. 하지만 우리 일보다 더 중요한 것은 없다. 사람들에게 성경 구절을 인용하면서 일을 엉망진창으로 하거나 이기적인 습관을 보인다면, 증인의 삶을 망가뜨릴 수 있다. '성경 공부에 참석'하거나 '기도 모임을 인도한다'는 이유로 허구한 날 지각하거나 변명을 늘어놓는 경우도 마찬가지다.

예수님은 정직한 일이라면 모두 거룩한 일이라는 것을 우리가 깨닫도록 도우신다. 아버지께 영광을 돌리기 위해 하는 일이라면 무슨 일이든 우리를 거룩한 땅에 세운다. 우리가 하는 일이 다른 어떤 영적 행위보다 중요하지 않다면서 직장에서 책임을 다하지 못한 것을 변명해서는 안 된다. 일이 예배다. 근면하고 성실하게 일한다면, 우리가 하는 일은 하나님께 영광을 돌리게 된다(고전 10:31; 골 3:17). 이 말은 우리 일의 품질과 성격이 우리 하나님의 성품과 돌보심을 드러내야 한다는 의미다. 그래서 훌륭하고 책임 있는 일은 증거요, 예배다.

우리가 충실하게 일할 때 하나님의 신실하심과 의로우심을 반영한다. 우리 손의 제품과 동료들을 배려하면서 일할 때 하나님의 돌보심을 드러낸다. 우리가 만드는 제품이 하나님의 사람들과 세상에 미치는 영향을 고려할 때 하나님의 피조물과 창조 세계를 존중한다.

우리 일의 품질은 자신뿐 아니라 다른 사람들의 생계를 보장하는 데 도움이 되어야 한다. 이런 식으로 우리는 자신의 기술을 예수님이 귀히 여기시는 사람들에게 공급하고 그들을 보호하는 데 적용한다. 우리가 탁월함을 추구함으로써 직원들과 고객들이 하나님의 의도대로 번영할 수 있다. 이렇게 해서 우리는 자신이 하는 일을 통해 하나님을 공경하고, 날마다 그분의 은혜를 증거하게 된다.

하나님이 주신 독특한 은사를 사용할 때 우리는 그분의 창조성도 찬양하게 된다. 하나님은 우리 각 사람을 그분의 형상대로 독특한 은사와 재능, 욕구를 지닌 존재로 만드셨다. 이 모두가 직장에서 우리가 하는 증거의 일부가 될 수 있다. 소설가 도로시 세이어즈(Dorothy Sayers)는 그 점을 이렇게 표현한다.

똑똑한 목수에 대한 교회의 접근 방식은 대개 여가 시간에 술에 취해 난동 부리지 말고 일요일에 교회에 오라고 권면하는 데 한정되어 있다. 교회가 그 사람에게 **마땅히** 권면해야 하는 바는 이렇다. 그의 종교가 가장 먼저 그에게 요구해야 하는 것은 좋은 식탁을 만들어야 한다는 것이다.

물론 교회도 중요하고, 적절한 형태의 오락도 중요하지만, 그 사람의 삶과 직업의 중심에서 저질 목공으로 하나님을 모욕하고 있다면 이 모든 게 무슨 소용이 있겠는가? 감히 단언컨대, 나사렛 목수의 목공소에서는 뒤틀린 탁자 다리나 맞지 않는 서랍장은 찾아볼 수 없었을 것이다. 설령 그랬더라도, 하늘과 땅을 지으신 손이 그것들을 만들었다고는 아무도 믿지 않았을 것이다.

일하는 사람의 경건함이 충실하지 못한 일을 보상할 수는 없다. 그 기술에 충실하지 못한 일은 무엇이든 살아 있는 거짓이기 때문이다.[2]

예수님은 목공 기술을 연마하셨을 것이고, 그렇게 해서 하나님을 공경하셨을 것이다. 그것이 바로 하나님이 우리에게 주고 계시는 기회다. 우리가 하는 일의 품질을 보고 사람들이 이렇게 물어야 한다. "직장에서 일할 때 뒤처지지 않으려고 그렇게 신경 쓰는 이유가 무엇입니까?" "성실하게 일하려고 그렇게 애쓰는 이유가 뭡니까?" "당신의 윤리가 도전받을 때도 굳이 사회의 흐름에 역행하려는 이유가 뭐죠?" 이런 질문들은 우리가 하나님의 성품을 가리키고 우리가 그분을 신뢰하는 이유를 알려 줄 기회가 된다. 우리는 이렇게 대답할 수 있다. "주님이 저를 여기서 일하게 해 주셨거든요. 주님이 그런 재능도 주셨고요. 그래서 그분을 공경하는 방식으로 그 재능을 사용해야 할 의무가 있답니다." 또한 자신의 재능과 능력보다 훨씬 더 크신 하나님의 은혜를 드러내는 기회로 삼을 수도 있다.

1989년, 승객 337명과 승무원 18명을 실은 유나이티드항공 811편이 호놀룰루에서 이륙했다. 고도 7킬로미터 상공에서 화물칸 문이 열렸다. "문이 너무 세게 흔들린 나머지 원래 멈춰야 할 곳을 지나쳐 동체 측면을 강타하여 동체가 터졌다. … 처음에 조종사들은 기내에서 폭탄이 터진 줄 알았다고 한다. 팬아메리칸항공 103편이 영국 스코틀랜드 로커비 상공에서 폭발한 지 채 두 달이 못 되어 이 사고가 발생했기 때문이다. 조종사들은 호놀룰루로 돌아가려고 180도 좌회전하면서 호흡이 가능한 고도에 도달하기 위해 비상 강하를 시도했다."[3]

비행기 조종사는 데이비드 크로닌(David Cronin)이었다. 그는 38년 경력을 발휘하여 사람들을 안전하게 착륙시켰다. 착륙 후에 한 기자가 "화물칸 문이 날아갔을 때 어떻게 하셨습니까?"라고 질문했다. 그는 이렇게 대답했다. "그들[승객들]을 위해 잠시 기도한 다음, 제가 할 일을 했습니다."[4] 그것이 그의 증언이었다. 그는 승객들을 위해 기도한 다음에는 비행기를 안전하게 착륙시키는 것이 자신의 소임이라는 것을 알았다.

예수님은 우리에게 말과 우리가 하는 일로 하나님 아버지께 영광을 돌리라고 요청하신다.

둘 다 우리 부르심의 일부다.

심각하게 어려운 일이 아니다.

견뎌야 할 끔찍한 십자가도 아니다.

우리가 일을 잘하면 다른 사람들이 말할 것이다. "당신이 이렇게 일하도록 도우시는 하나님에 대해 저도 알고 싶네요! 그분에 대해 말해 주세요." 그러면 그들에게 당신의 일이 증거하는 그분에 대해 전해 주자.

주

1. 일은 존엄하다

1) Amy L. Sherman, *Kingdom Calling* (Downers Grove, IL: InterVarsity Press, 2011), 232-233에 인용됨.

2) Sherman, *Kingdom Calling*, 232-233에 인용됨.

3) Gregory J. Roden, "Unborn Children as Constitutional Persons", National Library of Medicine, accessed December 3, 2021, https://www.ncbi.nlm.nih.gov/.

4) Daniel Victor, "Ethan Couch, 'Affluenza Teen' Who Killed 4 While Driving Drunk, Is Free", *New York Times*, April 2, 2018, https://nytimes.com.

5) N. Gregory Mankiw, "Why Aren't More Men Working?," *New York Times*, June 15, 2018, https://nytimes.com.

6) Scott Rae, "Made for Responsibility", in *The Pastor's Guide to Fruitful Work and Economic Wisdom: Understanding What Your People Do All Day*, ed. Drew Cleveland and Greg Forster (Overland Park, KS: Made to Flourish, 2012), 107, 194에 인용됨.

7) Lester DeKoster, *Work: The Meaning of Your Life*, 2nd ed. (Grand Rapids, MI: Acton Institute, 2010), chap. 1.

8) Rosalind Cook, as summarized from "Permission for Passion", in Lloyd Reeb, *The Second Half* (Charlotte, NC: Lloyd Reeb & Halftime, 2012), 13-14.

2. 일의 목적

1) *Sphere Sovereignty* (488), *Abraham Kuyper, A Centennial Reader*, ed. James D. Bratt (Grand Rapids, MI: Eerdmans, 1998)에 인용됨.

2) *It's a Wonderful Life*, directed by Frank Capra (New York: RKO Radio Pictures, 1946). 「멋진 인생」.

3) David Wright, "Made for Community" in *The Pastor's Guide to Fruitful Work*

and Economic Wisdom: Understanding What Your People Do All Day*, ed. Drew Cleveland and Greg Forster (Overland Park, KS: Made to Flourish, 2012), 92.

4) Personal letter from Casey and Rebekah Vance, December 2015.

3. 진실함으로 일하라

1) Kenneth Bae, *Not Forgotten: The True Story of My Imprisonment in North Korea* (Nashville, TN: W Publishing, 2016), 155. 『잊지 않았다』(두란노).

2) Bae, *Not Forgotten*, 156-157.

3) Kenneth Bae, "The Kenneth Bae Story: In His Own Words," trans. James Pearson, May 17, 2013, NK News, https://www.nknews.org.

4) *Cambridge English Dictionary*, s.v. "integrity," accessed December 3, 2021, https://dictionary.cambridge.org/.

5) Bae, *Not Forgotten*, 215-216.

6) Bae, *Not Forgotten*, 25.

7) Guilbert Gates, Jack Ewing, et al., "How Volkswagen's 'Defeat Devices' Worked", *New York Times*, updated March 16, 2017, https://nytimes.com.

8) "Gathering of Friends", pastors' colloquium, Atlanta, Georgia, circa 2013.

9) Bae, *Not Forgotten*, 171.

10) Michael Schrage, "Is VW's Fraud the End of Large-Scale Corporate Deception?," *Harvard Business Review*, September 29, 2015, https://hbr.org.

11) Bae, *Not Forgotten*, 155.

4. 돈에 대한 태도

1) The Dirty Guv'nahs, "Under Control", track 8, *Hearts on Fire*, released March 11, 2014.

2) Steve Corbett and Brian Fikkert, *When Helping Hurts: How to Alleviate Poverty without Hurting the Poor … and Yourself* (Chicago: Moody, 2014), 「헬프」(국제제자훈련원).

3) Leo Sun, "A Foolish Take: Here's How Much Debt the Average U.S. Household Owes", *USA Today*, updated November 20, 2017, https://www.usatoday.com/.

5. 진정한 성공

1) Morgan Housel, "The World Loses a Great Investor", *USA Today*, February 28, 2014, https://www.usatoday.com/.

2) Timothy Keller, *Every Good Endeavor: Connecting Your Work to God's Work* (New York: Penguin, 2014), 221. 「팀 켈러의 일과 영성」(두란노).

3) Julie Brown Patton, "Cam Newton Didn't Heed His Mom's Super Bowl 50 Text: 'Don't Let Devil Win Your Words'", *Gospel Herald*, February 10, 2016, https://www.gospelherald.com/.

4) Horatius Bonar, "Not What These Hands Have Done", 1864. 통일찬송가 203장 「나 행한 것으로」.

6. 겸손하라

1) Jim Collins, "Good to Great: Fast Company", Jim Collins website, October 2001, https://www.jimcollins.com/.

2) Jim Collins, "The Misguided Mix-Up of Celebrity and Leadership",

Conference Board Annual Report, Jim Collins website, September/October 2001, https:// www.jimcollins.com/.

3) Megan Fowler, "Showing Up for the Suffering: A Conversation with Author Jill Buteyn", *By Faith*, Feb 15, 2016, http://byfaithonline.com/.

4) Jim Collins, "Hedgehog Concept", audio seminar, Jim Collins website, accessed January 5, 2022, https://www.jimcollins.com/.

5) "Famous Chef Accepts Christ, Finds True Joy", Sermon Illustrations, *Preaching Today*, February 2016, http://www.preachingtoday.com/.

7. 하나님께 영광을 돌리라

1) Lee Eclov, "Refreshing Hearts", *Preaching Today*, February 10, 2021, http://preachingtoday.com/.

2) Gerard Manley Hopkins, "The Principle or Foundation", in *Gerard Manley Hopkins: The Major Works*, ed. Catherine Phillips (New York: Oxford University Press, 2002), 292; 저자 강조.

3) Martin Luther, adapted from "The Estate of Marriage", in Robert Alexander's *The Gospel-Centered Life at Work*, Leader's Guide (Greensboro, NC: New Growth Press, 2014), 13.

4) Dan Doriani, *Work: Its Purpose, Dignity, and Transformation* (Phillipsburg, NJ: P&R, 2019), 107–109.

5) Doriani, *Work*, 109–111.

6) Matthew Kaemingk and Cory B. Willson, *Work and Worship: Reconnecting Our Labor and Liturgy* (Grand Rapids, MI: Baker, 2020), 51.

7) Kaemingk and Willson, *Work and Worship*, 184.

8) Lesslie Newbigin, *Foolishness to the Greeks: The Gospel and Western Culture* (Grand Rapids, MI: Eerdmans, 1986), 143. 『헬라인에게는 미련한 것이요』(IVP).

8. 악을 알아차리라

1) Jimmy Dodd and Renaut Van Der Riet, *What Great Ministry Leaders Get Right* (Chicago: Moody, 2021), 54.

2) Matthew Kaemingk and Cory B. Willson, *Work and Worship: Reconnecting Our Labor and Liturgy* (Grand Rapids, MI: Baker, 2020), 43에 인용됨.

3) Kaemingk and Willson, *Work and Worship*, 45.

4) Stephen Smith, *Inside Job: Doing the Work within the Work* (Downers Grove, IL: InterVarsity Press, 2015), 22.

5) Nancy Guthrie, "Must We Be Hurt Deeply to be Used Significantly?", Crossway, Feb. 24, 2010, https://www.crossway.org에 인용됨.

6) Jerry Bridges, *The Discipline of Grace: God's Role and Our Role in the Pursuit of Holiness* (Colorado Springs: NavPress, 1994), 41에 인용된, 많은 사람에게 잘 알려진 지도자. 『날마다 자신에게 복음을 전하라』(네비게이토).

9. 성경적 리더십

1) Cal Thomas, "Dear God, Please Don't Let Me Be a Christian Leader", *Fundamentalist Journal* 3 (May 1984): 22–23.

2) William H. Willimon, "Why Leaders Are a Pain: Truth Telling in The Parish", *Christian Century*, February 8, 2016, https://www.christiancentury.org/.

3) Susan Fiske, "Wealth, Poverty, and Human Flourishing", *by Faith*, November 18, 2015, https://byfaithonline.com에 인용됨.

4) Collin Hansen, "Revisiting 'Faithful Presence': 'To Change the World,' Five Years Later", The Gospel Coalition, November 12, 2015, https://www.thegospelcoalition.org/.

10. 균형 잡힌 삶

1) "Jim Carrey's Search for Fulfillment", Sermon Illustrations, *Preaching Today*, accessed December 3, 2021, https://www.preachingtoday.com/.

2) Timothy Keller, *Every Good Endeavor: Connecting Your Work to God's Work* (New York: Penguin, 2014), 226-230. 『팀 켈러의 일과 영성』(두란노).

11. 하나님을 증거하라

1) "Top 10 Most Challenged Books List", *Banned and Challenged Books*, accessed December 3, 2021, http://www.ala.org/.

2) Dorothy L. Sayers, *Letters to a Diminished Church: Passionate Arguments for the Relevance of Christian Doctrine* (Nashville, TN: Thomas Nelson, 2004), 139-140. 『기독교 교리를 다시 생각한다』(한국 IVP).

3) Wikipedia, s.v. "United Airlines Flight 811", updated October 27, 2021, https://en.wikipedia.org/.

4) Bruce Dunford, "Crew Relates Horror of United Flight 811", *AP News*, March 3, 1989, https://www.apnews.com/.

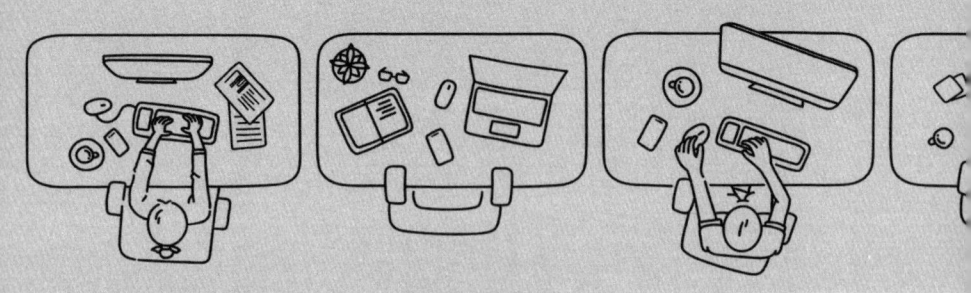

Grace at Work

사명선언문

너희가 흠이 없고 순전하여……세상에서 그들 가운데 빛들로
나타내며 생명의 말씀을 밝혀 _ 빌 2:15-16

1. 생명을 담겠습니다
만드는 책에 주님 주신 생명을 담겠습니다.
그 책으로 복음을 선포하겠습니다.

2. 말씀을 밝히겠습니다
생명의 근본은 말씀입니다.
말씀을 밝혀 성도와 교회의 성장을 돕겠습니다.

3. 빛이 되겠습니다
시대와 영혼의 어두움을 밝혀 주님 앞으로 이끄는
빛이 되는 책을 만들겠습니다.

4. 순전히 행하겠습니다
책을 만들고 전하는 일과 경영하는 일에 부끄러움이 없는
정직함으로 행하겠습니다.

5. 끝까지 전파하겠습니다
모든 사람에게, 땅 끝까지, 주님 오시는 그날까지
복음을 전하는 사명을 다하겠습니다.

서점 안내

광화문점 서울시 종로구 새문안로 69 구세군회관 1층
02)737-2288 / 02)737-4623(F)

강남점 서울시 서초구 신반포로 177 반포쇼핑타운 3동 2층
02)595-1211 / 02)595-3549(F)

구로점 서울시 동작구 시흥대로 602, 3층 302호
02)858-8744 / 02)838-0653(F)

노원점 서울시 노원구 동일로 1366 삼봉빌딩 지하 1층
02)938-7979 / 02)3391-6169(F)

일산점 경기도 고양시 일산서구 중앙로 1391 레이크타운 지하 1층
031)916-8787 / 031)916-8788(F)

의정부점 경기도 의정부시 청사로47번길 12 성산타워 3층
031)845-0600 / 031)852-6930(F)

인터넷서점 www.lifebook.co.kr